풍수와
힐링 장소

풍수와
힐링 장소

종택과 정자로 읽은
선현들의 공간심리 이야기

박성대 지음

목 차

Ⅰ 서론 / 7

1. 연구 배경 및 목적 / 9
2. 연구 대상 선정 및 연구 방법 / 13
3. 선행 연구 분석 / 30

Ⅱ 이론적 배경 / 35

1. 풍수지리 이론 / 37
2. 인간의 보편적 공간관과 풍수 / 55

Ⅲ 종택 및 정자 입지의 개관 / 77

1. 종택 입지의 개관 / 79
2. 정자 입지의 개관 / 186

Ⅳ 종택 및 정자의 입지적 특성과 경관 조망 / 279

1. 종택 및 정자 입지의 지형 유형 / 283
2. 종택 및 정자 입지의 수평적 경관 조망 / 286
3. 종택 및 정자 입지의 수직적 경관 조망 / 293
4. 종택 및 정자의 영역 내 위치와 경관 조망 / 307
5. 종택 및 정자 입지의 수경관 / 317

Ⅴ 풍수와 힐링 장소의 상관성 / 335

1. 힐링을 위한 자연공간적 요소 / 340
2. 힐링과 장소 / 349
3. 휴양적 힐링 장소(healing place to rest)와
   정자의 입지 / 356
4. 요양적 힐링 장소(healing place to care)와
   종택의 입지 / 371

Ⅵ 결론 / 381

참고문헌 / 390
부표 / 400

I

서론

1. 연구 배경 및 목적

'거주'와 '거주 공간'의 문제는 동서고금을 막론하고 인간의 생존과 직결된 중요한 내용으로 다루어져왔다. 이동생활을 했던 구석기 시대에도 안전한 동굴을 찾는 것은 추위를 피하고 동물로부터 몸을 보호하는 생존을 위한 필수 조건이었다. 농경생활이 시작되어 한 지역에 정착하면서부터 거주 공간의 중요성은 더욱 뚜렷해졌다. 인간이 각자 나름대로의 공동체(community)를 구성해 세계 여러 지역으로 확대 분포되면서 각 지역의 기후와 지형에 맞는 거주지 선택과 거주 형태를 발달시켜왔지만, 그 근본적인 의미에는 변함이 없다.

일찍이 여러 분야의 사상가들은 '거주'와 '거주 공간'의 중요성을 인정했다. 독일의 철학자 오토 프리드리히 볼노(Otto Friedrich Bollnow)는 "거주는 임의의 위치에 우연히 머무르는 일시적인 체류가 아니고 특정한 장소에서 지속적인 삶을 추구하는 행위"[1]라고 정의했고, 유럽

[1) 오토 프리드리히 볼노 지음, 이기숙 옮김, 『인간과 공간』, 에코리브르, 2011, p.358.

의 현상학자 가스통 바슐라르(Gaston Bachelard)는 "집은 인류에게 최초의 세계 또는 최초의 우주와 같은 원초적 공간이며, 우리가 다른 외부의 모든 공간을 이해하는 틀"[2]이라고 강조했다. 또한 미국 지리학자 이-푸 투안(Yi-Fu Tuan)은 "집은 어머니와도 같은 존재로 우리 인간에게 무한한 정신적 안위를 제공하는 곳이다."[3]라고 했다.

인간이 거주를 위해서는 특정한 공간에서의 '지속적인 삶의 추구'가 있어야 하고, 그 과정에서 '지명부여'와 같은 의미를 주면 그 공간은 장소가 된다.[4] 에드워드 랠프(Edward Relph)는 인간의 지속적 삶의 추구를 통해 의미 있는 장소로 만들 가치가 있는 공간을 '장소 애착'으로 표현했다. 그는 "동물이나 곤충 또한 그들 나름대로의 안전한 장소에 대한 애착을 보인다."[5]고 하며, 장소에 대한 애착이 인간 고유의 것이라기보다는 생물학적인 특성이라고 말했다.

그러나 모든 공간이 거주에 적합한 장소가 될 수 있는 것은 아니며, 또 인간에게 장소애착을 제공할 수 있는 것은 아니다. 공간이 인간으로부터 '장소애착'을 얻기 위해서는 인간의 '안전'을 보장하고 '생존 가능성'을 높일 수 있어야 한다. 인간의 거주 요건은 지역에 따라 차이가 있고 시대별로 조금씩 변화되었지만, 안전과 생존 가능성의 확보는 변하지 않는 기본적 요건이었다.

그렇다고 해서 인간의 안전 및 생존 가능성의 확보가 거주지 요건의 필요충분조건인 것은 아니다. 인간의 거주 공간을 '집'이라는 단어와 일체화시키지 않고 그 범위를 조금 확대하면 병원, 호텔 및 리조

2) 가스통 바슐라르 지음, 곽강수 옮김, 『공간의 시학』, 동문선, 2003, p.77.
3) 이-푸 투안 지음, 구동회·심승희 옮김, 『공간과 장소』, 도서출판 대윤, 1995, p.54.
4) 팀 크레스웰 지음, 심승희 옮김, 『장소』, 시그마프레스, 2012, p.15.
5) 에드워드 랠프 지음, 김덕현·김현주·심승희 옮김, 『장소와 장소상실』, 논형, 2005, p.42.

트 등 단기간의 머무름이 이루어지는 시설도 거주 공간에 포함될 수 있다. 그럴 경우 인간의 거주 공간은 그 종류에 따라 안전 및 생존 가능성 외에도 중요하게 고려될 요소들이 있기 마련이기 때문이다.

동양뿐만 아니라 세계 곳곳에는 병의 치료, 성스러움, 공포 또는 위협 등의 특별한 의미와 결부된 일정한 장소가 있다. 서양인들은 장소가 그러한 독특한 느낌을 주는 이유를 '장소의 혼(spirit of place)'이 있기 때문이라고 믿었다.[6] 그래서 세계의 여러 곳에는 장소가 지닌 '장소의 특성'에 따라 활용을 달리한 사례들이 목격된다.

일례로, 세계의 각 나라들은 자국이 하늘 아래 지구의 중심이라고 느껴, 자기 영토에 있는 세계의 중심에 왕궁이나 사원 등의 신성한 장소를 조성했다.[7] 고대 그리스의 파르테논 신전은 높은 언덕 위, 프랑스 생미셸 수도원은 원통형 용암기둥 정상에 자리함으로써,[8] 주변의 일반 거주지와는 다른 지형 형태를 차지하고 있었다. 또한 투안은 "인류가 처음으로 대규모의 마을 공동체를 이루며 농사를 짓고 살아온 곳은 하천유역이나 해안가였다. 유역은 오목한 분지 형태로서 생명을 보호하고 길러주는 자궁이나 은신처를 상징하고, 산봉우리와 여타 고지대는 하늘로 향하는 사다리이자 신들의 고향이다."[9]라고 말하면서 거주적 장소와 종교적 장소의 구별을 강조했다.

우리나라 또한 '장소적 특성'에 따라 장소의 활용을 달리해왔음을 예상하는 것은 어렵지 않다. 그리고 우리나라는 해당 장소의 '장소적 특성'을 파악하고 또 그에 맞게 활용하는 기술과 논리체계에 '풍

6) 임승빈, 『경관분석론』, 서울대학교출판문화원, 2009, p.211.

7) 오토 프리드리히 볼노 지음, 이기숙 옮김, 앞의 책, p.75.

8) 이-푸 투안 지음, 이옥진 옮김, 『토포필리아』, 에코리브르, 2011, p.218.

9) 이-푸 투안 지음, 이옥진 옮김, 위의 책, p.182.

수(風水)'라는 이름표를 달았다. 비록 풍수이론체계의 생산과 형성은 중국이 주도했지만, 우리나라 또한 이미 나름의 자생적 풍수관이 있었고,[10] 이후 중국의 풍수이론체계를 수용해 우리의 자연 및 인문적 환경에 맞추어 한국적 풍수이론체계를 적용 및 발달시켜왔다. 따라서 풍수는 우리나라의 자연환경을 인식하고 평가 및 관리하는 사회 공동체적 담론체계이자 이론체계라 할 수 있다.

본 연구는 입지의 선정 및 공간 구성에 풍수가 적용되었으며, 동일한 '거주 공간'이라는 범주에 속하면서도 각자 나름의 독특한 입지적 특성을 보유하고 있는 대표적 사례로 종택 및 정자에 주목한다. 풍수가 종택 및 정자의 입지 선정과 공간 구성에 영향을 미쳤다는 것은 그 조영자(造營者)들의 신분을 통해 알 수 있다. 종택 및 정자의 조영자는 대부분 조선시대 유학을 공부한 사족계층으로서, 그들은 주자(朱子)의 풍수적 견해를 받아들여 풍수의 효용성을 인정하고 있었으며, 풍수지식을 일반교양 이상의 수준으로 갖추고 있었다.[11]

종택 및 정자가 동일한 거주 공간의 범주에 속하면서도 각자 독특한 입지적 특성을 지니고 있다는 것은 '풍수'를 전공한 사람이라면 쉽게 알 수 있다. 특히 풍수적 관점에서, 종택은 비교적 풍수적으로 양호한 자리에 위치한 곳이 많은 반면, 정자는 그렇지 못한 경우가 많다. 정자가 위치한 산능선 위나 절벽 위는 바람이 사방으로 불어오고, 계곡 안은 계곡풍(골바람)이 불어와 풍수의 장풍(藏風) 조건에 불리한 곳이다. 또 물이 감아 도는 바깥쪽(공격사면)은 홍수와 바람

---

10) 최창조는 우리 민족에게는 우리 고유의 지리 사상이 있다고 생각했으며, 그것에 '자생풍수'라는 이름을 붙였다. 최창조, 『한국의 자생풍수 1』, 민음사, 1997, p.6.

11) 이화, 『조선조 풍수신앙 연구』, 한국학술정보, 2005, pp.153~175, 최원석, 「조선후기 영남지방 사족촌의 풍수담론」, 한국지역지리학회지 제16권 제3호, 2010에서 재인용.

에 취약한 곳이다.

그러나 교양 수준 이상의 풍수지식을 갖추고 있던 유학자들이 많은 정자의 입지를 단순히 풍수적 흉지에만 자리 잡았을 리가 없으며, 나름의 입지 선정의 이유가 있을 것이다. 즉 일상생활이 이루어지는 거주 공간인 종택의 입지와는 차별된 학문 수양 및 휴양을 목적으로 하는 정자의 기능에 맞는 입지 선정이 행해졌다고 생각할 수 있다.

이러한 맥락에서 본 연구의 목적은 일차적으로 일반적 거주 공간인 종택과 학문 수양 및 휴양 목적의 거주 공간인 정자의 입지적 특성을 경관심리학[12]적 관점에서 비교하는 것이다. 그리고 연구는 나아가 종택 및 정자의 입지적 특성과 힐링 장소와의 관련성 분석을 통해, 힐링 장소를 휴양적 힐링 장소와 요양적 힐링 장소로 구별해 제시하고자 한다.

2. 연구 대상 선정 및 연구 방법

2.1. 연구 대상 선정

본 연구의 범위는 공간적 범위와 시간적 범위로 구분한다. 연구의 공간적 범위는 경북지역의 종택 및 정자로 한정한다. 우리나라의 각

---

12) 자연 및 인공 경관이 인간의 심리에 미치는 영향을 분석하는 학문 분야이다. 그러나 인간의 장소체험이라는 것은 단지 시각에만 의존하는 것이 아니며 인간의 오관이 총체적으로 작용해 이루어진다. 이러한 맥락에서, 경관심리 또한 단지 시각적 측면만을 강조하는 것이 아니며 인간의 오관을 통한 장소체험이 심리에 미치는 영향을 다루는 것으로 폭넓게 이해될 필요가 있다.

지방별로 산재한 종택 및 정자 중 경북지역의 분포 비율이 가장 높으며, 삼남 지방의 4대 길지로 여겨지는 하회, 양동, 유곡, 천전 마을 또한 경북지역에 위치하고 있기 때문이다.

시간적 범위는 조선시대의 종택 및 정자로 한정한다. 조선 전기에 들어 궁궐 및 왕릉 조영에 풍수가 이용되었으며, 지방의 촌락 입지 선정에도 풍수가 고려된 사례가 조금씩 나타난다.[13] 이후 재지(在地) 세력들의 촌락 형성기와 때를 같이하는 조선 후기에 들어서는 촌락의 입지와 경관 조영에 풍수가 본격적으로 활용되기 시작했다.[14]

이러한 공간적 시간적 기준에 따라 연구 대상 종택 및 정자를 다음과 같은 절차에 따라 선정했다. 먼저 문화재청 홈페이지에 등록(2016년 6월 기준)되어 있는 경북지역의 조선시대 종택(종가) 및 정자를 조사했다. 이때 명칭이 '종택(종가)'이 아니더라도 문화재청 홈페이지의 안내문에 종택의 기능이 있다고 설명되어 있는 곳은 연구 대상에 포함시켰다. 또한 창건 이래 이건 없이 현재까지 최초 건립

---

13) 일례로 퇴계의 조부인 이계양(李繼陽)이 조선전기에 터를 잡은 안동 도산면의 퇴계태실(老松亭종택)이 있다. 퇴계가 쓴 『事蹟』에 이계양이 온혜에 들어오게 된 사연이 적혀 있는데, 여기에 풍수적 내용이 포함되어 있다. "공은 처음 예안현 동쪽인 부라원(부포)에 살았는데 봉화현 교도가 되어 봉화로 가던 도중 온계를 지나다 그 산천의 아름다움을 좋아하여 이리저리 다니면서 살펴보고 갔다. 공이 신라 고개에서 쉴 때 한 중을 만났는데 그도 온계에서 오는 길이라 함께 쉬다가 온계 풍수의 아름다움을 말하게 되었다. 공이 중의 생각과 자기의 생각이 같음을 기뻐하여 드디어 중을 데리고 다시 온계로 돌아와 주위를 오르내리면서 두루 살펴보다 어느 한 집터를 가리키니 중이 '이곳에 자리를 잡으면 마땅히 귀한 자손을 볼 것입니다.'라고 하니 공이 마침내 옮겨 살 것을 결심했다. 그때는 단지 민가 한 채만이 시냇가에 있을 뿐 밭 사이가 묵어 있어 곳곳마다 경작을 할 수 있었다. 그러나 수목이 무성하고 골짜기는 깊고 그윽하며 시냇물은 맑고 달콤하여 피라미가 풍성하니 냇물을 끌어들여 논밭을 관개할 수 있었다"(『眞城李氏上溪剡村派譜』. 「事蹟」. "公初居縣東浮羅村, 爲奉化縣教導, 一日將往奉化, 過溫溪, 愛其泉石之勝, 徘徊寓目而去, 憩于新羅峴, 遇一僧, 亦自溫溪來, 同憩, 語及溫溪風水之美, 公喜符所見, 遂携僧, 返抵溫溪, 陟降周覽, 指示宅基曰, '居此 當生貴子', 公乃決意移居. 時溪上只有居民一戶, 田疇間廢, 隨處可耕, 樹木茂密, 洞壑深窈, 溪水淸甘, 多鯈魚, 可引而漑田灌澗").

14) 최원석, 「조선후기 영남지방 士族村의 풍수담론」, 『한국지역지리학회지』 제16권 제3호, 2010, p.266.

된 자리에 그대로 있는 것만을 대상으로 하였으며, 단 제자리에서 중수한 것은 연구대상에 포함시켰다.

이에 따라, 종택 78개소 중 13개소를 제외한 65개소,[15] 정자 99개소 중 22개소를 제외한 77개소[16]를 1차 선별한 목록이 각각 <표 1>과 <표 2>다.

<표 1> 1차 선별 종택 65개소 목록

지역	개소	종택 명칭	창건시기	문화재 지정 현황
경주	3	무첨당(無忝堂)	조선중기	보물 제411호
		서백당(書百堂)	1484	국가민속문화재 제23호
		낙선당(樂善堂)	1540	국가민속문화재 제73호
고령	1	점필재종택(佔畢齋宗宅)	1800	민속문화재 제62호(경북)
봉화	6	개암종택(開巖宗宅)	16C후기	경북기념물 제138호
		법전강씨종택(法田姜氏宗宅)	17C중기	민속문화재 제40호(경북)
		팔오헌종택(八吾軒宗宅)	17C후기	문화재자료 제445호(경북)
		봉화금씨군위공종택(奉化琴氏 軍威公宗宅)	조선	문화재자료 제495호(경북)
		충재종택(忠齋宗宅)	16C초	명승 제60호
		옥계종택(玉溪宗宅)	조선	문화재자료 제547호(경북)
상주	2	우복종가(愚伏宗家)	17C중기	국가민속문화재 제296호
		수암종택(修巖宗宅)	18C중기	민속문화재 제70호(경북)
성주	3	응와종택(凝窩宗宅)	1774	민속문화재 제44호(경북)
		한주종택(大山洞寒洲宗宅)	1767	민속문화재 제45호(경북)
		한강종택(寒岡宗宅)	19C	문화재자료 제614호(경북)

15) 1차 선별 대상에서 제외된 종택 13개소는 댐건설로 인한 이건(移建)이 10개소(구미 용와종택·수남위종택·호고와종택, 안동 금역당종가·탁청정종가·정재종택·무실종택·지촌종택, 영덕 길암종택, 영천 오회공종택), 홍수로 인한 이건이 1개소(고령 죽유종택), 건립연대 미상 1개소(봉화 송월재종택), 고려말 건립 1개소(안동 경류정종택)이다.

16) 1차 선별 대상에서 제외된 정자 22개소는 댐건설로 인한 이건(移建)이 17개소(구미 침간정·삼가정·대야정·동암정, 안동 탁청정·침락정·용암정·어은정·태고정·만우정·약계정·송정, 영주 모은정·심원정·월춘정, 영천 강호정·삼휴정), 홍수로 인한 이건이 1개소(고령 벽송정), 일제강점기 건립 2개소(경주 수봉정, 영양 영양사정), 기타 이유에 의한 이건이 2개소(안동 송은정, 영주 영훈전)이다.

지역	개소	종택 명칭	창건시기	문화재 지정 현황
안동	22	양진당(養眞堂)	16C	보물 제306호
		의성김씨종택(義城金氏宗宅)	16C후기	보물 제450호
		충효당종택(忠孝堂宗宅)	1551	보물 제553호
		율리종택(栗里宗宅)	1630	중요민속문화재 제181호
		고성이씨탑동파종택(固城李氏塔洞派宗宅)	17C후기	중요민속문화재 제185호
		송소종택(松巢宗宅)	조선후기	중요민속문화재 제203호
		귀봉종택(龜峯宗宅)	1660	국가민속문화재 제267호
		퇴계종택(退溪宗宅)	조선중기	경북기념물 제42호
		학봉종택(鶴峰宗宅)	16C중기	경북기념물 제112호
		묵계종택(默溪宗宅)	1687	민속문화재 제19호(경북)
		안동김씨종택(安東金氏宗宅)	15C중기	민속문화재 제25호(경북)
		북애공종택(北涯公宗宅)	17C경	민속문화재 제27호(경북)
		전주류씨삼산종택(全州柳氏三山宗宅)	1750	민속문화재 제36호(경북)
		풍산김씨종택(豊山金氏宗宅)	16C후기	민속문화재 제39호(경북)
		이우당종택(二愚堂宗宅)	1640	민속문화재 제49호(경북)
		운암종택(雲岩宗宅)	1754	민속문화재 제50호(경북)
		예안이씨상리종택(禮安李氏上里宗宅)	1525	민속문화재 제67호(경북)
		제산종택(霽山宗宅)	18C초	민속문화재 제129호(경북)
		성성재종택(惺惺齋 宗宅)	조선후기	민속문화재 제159호(경북)
		관물당종택(觀物堂宗宅)	1569	민속문화재 제160호(경북)
		대산종택(大山宗宅)	18C초	문화재자료 제408호(경북)
		간재종택(簡齋宗宅)	조선	민속문화재 제131호(경북)
영덕	11	난고종택(英陽南氏蘭皐宗宅)	조선	중요민속문화재 제271호
		경수당종택(慶壽堂宗宅)	1570	유형문화재 제297호(경북)
		인양리용암종택(龍巖宗宅)	1728	민속문화재 제61호(경북)
		무안박씨무의공파종택(務安朴氏武毅公派宗宅)	17C	국가민속문화재 제286호
		눌곡종택(慶州金氏訥谷宗宅)	1600	민속문화재 제119호(경북)
		영양남씨괴시파종택(英陽南氏槐市派宗宅)	17C	민속문화재 제75호(경북)
		우계종택(盈德 愚溪宗宅)	1607	민속문화재 제184호(경북)
		대은종택(臺隱宗宅)	17C	문화재자료 제278호(경북)

지역	개소	종택 명칭	창건시기	문화재 지정 현황
		존재종택(存齋宗宅)	1650	문화재자료 제293호(경북)
		목사공종택(牧使公宗宅)	1570	문화재자료 제320호(경북)
		오봉종택(盈德 五峯宗宅)	확인불가	문화재자료 제538호(경북)
영양	7	사월종택(沙月宗宅)	1602	국가민속문화재 제294호
		옥천종택(玉川宗宅)	17C	민속문화재 제42호(경북)
		오류정종택(五柳亭宗宅)	1735	문화재자료 제82호(경북)
		영양월잠종택(英陽月岑宗宅)	확인불가	문화재자료 제430호(경북)
		야성정씨참판공종택(野城鄭氏參判公宗宅)	17C	문화재자료 제77호(경북)
		영양남씨신암공파종택(英陽南氏愼菴公派宗宅)	확인불가	문화재자료 제489호(경북)
		사고종택(柱江亭및沙皐宗宅)	17C	문화재자료 제499호(경북)
영주	1	인동장씨종택(仁同張氏宗宅)	16C말	민속문화재 제98호(경북)
영천	2	호수종택(湖水宗宅)	1613	유형문화재 제90호(경북)
		경주김씨지사공종택(慶州金氏知事公宗宅)	조선중종	문화재자료 제373호(경북)
예천	3	예천권씨 초간종택(醴泉權氏 草澗宗宅)	조선전기	중요민속문화재 제201호
		연안이씨별좌공종택(延安李氏別坐公宗宅)	16C	민속문화재 제71호(경북)
		석문종택(醴泉 石門宗宅)	1609	문화재자료 제492호(경북)
울진	1	평해황씨해월종택(平海黃氏海月宗宅)	17C	민속문화재 제156호(경북)
의성	1	오봉종택(梧峰宗宅)	확인불가	문화재자료 제187호(경북)
청도	1	탁영종택(濯纓宗宅)	1578	경북기념물 제161호
칠곡	1	묵헌종택(默軒宗宅)	1820	문화재자료 제245호(경북)

<표 2> 1차 선별 정자 77개소 목록

지역	개소	정자 명칭	창건시기	문화재 지정 현황
경산	1	구연정(龜淵亭)	1848	문화재자료 제415호(경북)
경주	10	유연정(悠然亭)	1811	문화재자료 제345호(경북)
		계정(溪亭)	1516	보물 제413호(독락당)
		수재정(水哉亭)	1620	문화재자료 제166호(경북)
		수운정(水雲亭)	1582	중요민속문화재 제80호

지역	개소	정자 명칭	창건시기	문화재 지정 현황
		삼괴정(三槐亭)	1815	유형문화재 제268호(경북)
		심수정(心水亭)	1560	중요민속문화재 제81호
		관가정(觀稼亭)	16C초	보물 제442호
		안락정(安樂亭)	1776	중요민속문화재 제82호
		귀래정(歸來亭)	1755	민속문화재 제94호(경북)
		이향정(二香亭)	1695	중요민속문화재 제79호
구미	2	채미정(採薇亭)	1768	명승 제52호
		매학정(梅鶴亭)	1533	경북기념물 제16호
군위	1	양암정(兩岩亭)	1612	문화재자료 제216호(경북)
김천	1	방초정(芳草亭)	18C초	유형문화재 제46호(경북)
봉화	12	장암정(藏庵亭)	1724	문화재자료 제150호(경북)
		청암정(靑巖亭)	1380	명승 제60호
		경체정(景軆亭)	1858	유형문화재 제508호(경북)
		창애정(滄厓亭)	18C후반	문화재자료 제237호(경북)
		사미정(四未亭)	1727	유형문화재 제477호(경북)
		사덕정(俟德亭)	1641	문화재자료 제249호(경북)
		도암정(陶巖亭)	1650	민속문화재 제54호(경북)
		야옹정(野翁亭)	16C후반	민속문화재 제180호(경북)
		종선정(種善亭)	16C후반	유형문화재 제264호(경북)
		한수정(寒水亭)	1608	유형문화재 제147호(경북)
		와선정(臥仙亭)	17C초	문화재자료 제532호(경북)
		뇌풍정(雷風亭)	조선	문화재자료 제606호(경북)
상주	3	대산루부계정(對山樓附溪亭)	17C중기	유형문화재 제156호(경북)
		청간정(澗澗亭)	1650	문화재자료 제558호(경북)
		쾌재정(快哉亭)	16C초	문화재자료 제581호(경북)
성주	2	만귀정(晩歸亭)	1851	문화재자료 제462호(경북)
		기국정(杞菊亭)	1795	문화재자료 제382호(경북)
안동	20	겸암정사(謙菴精舍)	1567	국가민속문화재 제89호
		옥연정사(玉淵精舍)	1586	국가민속문화재 제88호
		원지정사(遠志精舍)	1573	국가민속문화재 제85호
		간재정(簡齋亭)	조선후기	시도민속문화재 제131호
		낙암정(洛巖亭)	1451	문화재자료 제194호(경북)
		삼구정(三龜亭)	1495	유형문화재 제213호(경북)
		시북정(市北亭)	1592	문화재자료 제32호(경북)
		만휴정(晩休亭)	16C초	문화재자료 제173호(경북)
		귀래정(歸來亭)	1513	문화재자료 제17호(경북)

지역	개소	정자 명칭	창건시기	문화재 지정 현황
		고산정(孤山亭)	16C후반	유형문화재 제274호(경북)
		광풍정(光風亭)	1630	문화재자료 제322호(경북)
		삼산정(三山亭)	1750	유형문화재 제164호(경북)
		산수정(山水亭)	1610	민속문화재 제122(경북)
		체화정(棣華亭)	1761	유형문화재 제200호(경북)
		석문정(石門亭)	1588	문화재자료 제34호(경북)
		반구정(伴鷗亭)	1530	문화재자료 제258호(경북)
		백운정(白雲亭)	1568	문화재자료 제175호(경북)
		노송정(老松亭)	조선전기	국가민속문화재 제295호
		수운정(水雲亭)	16C후반	문화재자료 제433호(경북)
영덕	3	우헌정(于軒亭)	19C후반	문화재자료 제293호(경북)
		입천정(卄川亭)	19C이전	문화재자료 제392호(경북)
		괴시리괴정(槐市里槐亭)	1766	문화재자료 제397호(경북)
영양	6	삼구정(英陽三龜亭)	17C중엽	유형문화재 제232호(경북)
		남악정(南岳亭)	1676	문화재자료 제80호(경북)
		청계정(青溪亭)	17C중엽	문화재자료 제170호(경북)
		숙운정(英陽 宿雲亭)	17C	문화재자료 제490호(경북)
		주강정(柱江亭)	조선	문화재자료 제499호(경북)
		망운정(望雲亭)	조선후기	문화재자료 제599호(경북)
영주	3	군자정 (君子亭)	16C후반	유형문화재 제276호(경북)
		일우정(逸愚亭)	1868	문화재자료 제540호(경북)
		천운정(天雲亭)	1588	문화재자료 제557호(경북)
영천	4	산수정(山水亭)	18C중엽	중요민속문화재 제24호
		옥간정(玉磵亭)	1716	유형문화재 제270호(경북)
		완귀정(玩龜亭)	1546	민속문화재 제20호(경북)
		귀애정(龜厓亭)	19C후반	민속문화재 제162호(경북)
예천	5	야옹정(野翁亭)	1566	보물 제1917호
		초간정(草澗亭)	1582	유형문화재 제475호(경북)
		삼수정(三樹亭)	1420	문화재자료 제486호(경북)
		청원정(清遠亭)	조선초기	문화재자료 제533호(경북)
		병암정(屛巖亭)	19C후반	문화재자료 제453호(경북)
의성	1	영귀정(詠歸亭)	1500	문화재자료 제234호(경북)
청도	1	만화정(萬和亭)	1856	중요민속문화재 제106호
포항	2	용계정(龍溪亭)	1546	유형문화재 제243호(경북)
		분옥정(噴玉亭)	1820	유형문화재 제450호(경북)

종택과 정자의 입지적 특성을 보다 타당성 있게 비교하기 위해서는 이 둘을 연결시켜주는 매개체가 필요하다. 이에 본 연구는 그 매개체로 '인간(조영자)'을 선택했다. 즉 종택 및 정자의 조영자가 동일 인물이라면, 그 둘의 입지적 특성을 통해 각 장소의 '장소적 특성'을 파악하고 또 그에 맞게 활용하는 모습을 구체적으로 분석할 수 있을 것이다.

이에 따라 연구는 1차 선별된 종택 65개소와 정자 77개소에 대해, 각 종택 및 정자의 조영과 관련된 '인간'을 중심으로 2차 선별했다. 여기서 '인간'은 종택 및 정자의 조영자(창건자)를 의미하며, 두 건축물의 조영자가 동일 인물임을 기본으로 한다. 단 조영자가 동일 인물이 아니더라도 터를 잡는 입지관 등의 공통적 공간 인식을 공유할 가능성이 높다고 여겨지는 관계일 경우에 '인간'에 포함시켰다.

이에는 먼저 5대 이내의 가족관계, 150년 이내의 문중관계가 해당된다. 조선시대는 혈연을 중심으로 한 성씨의 집단 결속력이 높은 사회로서 정신적 유대감과 결속력 또한 높았다. 이에 1대를 30년으로 가정했을 경우, 5대 150년까지의 선조에서 후대로 이어지는 직계 및 문중 사이에 있어 공간 인식 또한 상호 교류가 이루어졌을 것으로 가정할 수 있다.

'인간'을 중심으로 종택 및 정자를 선별한 결과, 종택 25개소, 정자 33개소가 선별되었다. 이때, 문화재청 등록 문화재 목록에 있으나 종택의 기능이 없어 '고택'으로 명칭된 건축물, 또는 종택의 기능이 있으나 비지정 문화재여서 문화재청 목록에 없는 건축물 중에서 조영자를 중심으로 상호관련성이 높은 고택 9개소,[17] 정자 3

---

17) 문화재청 등록 문화재 목록에 있으나 종택의 기능이 없어 앞의 <표 1> 1차 선별 목록에 누락된 곳은 향단·수졸당·경암헌고택·퇴계태실·사직공파구택·우엄고택·매산고택·운강고택 8개소이며, 종택의 기능은 있으나 비지정문화재여서 1차 선별에 누락된

개소[18])를 연구대상에 포함시켰다. 본 연구의 목적인 종택과 정자의 입지적 특성 비교에 비추어, 종택의 기능이 없다고 하더라도, 또 문화재청 비지정 문화재라 하더라도 입지적 특성 비교의 객관성을 높이는 데 도움이 될 것으로 판단했기 때문이다.

이러한 기준에 따라 선정된 종택 34개소와 정자 36개소의 '조영자'와 종택 및 정자와의 관련 내용을 정리한 목록이 <표 3>이며, 최종 연구 대상으로 선정된 종택 34개소와 정자 36개소의 목록이 각각 <표 4>와 <표 5>이다.

<표 3> '조영자' 관점의 종택 및 정자 목록[19]

지역	중심 인물	내용	종택(고택)	정자
경주	우재 손중돈 (1463~1529)	· 우재 손중돈은 조선 전기의 문신 · 서백당: 손중돈의 생가 · 관가정: 손중돈 창건(1514) · 수운정: 우재 증손 손엽(1544~1600) 창건 (1582) · 낙선당: 우재 고손 손종로 종가(1540)	서백당 낙선당	관가정 수운정
	회재 이언적 (1491~1553)	· 회재 이언적은 조선 중기의 문신 · 무첨당: 이언적의 종가(1508) · 향단(1555) 및 계정(1516): 이언적 창건 · 심수정: 여강이씨문중 창건(1560) · 수졸당: 이언적의 손자 이의잠(1576~1635) 창건	무첨당 향단 수졸당	계정 심수정
김천	연안이씨	· 정양공 이숙기는 조선 전기 무신 및 학자 · 정양공종가: 정양공 이숙기(1429~1489) 종가 · 방초정: 방초 이정복(1575~1637) 창건(1625)	연안이씨 정양공종가	방초정
봉화	충재 권벌	· 충재 권벌은 조선 중종代 문신 및 학자	충재종택	청암정

곳은 연안이씨 정양공종가 1개소이다. 이러한 고택 9개소는 창건자를 중심으로 각 정자와의 상호관련성이 높은 고택으로 연구대상에 포함시켰음.

18) 봉화 석천정 및 옥계정, 안동 곡강정은 비지정문화재이나 창건자를 중심으로 각 종택과의 상호관련성이 높은 정자로서 연구대상에 포함시켰음.

19) 관련 내용은 문화재청 국가문화유산포털 문화재검색, 포털 사이트 네이버 지식백과에서 자료 수집.

지역	중심 인물	내용	종택(고택)	정자
	(1478~1548)	• 충재종택/청암정: 권벌 창건(1519/1526) • 석천정: 권벌子 청암 권동보(1518~1592) 창건(1535) • 한수정: 권벌이 거연헌을 창건한 자리에 손자 권래(1562~1617)가 재창건 후 한수정으로 명칭		석천정 한수정
	황파 김종걸 (1628~1708)	• 황파 김종걸은 조선 효종代 문신 • 경암헌고택: 김종걸의 조부가 장인으로부터 이어받은 후 의성김씨종택으로 이어져 옴 • 도암정: 조선 효종 때 문신 김종걸 창건(1650)	경암헌 고택	도암정
	법전강씨	• 잠은 강흡은 조선 후기의 문신 • 법전강씨종택: 잠은 강흡 창건(1639) • 경체정: 강흡 후손인 강태중(1778~1862) 창건(1858)	법전강씨 종택	경체정
	봉화금씨 금계 · 금응석	• 군의공 금계는 조선 전기의 문신 • 군위공종택: 군의공 금계(1439~1497) 종택 • 종선정: 금응석(1508~1583) 추모 위해 마을 주민들이 창건	봉화금씨 군위공종택	종선정
	옥계 김명흠 (1696~1773)	• 옥계 김명흠은 조선 숙종~영조代 학자 • 옥계종택/옥계정: 옥계 김명흠 추모 위해 의성김씨 문중 창건	옥계종택	옥계정
상주	우복 정경세 (1563~1633)	• 우복 정경세는 조선 중기의 문신 및 학자 • 우복종가 및 대산루 부 계정: 정경세 창건(1600)	우복종가	대산루 부계정
	서애 류성룡	• 수암종택: 풍산류씨 우천파 종택으로서, 류성룡의 5대손 류성노가 창건	수암종택	옥연정
성주	응와 이원조 (1792~1871)	• 응와 이원조는 조선후기 남인계열의 학자 • 응와종택: 응와 증조부 돈재 이석문(1713~1773) 창건 • 만귀정: 응와 이원조 창건	응와종택	만귀정
안동	겸암 류운룡 (1539~1601) 서애 류성룡 (1542~1607)	• 겸암 류운룡과 서애 류성룡은 조선 중기의 문신이며 형제지간임 • 충효당: 류성룡 종택, · 양진당: 류운룡 종택 • 겸암정: 류운룡 창건 • 옥연정(1586)/원지정사(1573): 류성룡 창건	양진당 충효당	겸암정 옥연정 원지정사
	귀봉 김수일 (1528~1583) 학봉 김성일 (1538~1593)	• 김수일 김성일은 조선 중기의 문신으로 형제지간 • 의성김씨종택: 김수일/김성일 형제의 부친인 청계 김진(1500~1580)의 종가 • 학봉종택: 김성일 종택, · 귀봉종택: 김수일	의성김씨 종택 학봉종택 귀봉종택	석문정 광풍정 백운정

지역	중심 인물	내용	종택(고택)	정자
		종택 · 석문정/백운정: 김성일 창건 · 광풍정: 김성일의 제자 장흥효(1564~1633) 창건		
	양소당 김영수 (1446~1502)	· 양소당 김영수는 조선 선조代 문신 · 안동김씨종택: 김영수 종택, · 삼구정: 김영수 창건	안동김씨 종택	삼구정
	간재 변중일 (1575~1660)	· 간재 변중일은 조선 중기의 학자 · 간재종택/간재정(17C초반): 변중일의 종택과 정자	간재종택	간재정
	노송정 이계양 (1424~1488)	· 노송정 이계양은 퇴계 이황의 조부 · 퇴계태실과 노송정: 이계양 창건(1454)	퇴계태실	노송정
	보백당 김계행 (1431~1517)	· 보백당 김계행은 조선시대 문신 · 묵계종택: 김계행의 종택, · 만휴정: 김계행 창건(1500)	묵계종택	만휴정
	삼산 유정원 (1702~1761)	· 삼산 유정원은 조선 후기의 문신 및 학자 · 삼산종택: 유정원 종택 · 삼산정: 유정원 창건(1750)	삼산종택	삼산정
	예안이씨 (15C~17C)	· 이영, 이전, 이훈은 형제로 예안이씨 안동 입향조 · 상리종택: 이훈(1489~1552)의 종택 · 사직공파구택: 이영 창건(1525) · 곡강정: 이전의 손자 곡강 이호 창건 · 체화정: 만포 이민적(1625~1673) 창건(1761)	상리종택 사직공파 구택	체화정 곡강정
	성성재 금난수 (1530~1604) 매헌 금보 (1521~1585)	· 금난수와 금보는 조선중기의 문신으로 봉화금씨문중이며 퇴계 문하생 · 성성재종택: 금난수 종택, 고산정: 금난수 창건 · 수운정: 금보 창건	성성재종택	고산정 수운정
영덕	우헌 이수악 (1845~1927)	· 우헌 이수악은 독립운동가 및 의병장 · 존재종택: 조선중기 학자인 존재 이휘일의 8대손 이수악의 생가 · 우헌정: 이수악 창건(1800년대 말)	존재종택	우헌정
영양	사월 조임 (1573~1644)	· 사월 조임은 조선 선조代 학자 · 사월종택/숙운정(1621): 조임 창건 · 사고종택: 조임의 子 사고 조정옥이 창건, 조임의 증손자인 주강 조시광(1669~1740)의 생가 · 주강정: 주강 조시광 창건	사월종택 사고종택	숙운정 주강정

지역	중심 인물	내용	종택(고택)	정자
영주	우엄 전규병 (1840~1905)	• 전규병은 조선 철종代 학자 • 우엄고택/일우정(1868): 전규병이 창건	우엄고택	일우정
영천	매산 정중기 (1685~1757)	• 매산 정중기는 조선후기의 문신 및 학자 • 매산고택: 정중기가 창건 시작, 子 정일찬이 완성 • 산수정: 정중기 창건	매산고택	산수정
예천	초간 권문해 (1534~1591)	• 초간 권문해는 조선 명종~선조代 학자 • 초간종택: 권문해의 조부 권오상 창건 • 초간정: 권문해 창건	초간종택	초간정
청도	운강 박시묵 (1814~1878)	• 박시묵은 조선 후기 청도 출신의 학자 • 운강고택: 소요당 박하담이 서당을 짓고 후학양성하던 터에 운강 박시묵이 고택을 중건 • 만화정: 박시묵이 창건(1856)	운강고택	만화정

<표 4> 연구 대상 종택 목록(34개소)

지역	개소	종 택	주 소
경주	5	서백당	경주시 강동면 양동리 223
		낙선당	경주시 강동면 양동마을안길 75-24
		무첨당	경주시 강동면 양동마을안길 32-19
		향단	경주시 강동면 양동마을길 121-75(양동리)
		수졸당	경주시 강동면 양동리 212번지
김천	1	연안이씨 정양공종가	김천시 구성면 상원리 53-2
봉화	5	충재종택	봉화군 봉화읍 충재길 87-21(유곡리)
		경암헌고택	봉화군 봉화읍 황전길 19(거촌2리)
		법전강씨종택	봉화군 법전면 양촌길 23(척곡리)
		봉화금씨 군위공종택	봉화군 새안로 75-36(명호면)
		옥계종택	봉화군 조래길 8-2(법전면)
상주	2	우복종가	상주시 외서면 우산리 193-2번지
		수암종택	상주시 중동면 우물리 1102번지
성주	1	응와종택	성주군 월항면 대산리 421번지
안동	13	양진당	안동시 풍천면 하회리 724번지
		충효당	안동시 풍천면 종가길 69(하회리)
		의성김씨종택	안동시 임하면 경동로 1949-9(천전리)
		학봉종택	안동시 서후면 금계리 856번지

		귀봉종택	안동시 임하면 천전리 279번지
		안동김씨종택	안동시 풍산읍 장태골길 28(소산리)
		간재종택	안동시 서후면 풍산태사로 2720-30(금계리)
		퇴계태실	안동시 도산면 온혜중마길 46-5(온혜리)
		묵계종택	안동시 길안면 충효로 1736-5(묵계리)
		삼산종택	안동시 예안면 기사길 42(주진리)
		예안이씨 상리종택	안동시 풍산읍 상리1리 486-1번지
		예안이씨 사직공파구택	안동시 풍산읍 우렁길 127-25(하리1리)
		성성재종택	안동시 부포로 668(예안면)
영덕	1	존재종택	영덕군 창수면 오촌리 318-1
영양	2	사월종택	영양군 영양읍 하원리 205-1번지
		사고종택	영양군 영양읍 상원리 475-1
영주	1	우엄고택	영주시 이산면 이산로938번길 25
영천	1	매산고택	영천시 임고면 삼매매곡길 356-6(삼매리)
예천	1	예천권씨 초간종택	예천군 용문면 죽림리 166-3번지
청도	1	운강고택	청도군 금천면 선암로 474(신지리)

<표 5> 연구 대상 정자 목록(36개소)

지역	개소	정자	주소
경주	4	관가정	경주시 강동면 양동리 150
		수운정	경주시 강동면 양동리313
		계정	경주시 안강읍 1600-1
		심수정	경주시 강동면 양동리 98
김천	1	방초정	김천시 구성면 상원리 83
봉화	7	청암정	봉화군 봉화읍 유곡리 931
		석천정	봉화군 봉화읍 유곡리 945
		한수정	봉화군 춘양면 의양리 134
		도암정	봉화군 봉화읍 거촌2리 502
		경체정	봉화군 법전면 법전리 137
		종선정	봉화군 상운면 문촌리 722
		옥계정	봉화군 법전면 소천리 116
상주	2	대산루부계정	상주시 외서면 채릉산로 799-46(우산리)
		옥연정[20]	안동시 풍천면 광덕솔밭길 86(광덕리)

성주	1	만귀정	성주군 가천면 신계리 70
안동	15	겸암정사	안동시 풍천면 광덕리 37
		옥연정사	안동시 풍천면 광덕리 20
		원지정사	안동시 풍천면 하회리 712-1
		석문정	안동시 풍산읍 막곡리 287
		광풍정	안동시 서후면 금계리 774
		백운정	안동시 임하면 경동로 1850-97(임하리)
		삼구정	안동시 풍산읍 소산리 76
		간재정	안동시 서후면 풍산태사로 2720-30(금계리)
		노송정	안동시 도산면 온혜중마길 46-5(온혜리)
		만휴정	안동시 길안면 묵계하리길42
		삼산정	안동시 예안면 주진리 948
		체화정	안동시 풍산읍 상리리 447
		곡강정	안동시 풍산읍 하리리 141-2
		고산정	안동시 도산면 가송리 447
		수운정	안동시 도산면 태자로 172-3(태자리)
영덕	1	우헌정	영덕군 창수면 오촌리 232
영양	2	숙운정	영양군 영양읍 하원리 210-2
		주강정	영양군 영양읍 상원1리 475-1
영주	1	일우정	영주시 이산면 지동리 456
영천	1	산수정	영천시 임고면 삼매매곡길 356-6(삼매리)
예천	1	초간정	예천군 용문경천로 874(용문면)
청도	1	만화정	청도군 금천면 선암로 474(신지리)

2.2. 연구 방법

본 연구는 경관심리학적 관점에서 종택 및 정자의 입지적 특성을 비교함으로써 요양적 힐링 장소와 휴양적 힐링 장소의 특성을 밝히고자 하는 목적에 비추어, 다음과 같이 세 단계로 나누어 진행했다.

첫째, 연구는 먼저 종택 및 정자의 입지적 특성을 분석하고, 이를

---

20) 안동의 옥연정과 동일한 곳이다. 상주 수암종택의 조영자인 류성노가 안동 옥연정의 조영자인 류성룡의 5대손으로서 상호 관련성이 있다.

힐링 장소와의 관련성을 분석하기에 앞서, 관련된 이론에 대해 살펴봄으로써 차후 논의를 위한 발판을 마련했다. 이론적 논의는 크게 두 가지 측면에서 이루어졌다. 연구는 먼저 종택 및 정자의 입지적 특성을 분석하기 위해 풍수의 기본적 논리체계를 살펴보았다.

풍수의 논리체계는 크게 형세론(形勢論)과 이기론(理氣論)으로 나뉘며, 전자(前者)는 산과 물의 형태와 방향을 눈(目)으로 보고 터를 평가하는 방법을 체계화시킨 이론이며, 후자(後者)는 패철(나경)이라는 풍수용 나침반을 이용하여 산과 물의 방향이 가진 속성을 음양오행(陰陽五行)에 의거해 길흉을 판단하고 좌향(坐向)을 결정하는 이론이다. 그중 연구는 산줄기 물줄기의 형태, 높이 등을 파악함으로써 종택 및 정자의 입지적 특성을 분석하고자 하는 목적에 비추어 형세론을 위주로 살펴보았다.

이론적 논의의 두 번째는 서양의 심리학이 한국의 전통 공간관인 풍수와 어떠한 관계맺음을 할 수 있는지 살펴보았다. 동서양인의 공간관은 많은 차이를 보인다는 것이 일반 상식이지만, 동서양을 떠나 공통분모 또한 존재한다는 것을 진화심리학 관점에서 살펴보았다. 인류의 진화적 조상은 '생존과 번식'에 유리한 방향으로 진화하는 과정 속에서, 생존 성공도를 높여 주었던 장소의 지형적 특성, 분위기, 경관 등에는 편안함이나 즐거움 같은 긍정적인 정서를 느끼도록 진화되었고, 그 반대로 생존 성공도를 낮추었던 장소의 환경적 특성에는 두려움, 고통, 혐오와 같은 부정적인 정서를 느끼도록 진화되었다.21)

이러한 공통된 공간 심리적 본능은 지역과 민족을 떠나 현대인들

---

21) 전중환, 「자연의 미와 진화심리학」, 인문학연구 19, 2011, p.5.

의 마음속에 그대로 자리매김해 있다. 이에 연구는 동서양의 공통적인 공간 및 경관 심리로 '장소의 혼(spirit of place)', '수평-수직 공간관', '자연환경 경관의 선호', '조망과 은신', '공간의 열림과 닫힘'의 다섯 가지 항목을 제시한다.

연구의 두 번째 단계는 종택 및 정자의 입지적 특성을 비교하는 것이다. 연구의 목적이 경관심리학적 관점에서 일상생활의 거주 장소인 종택과 휴양적 장소인 정자의 입지적 특성을 비교하는 것에 비추어, 종택 및 정자의 '거주자(이용자)'의 관점이 중요시된다. 즉 외부자의 시선이 아닌, 종택 및 정자에서 실제로 거주(이용)하는 사람의 관점에서, 주위 사방의 산줄기 물줄기의 형태와 높이 등에 의해 인식되는 경관적 심리에 중점을 두었다.

이에 연구는 종택 및 정자 주위의 산줄기와 물줄기를 구별해 분석한다. 먼저 산줄기 측면에서, 연구는 종택 및 정자 입지의 지형 유형을 분류한 다음, 거주자의 관점에서 종택 및 정자를 둘러싸고 있는 산줄기의 수평적 경관인 '경관 조망 범위'와 수직적 경관인 '앙각 범위'를 살펴본다. 경관 조망 범위는 경관심리학적 측면에서, 종택 및 정자 입지의 수평적 환포감 또는 개방감을 분석할 수 있고, 앙각 범위는 수직적 폐쇄감의 정도를 분석할 수 있다. 또한 연구는 종택 및 정자의 영역 내 위치를 파악하고, 이와 경관 조망과의 관련성을 분석했다.

물줄기 측면에서, 연구는 종택 및 정자 주위의 수경환경의 유무, 수경환경의 형태 및 규모, 수경환경의 가시도, 수경환경과의 거리 등을 파악함으로써, 종택 및 정자의 입지와 수경환경과의 관계성에 대해 파악한다. 이에 연구는 '수경 유형', '수경 규모', '수경환경과의 거리', '수경 형태', '수경환경의 가시도' 등 다섯 가지 항목을 분석한다.

'수경 유형'은 산줄기로 둘러싸인 영역 내에 계류(溪流) 이상의 물길의 유무에 따라 임수형(臨水形)과 비임수형(非臨水形)으로 분류한 것이다. '수경 규모'는 영역 내 물줄기의 규모를 수경환경에 부여된 '지도상의 명칭'을 기준으로 '강형(江型)', '천형(川型)', '계류형(溪流型)'의 세 가지로 분류한 것이다. '수경환경과의 거리'는 종택 및 정자에서 수경환경까지의 거리를 분석한 것이다. '수경 형태'는 물길의 형태에 따라 '퇴적사면형', '공격사면형', '직선(횡)형', '직선(종)형'의 네 가지로 분류한 것이다. '수경환경의 가시도'는 종택 및 정자에서 수경환경이 시각적으로 조망되는 정도를 분석한 것이다.

연구의 세 번째 단계는 종택 및 정자의 입지가 가진 각 '장소적 특성'과 인간의 힐링 사이에 어떠한 관계맺음을 할 수 있는지 살펴보는 것이다. 이를 위해 연구는 휴양적 힐링 장소(healing place to rest)로서의 정자의 입지와 요양적 힐링 장소(healing place to care)로서의 종택의 입지에 대해 살펴본다.[22] 구체적으로 사람들이 여름철에 즐겨 찾는 바닷가나 계곡의 절벽, 산의 정상 등의 휴양적 힐링 장소가 지닌 장소적 특성과 정자의 입지적 특성, 그리고 부드러운 산

---

22) 일반적으로 정자와 힐링을 연결해서 생각하는 데는 무리가 없다. 이때의 힐링은 휴양(休養)적 개념, 즉 일상을 벗어난 단기간의 휴식을 의미한다. 그러나 힐링의 어원에는 요양(療養)적 개념, 즉 치료 및 치유의 의미 또한 담겨 있다. 여러 연구를 통해 종택의 입지가 마을 영역 내 풍수적 길지에 있다는 것이 밝혀졌다. 이를 받아들인다면, 평소 생활하면서 좋은 기운을 받아온 종택 거주자가 정신적·육체적 건강을 유지하고, 몸이 아플 경우 치료 및 치유 효과 또한 인근 주택 거주자에 비해 높을 것이라고 추측하는 것이 무리가 되지 않는다. 또한 심리적 측면에서, 종택 거주자는 마을 내 가문의 중심 공간에 살고 있다는 자부심이 있었을 것이며, 가문의 일족들은 문중 회의 등의 이유로 종택을 방문하면 유대감과 결속력을 다짐으로써 일종의 정신적 위안을 얻었을 것이다. 이러한 넓은 틀에서, 종택이 치료 및 치유 개념의 요양적 힐링 개념에 어울린다고 할 수 있다.

줄기가 영역을 잘 둘러싸고 있는 요양적 힐링 장소가 지닌 장소적 특성과 종택의 입지적 특성이 어떻게 관계맺음을 할 수 있는지를 살펴본다.

3. 선행 연구 분석

본 연구는 경관심리학적 관점에서 종택 및 정자의 입지적 특성 비교를 통해 각각의 '장소적 특성'과 인간의 힐링 사이에 어떠한 관계맺음을 할 수 있는지를 분석한 것이다. 이러한 주제와 관련한 기존의 선행 연구는 종택 및 정자 관련 연구, 그리고 힐링과 공간의 관계성에 대한 연구로 대별된다.

먼저 종택과 관련한 연구는 지금까지 전통마을의 풍수적, 경관 조망, 환경설계 등과 관련한 연구의 일부로 다루어졌다. 그래서 종택 및 종택 마을에 대한 직접적인 연구는 일천(日淺)한 편이었으며, 건축학 분야에서 일부 진행되어왔다.[23] 그러나 근래 들어 박재락에 의해 풍수적 관점에서의 종택 연구가 집중적으로 이루어지고 있다. 그는 박사학위 논문「종택마을의 풍수적 입지유형과 구조의 계량적 연구-경북북부 지역을 중심으로」[24]의 발표 이후, 안동·영남·대구 등 공간적 영역을 세부적으로 접근함[25]과 동시에, 내용적 영역을 입향

---

23) 박희영, 「거주자 생활 중심으로 본 거창 정온 종택의 전통 공간 현장연구」, 중앙대학교 대학원 석사학위논문, 2001, 정인옥, 「영양 주실의 풍수지리적 고찰-호은종택을 중심으로」, 영남대학교 대학원 석사학위논문, 2004, 유인호·한승, 「한개마을 한주종택의 공간 구성에 관한 연구」, 한국주거환경학회지 제12권 제3호, 2014.

24) 박재락, 「종택마을의 풍수적 입지유형과 구조의 계량적 연구」, 영남대학교 대학원 박사학위논문, 2012.

조의 풍수관, 풍수지표를 적용한 명당기준의 정량화에 대한 연구[26]로까지 확대시켜 나가고 있다.

정자에 관한 연구는 건축학, 조경학, 국문학 및 역사학, 경제학 등 여러 분야에서 활발히 이루어져 왔다. 그중 본 연구 목적과 관련한 정자의 입지 및 경관적 특성과 관련된 연구는 건축학과 조경학에서 이루어져 왔다. 건축학에서는 정자 건축의 입지, 구조, 평면, 경관 등에 대한 주제[27]를 다루었고, 조경학에서는 누정의 입지와 조망, 외부공간의 구성, 원림의 구조와 조경식물에 대한 주제[28]를 다루었다.

그러나 정작 지리적 측면에서의 정자 연구는 일천하여, 김두규(2000)[29]와 박정해(2012)[30]의 연구가 있을 뿐이다. 그리고 김두규의

25) 박재락, 「안동지역 종택마을의 입지와 공간 고찰」, 동북아문화연구 30, 2012, 박재락, 「영남지역 종택마을의 입지유형별 풍수구조의 비교분석」, 동북아문화연구 36, 2013, 박재락, 「종택마을의 풍수요소를 적용한 계량적 명당 연구-대구 근교 종택을 중심으로-」, 민족문화논총 56, 2014.

26) 박재락, 「종택마을 입지 및 정주공간에 적용된 입향조의 풍수관」, 동북아문화연구 47, 2016, 박재락, 「종택마을 입지공간에 풍수지표를 적용한 명당기준의 정량화 연구」, 한국학연구 53, 2015.

27) 지우진, 「영남지방 정자에서의 경관 연출에 관한 연구-수계에 인접한 정자를 중심으로」, 울산대학교 대학원 석사학위논문, 2004, 김상협·최경란, 「조선시대 정자건축의 유식공간 연구」, 대한건축학회논문집 계획계 제25권 제9호, 2009, 김상협·최경란, 「조선시대 수변정자건축의 자연추구기법 연구」, 대한건축학회논문집 계획계 제26권 제5호, 2010, 박용준, 「남부지방 정자건축의 경관적 성격과 지역적 특성에 관한 연구」, 연세대학교 대학원 건축공학과 석사학위논문, 2010, 김진수, 「정자건축에 적용된 자연완상수법의 해석에 관한 연구」, 전북대학교대학원 박사학위논문, 2011.

28) 정동오, 「전통적인 정자원림의 입지특성 및 공간에 관한 연구」, 한국정원학회지 제5권 제1호, 1986, 안계복, 「누각 및 정자 양식을 통한 한국 전통 정원의 특성에 관한 연구」, 서울대학교 박사학위논문, 1990, 김동찬·김신원·박태석, 「경기지역 정자의 입지 및 특성에 관한 연구」, 경희대학교부설디자인연구원 논문집 9권 제1호, 2006, 김진수·김윤상, 「유가적 수양론으로 본 호남지방 별서형 정자 입지와 배치의 의미해석에 관한 연구」, 한국전통조경학회지 제28권 제4호, 2010.

29) 김두규, 「풍수지리적 관점에서 본 면앙정 입지에 관한 연구」, 한국전통조경학회지 제18권 제2호, 2000.

30) 박정해, 「양평지역 정자입지의 전통환경분석」, 동방학 제25집, 2012.

연구가 『면앙정가』의 가사내용 분석을 통해 풍수적 요소를 도출하는 연구임을 감안하면, 정자의 실제 입지적 특성을 지리적 관점에서 분석한 연구는 박정해의 연구가 유일하다고 할 수 있다.

힐링과 공간에 관한 연구는 크게 두 가지 주제로 대별되어 이루어져 왔다. 공간은 관점에 따라 조금씩 다르게 해석되지만, 힐링과의 관계에서 보면 자연적 공간(natural space)과 인공적 공간(built space)으로 나눌 수 있다. 그중 국내의 경우는 거의 대다수가 인공적 공간과 치유의 관계에 주목해, 병원 및 노인 요양 시설의 기본 설계나 내부 디자인 등의 인공적 치유환경 조성 연구[31]에 집중되었다. 일부 자연적 공간 관련 연구도 있었지만, 숲 체험이나 스파 등의 단순한 소개 및 사례 연구[32] 등에 그쳤으며, 자연환경과 치유의 관계에 대한 총체적인 접근과 이론적 정립이 이루어지지 못하고 있는 실정이다.

힐링에 대해 좀 더 일찍 주목해온 해외 또한 환경심리학 주도로 인공적 공간과 치유의 관계에 대한 연구[33]를 시작으로, 이후 병원 디자인과 환자 치유의 관계에 대한 연구[34]도 뒤따랐다. 그러나 국내

---

31) 박승환·여준기·최무혁, 「치유환경의 정량적 평가를 통한 여성전문병원의 건축계획에 관한 연구」, 대한건축학회논문집 계획계 제23권 제4호, 2007, 이소연, 「지역사회의 정신 건강을 위한 심리치유환경 계획안」, 건국대학교 대학원 석사학위논문, 2010, 우지연, 「트라우마를 치유하는 공간의 가치와 디자인 접근에 관한 연구」, 한국실내디자인학회논문집 제19권 제2호, 2010, 박수경·문정민, 「치유적 환경을 위한 공간디자인 연구경향에 관한 연구」, 한국실내디자인학회논문집 제20권 제4호, 2011, 박선아, 「치유공간유형에 따른 효과 분석」, 전북대학교 대학원 박사학위논문, 2014.

32) 이보구·이형환, 「산림의 피톤치드요법이 인체생리대사에 미치는 영향」, 한국자연치유학회지 제1권 제1호, 2012, 이보구·이형환, 「숲 체험이 직무스트레스와 사회심리적 스트레스에 미치는 영향」, 한국자연치유학회지 제2권 제2호, 2013.

33) Bagley, C., 『The Built Environment as an Influence on Personality and Social Behavior: A Spatial Study』, in Psychology and the Built Environment, edited by David Canter and Terence Lee. New York: John Wiley, 1974, Holahan, Charles J., 『Environmental Psychology in Psychiatric Hospital Settings』, in Designing for Therapeutic Environments, edited by David Canter and Sandra Canter. New York: John Wiley & Sons, 1979.

와 달리 해외 학계는 자연적 공간과 치유의 관계에 대해서도 관심을 보였다. 또한 그들은 자연 공간적 치유 연구에서 '공간(space)'의 용어 대신에 '장소(place)'라는 용어를 사용함으로써, 일찍부터 힐링과 장소의 관계에 대해 주목해왔다.

그 대표적인 사례로서, 나이팅게일(Florence Nightingale)은 최적의 치유 환경(optimal healing environment)을 위해 인간적 요소와 치료 과정에 더해 장소적 요소(자연환경, 건물이 위치한 장소, 건물 구조)가 통합되어야 함을 주장했다.[35] 또한 미국의 지리학자 게슬러(Wilbert M. Gesler)는 저서 『힐링 장소(healing places)』에서 "힐링과 장소는 따로 떼어놓을 수 없는 밀접한 관계"[36]임을 강조했다.

34) Kenny · Cheryl · David Canter, 『Evaluating Acute General Hospitals』, in Designing for Therapeutic Environments, edited by D. Canter and S. Canter. New York: John Wiley & Sons, 1979, Verderber · Stephen, 「Dimensions of Person-Window Transactions in the Hospital Environment」, Environment and Behavior 18(4), 1986.

35) Terry Zborowsky, PhD, 「People, Place, and Process: The Role of Place in Creating Optimal Healing Environments」, Creative Nursing Volume 15 Number 4, 2009, p.186.

36) Wilbert M. Gesler, 『Healing Places』, Rowan&Littlefield Publishes, 2003, p.1.

이론적 배경

1. 풍수지리 이론

현대 풍수사상의 논리체계는 최창조의 분류법이 일반적으로 통용되고 있다. 그는 풍수사상을 '기감응적 인식체계'와 '경험과학적 논리체계'로 구분하고, '경험과학적 논리체계'를 다시 간룡법(看龍法), 장풍법(藏風法), 득수법(得水法), 정혈법(定穴法), 좌향론(坐向論)으로 구분했다.[37] 그리고 이후 최원석에 의해 비보 개념이 추가되었다.[38]

이러한 풍수사상의 논리체계는 현대적인 관점에서 입지론과 공간계획론으로 대별된다. 자연이 만들어 놓은 길지(吉地)를 찾는 논리체계인 입지론에 해당되는 것이 간룡법, 장풍법, 득수법, 정혈법이다. 그리고 지리적 조건의 흠결(欠缺)을 보완하고 적지(適地)로 조성하는 논리체계인 공간계획론에 해당되는 것이 좌향론, 비보론이다.

---

37) 최창조, 『한국의 풍수사상』, 민음사, 1984.

38) 최원석, 『한국의 풍수와 비보』, 민속원, 2004.

이에 따라 연구는 간룡법, 장풍법, 득수법, 정혈법, 좌향론, 비보론 등 여섯 가지 항목에 대해 핵심적 내용만을 정리해본다.

1.1. 간룡법(看龍法)

풍수 이해의 출발점은 산을 '줄기' 개념으로 보는 것이다. 풍수에서 산을 줄기 개념으로 보는 이유는 땅의 생기(地氣)가 산줄기를 따라 흐른다고 보기 때문이다. 그래서 풍수에서는 높이 솟았다가 아래로 꺼지는 것을 반복하는 산줄기의 모습이 마치 용(龍)이 꿈틀거리는 형상과 비슷하다고 보아, 산줄기를 용에 비유한다.

산을 용에 비유한 것은 여러 풍수서에서 찾을 수 있다. 『금낭경(錦囊經)』은 "산세가 그쳐 둥그스름하게 솟아 오른 형상이 되고, 앞에는 물이 있고 뒤로는 산이 있어야 용이 머리를 품는다."[39]고 했다. 『명당전서(明堂全書)』는 "산을 용이라 칭한 것은 그 형태가 잠겼다(潛), 보였다(現), 날았다(飛), 뛰었다(躍)하며 변화무궁함을 취하는 것이 용의 형태와 흡사하기 때문이다."[40]라고 밝히고 있다.

풍수에서 산줄기의 길흉을 판단하는 것을 '산줄기를 본다(看龍)'라고 한다. 간룡의 대상이 되는 산줄기의 범위는 가깝게는 터에서부터 그 후방의 봉우리(주산主山)까지가 될 것이며, 멀게는 근원이 먼 크고 높은 산(조산祖山)까지도 포함된다. 그리고 우리나라 모든 산줄기는 종국에는 그 근원이자 출발점인 백두산으로 귀결된다.

간룡의 방법은 기본적으로 산줄기의 형태, 산의 면배(面背), 산

---

39) 최창조, 『청오경·금낭경』, 민음사, 1993, p.164, "經曰, 勢之形昻하고 前澗後岡하여 龍首之藏하다."

40) 서선계·서선술 저, 한송계 역, 『明堂全書』, 명문당, 1997, p.18.

의 크기와 높이 등을 고려한다. 산줄기의 형태는 용이 승천(昇天)하기 위해 온몸을 비트는 것과 같이, 산줄기도 구불구불해야 길(吉)하게 여겨진다. 반대로 산줄기가 아무 변화 없이 축 처져 있으면 죽은 용(死龍)과 같이 흉(凶)으로 여겨진다. 즉 용이 살아 있는 것처럼 산줄기도 구불구불한 형상이어야 땅의 생기를 잘 전달한다고 보는 것이다.

간룡의 조건에서 산줄기 전체의 형태뿐만 아니라 산 하나하나의 형태가 따져지기도 한다. 풍수에서는 산의 모양을 오행(五行)에 따라 목산(木山), 화산(火山), 토산(土山), 금산(金山), 수산(水山)의 다섯 가지로 구분한다(<표 6>). 그중 목산, 토산, 금산, 수산이 대체로 길하게 여겨지는 반면, 화산은 터 주위로 보이는 것이 흉하게 여겨지는 형태이다.

화산을 제외한 다른 유형의 산들이 길하게 여겨지는 이유는 산의 모양새가 대체로 반듯하고 단정하기 때문이다. 그래서 우리나라 전통마을의 고택들은 반듯하고 단정한 모양의 산이 보이는 곳에 자리를 잡고, 또 대문이나 마당을 그 방향으로 두고 있는 사례를 많이 볼 수 있다. 반면 화산은 각지고 거친 바위산(石山)으로 된 경우가 많아 기운이 너무 강하고, 과도한 심리적 자극을 유발한다. 또 풍수에서는 화산이 보이는 터는 화재가 발생할 우려가 있다고 여긴다. 그 밖에 산의 모양이 기울어졌거나, 째졌거나 또는 터에 대해 유정하지 못하고 터를 억누르는 듯한 형세는 모두 흉하다.

<표 6> 풍수의 오형산(五形山)

목산	화산	토산	금산	수산

간룡에서 산의 면배 역시 중요한 조건이다. 사람에게 얼굴과 뒤통수가 있듯이, 산에도 얼굴(面)과 뒤통수(背)[41]가 있다. 그래서 산의 모양새가 단정하고 반듯하다고 해서 터에게 반드시 좋은 기운을 주는 것은 아니다. 산의 얼굴이 터를 향해 있을 때 터에게 좋은 기운을 불어넣을 수 있다. 반대로 산이 얼굴(면)을 옆으로 돌리고 터를 외면하고 있거나 뒤통수(배)를 보인다면, 터에 대해 전혀 관심이 없다는 뜻이다.

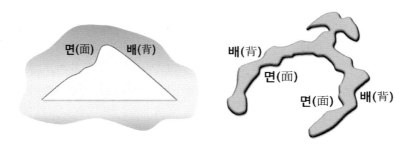

<그림 1> 산의 면배 구분

---

41) 풍수에서는 통상 얼굴(面)과 등(背)으로 구분하나, 본 연구에서는 얼굴과 뒤통수로 구분했다. 전체적 맥락에는 큰 차이가 없다.

산의 면배의 구분은 쉽지 않으며 여러 조건이 따져지나, 기본적으로 경사도, 안정감 등 두 가지로 파악할 수 있다. 먼저 산봉우리 하나만을 따져볼 때, 산의 얼굴은 그 정상 부분이 경사가 다소 급해 마치 오목거울처럼 보이고, 그래서 자연히 봉우리가 고개를 숙인 것처럼 보인다. 그리고 능선이 하단부로 내려오면서 완만하고 유연해진다(<그림 1>의 왼쪽). 반면에 산의 뒤통수는 정상부가 오히려 두툼하여 마치 사람의 뒤통수를 닮았다.[42] 산줄기를 보고 산의 얼굴과 뒤통수를 찾을 때는, 굽어 있는 산줄기의 안쪽이 얼굴이고 바깥쪽이 뒤통수가 된다.[43] 그래서 오래전부터 형성되어 온 마을은 통상 산의 얼굴 쪽에 위치하고 있다.

산의 크기와 높이 또한 간룡의 중요 조건이다. 크기와 높이는 산의 절대적인 크기와 해발고도가 아니라, 터에서 눈으로 실제 보이는 상태를 의미한다. 즉 똑같은 크기와 높이를 가진 산이 터에 가까이 있으면 크고 높게 보이며, 반대로 터와 멀리 떨어질수록 작고 낮게 보이게 된다. 터 주변으로 보이는 산이 너무 크고 높으면 사람을 능압(능멸하고 압박함)한다. 반대로 산이 너무 작거나 낮으면 바람을 막아주지 못하고, 사람은 심리적 공허함마저 들 수 있다.

이와 관련하여, 『인자수지(人子須知)』는 안산의 형상이 비록 귀하더라도 그 거리가 너무 가까워 혈장을 핍박(逼迫)하면 사람이 흉하게 되고 어리석은 자가 나온다고 했으며,[44] 고탁장로(辜託長老)의 『입지안전서(入地眼全書)』에서도 안산이 너무 높을 경우 핍착(逼窄)

---

42) 지종학, 『풍수지리 형세론』, 도서출판 다사랑, 2010, p.19.
43) 심호 저, 허찬구 역, 『地學』, 2001, p.187.
44) 서선계·서선술 저, 김동규 역, 『지리인자수지』, 명문당, 2008, p.54.

하고, 반대로 너무 낮을 경우 공허할 우려가 있다[45]고 했다.

풍수에서는 산의 적절한 크기와 높이를, 터에서 산을 바라볼 때 사람의 가슴 높이에서 이마 높이로 규정하고 있다.[46] 가슴 높이에서 이마 높이까지의 산은 외부에서 불어오는 바람을 막아주는 효과도 충분히 발휘하면서, 동시에 심리적으로 불편함을 주지 않고 안정감을 준다. 실제로 전통마을의 고택에서 보이는 많은 산들의 크기와 높이가 그 정도이다.

1.2. 장풍법(藏風法)

풍수 고전 『청오경·금낭경』에 의하면, 장자는 생기에 의지해야 하는데(葬者乘生氣也), 생기는 바람을 타면 흩어지고 사라져버린다(氣乘風則散).[47] 이 구절은 풍수 이론 '장풍(藏風)'의 핵심이 '바람(風)'임을 시사한다. 즉 땅의 생기(地氣)가 산줄기를 타고 터까지 잘 이어져 왔다 해도, 그 터가 바람에 노출되면 생기가 흩어지고 사라져버린다는 것이다.

이처럼 땅의 생기가 바람에 흩어지지 않도록 갈무리해주는 것을 장풍이라 하며, 이는 터를 둘러싼 산줄기들(四神砂)에 의해 이루어진다. 풍수에서는 터를 둘러싼 산줄기에 사신사(四神砂)라는 이름을 붙이고, 각 방위에 상상의 동물을 배정하고 있다. 사신사는 터의 후방에 현무, 앞쪽에 주작, 왼쪽에 청룡, 오른쪽에 백호이다.

사신사 중의 중심은 현무(玄武)이다. 현무는 터의 후방에서 터까

---

45) 辜託長老 저, 萬樹華 編, 淸湖仙師 譯註, 『入地眼全書』, 2003, p.168.

46) 김두규, 『풍수학사전』, 비봉출판사, 2005, p.319.

47) 최창조 역, 앞의 책, 1993, pp.59~72.

지 산줄기를 이어주며, 뒤에서 불어오는 바람을 막아주는 역할을 하는 산이다. 현무는 터를 유정(有情)하게 품고 있어야 하며, 현무에서 터까지 내려오는 산줄기가 머리를 들이밀 듯이 유연하게 내려와야 한다(현무수두玄武垂頭). 반대로 현무가 고개를 치켜들고 고압적인 것은 흉하게 여겨진다.

현무의 형태 못지않게 그 역량 또한 중요하다. 현무는 기본적으로 사신사의 중심이 되어야 한다. 그래서 그 크기와 높이 등의 역량이 다른 사신사보다 강해야 길하며, 최소한 비슷해야 한다. 만약 현무의 역량이 청룡백호보다 약하면 주종의 질서가 흐트러지고, 청룡백호에 억눌리는 모양새가 되어 좋지 않다.

주작(朱雀)은 주택이나 묘소의 앞에 있는 산이다. 터 앞으로 보이는 여러 산들 중 터와 가장 가까우면서 작고 단아한 봉우리를 안산(案山)이라 하고, 안산을 제외한 모든 산들을 조산(朝山)이라 한다. 풍수에서는 여러 조산들보다는 안산을 특히 중요하게 여기며, 이에 풍수 현장에서는 '주작'보다 '안산'이라는 용어를 더 많이 사용하고 있다.

안산은 풍수적으로 부인에 비유된다. 그래서 그 형상이 단정하고 유정해야 길하게 여겨진다. 특히 안산의 형상으로 귀하게 여겨지는 것이 있다. 마치 새 한 마리가 날개를 활짝 펴고 춤을 추듯 터를 향해 다가오는 것 같은 형상이다. 풍수에서는 이를 주작상무(朱雀雙舞)라 칭하며, 대단히 귀하게 여긴다.

반면 안산의 형상이 깨지고 부서지거나, 날카로운 것은 모두 흉하다. 또 앞서 설명한 바와 같이, 안산의 얼굴이 터를 향해 바라보고 있어야 하며, 그 크기와 높이 또한 가슴에서 이마 높이로서 적절해야 한다. 안산이 다른 곳을 쳐다보고 터를 외면하거나, 그 크기와 높이가 너무 높거나 낮다면 모두 터에 대해 좋은 기운을 주지 못한다.

청룡(靑龍)과 백호(白虎)는 터의 좌측과 우측에 있는 산줄기이다. 용호(龍虎)의 가장 큰 역할은 현무에서 이어져 내려온 땅의 기운(地氣)이 바람에 노출되지 않도록 좌우에서 터를 잘 감싸주는 것이다. 그리고 이러한 역할을 위해 그 길이와 형상, 높이 등의 조건이 따져진다. 먼저 용호의 길이가 터를 충분히 감싸줄 만큼 길어야 한다. 특히 그 길이가 터를 완전히 감싸주어 용호 자체가 안산 역할을 하게 되면 더욱 좋다. 만약 용호의 길이가 터를 비교적 잘 감싸주되, 완전히 감싸주지 못할 경우에는 터 앞에 안산이 반드시 있어야 한다.

용호의 형상은 터를 향해 유정하게 감싸주어야 한다. 터를 향해 유정하게 감싸준다는 것은 산의 얼굴이 터를 향해 바라보고 있다는 뜻이다. 만약 용호가 앞으로 나란히 한 것처럼 길게 뻗어 있거나, 밖으로 달아나는 형상이면, 외부의 바람을 전혀 막아주지 못하고, 내부의 물(생기)이 쉽게 빠져나가버려 좋지 못하다.

1.3. 득수법(得水法)

물은 인간 생활의 필수요소로 동서양을 막론하고 그 중요성이 끊임없이 강조되어 왔으며, 전통 농경사회였던 우리나라도 예외일 수 없었다. 우리나라는 여름철에 집중되는 강우 특성으로 빗물 관리 및 활용에 있어 안정적인 수량 확보와 이용이 어려운 실정이었다. 그래서 우리 조상들이 빗물을 소중히 여겼음을 짐작하는 것은 어렵지 않으며, 그러한 인식은 속담, 전설 및 설화 등 다양한 형태의 문화로 남겨져 왔다.

조상들이 물을 소중히 여긴 인식은 인간과 공간의 문제를 다루는 풍수에도 그대로 녹아들었다. 풍수 용어 자체에서 이미 상징되듯이, 물은 산과 더불어 풍수의 큰 비중을 차지해왔다. 그래서 조상들이 터를 정할 때는 자연스럽게 물의 조건을 따지게 되었다. 즉 식수 및 농업용수로 이용될 물이 마을이나 도시 영역을 쉽게 빠져나가지 않고, 오랫동안 머물 수 있는 곳에 터를 잡았던 것이다.

풍수는 조상들의 물에 대한 인식을 받아들여 물을 재물로 상징했다. 그래서 물이 영역 내에 머물지 못하고 곧장 빠져나가버리는 곳을 재물도 함께 빠져나가는 곳으로 해석했다. 나아가 풍수에서 터의 길흉을 판단할 때 고려하는 물의 조건인 하천의 형태, 수구의 닫힘, 유속, 규모 등은 물이 영역 내에 머물 수 있는 시간과 관계가 깊은 조건들이다.

득수의 조건을 판단하는 첫째는 하천의 형태이다. 산줄기가 구불구불해야 좋은 것처럼, 물줄기 또한 구불구불한 곡선형이 길하고, 곧게 뻗은 직선형 물줄기는 흉하다. 물이 구불구불하게 흐른다는 것은 터가 전체적으로 평탄함을 의미한다. 반대로 곧게 뻗은 직선형의 물길은 터가 평탄하지 못하고 경사가 급하다는 뜻이다. 주택이나 묘소, 마을 등 모든 용도의 터는 평탄한 곳이어야 하며, 물이 곧게 빠져나가는 경사지에서는 좋은 터가 형성되는 것이 어렵다.

그러나 물길의 길흉은 터의 위치에 따라 달라진다. 물길이 감아 도는 안쪽을 퇴적사면이라 하며, 이때의 물길의 흐름을 궁수(弓水)라고 한다. 퇴적사면은 유속이 약하고 홍수의 염려가 없어, 예로부터 마을이 형성된 곳이다. 반면 물길이 감아 도는 바깥쪽을 공격사면이라 하며, 이때의 물길의 흐름을 반궁수(反弓水)라 한다. 공격사면은 유속이 강하여 통상 깊은 소(沼)와 바위절벽이 형성된 곳이다. 결과적으로 주택이나 묘터로 적합한 곳은 물길이 감아 도는 안쪽이다.

득수의 조건을 판단하는 둘째는 수구의 닫힘 여부와 수구사이다. 유역 내 하천의 흐름은 여러 골짜기에서 흘러내린 지류들이 모여 본류인 하나의 하천을 형성해서 유역 밖으로 흘러나가는 형태를 보인다. 풍수에서는 지류들이 모인 본류가 유역 밖으로 흘러나가는 출구 지점을 수구라 칭하여, 길지 여부를 판단하는 중요한 요건의 하나로 다루었다. 그래서 풍수에서는 수구가 좁은 것(水口關鎖)을 좋은 것으로 여기고, 수구가 벌어져 있어 물이 유역 밖으로 쉽게 빠져 나갈 경우 물과 함께 생기와 재물이 빠져나간다고 해석했다.

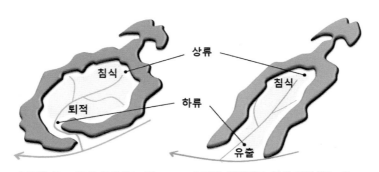

<그림 2> 평탄지 또는 좁고 긴 하곡의 형성에 영향을 미치는 수구 형태[48]

지형발달사적 측면에서, 좁은 수구와 곡류수계는 유역 내 평탄지

---

48) 박성대·김병우, 「풍수논리의 현대적 재해석-현대 도시를 중심으로 한 시론적 고찰」, 한국학연구 제61집, 2017, p.164.

를 형성시키기 위한 전제 조건이 된다(<그림 2>).[49] 수구가 좁고 유역 내 물이 곡류할 경우에는 유역의 상류지역에서는 침식작용이 지속적으로 진행되지만, 그곳에서 공급된 퇴적물들이 유역 내에 퇴적되어 평탄화 작용이 일어날 수 있다. 반면, 수구가 넓고 물이 직류할 경우에는 배후에서 공급되는 암설들이 하천을 통해 쉽게 빠져나가기 때문에 하천 주변에 평지가 발달하기 어렵다. 따라서 그러한 유역 내부는 인구를 부양할 충분한 토지 확보가 어려워 마을이나 집단 거주지가 형성되기 어려운 환경조건을 가지게 된다.[50]

수구사(水口砂)는 수구를 좁게 만들기 위한 조건이 된다. 수구사는 하천에서의 위치, 재질과 모양에 따라 한문(捍門), 화표(華表), 북신(北辰), 나성(羅星)으로 구분된다(<표 7>). 그러나 그 구분에도 불구하고 수구사의 공통적인 역할은 지표면의 거칠기를 크게 해 하천의 물이 유역 내에서 최대한 머물 수 있는 여건을 조성하는 데 있다.

<표 7> 수구사의 종류[51]

종류	한문	화표	북신	나성
그림				
내용	강물의 한쪽에 있는 산/바위	강물 가운데 있는 산/바위	화표 중 사람/동물 형상	강물 가운데 있는 모래섬/바위

---

49) 박수진, 「한반도 평탄지의 유형분류와 형성과정」, 대한지리학회지 44(1), 2009, p.48.

50) 박수진·최원석·이도원, 「풍수 사신사의 지형발달사적 해석」, 문화역사지리 26(3), 2014, pp.7~8.

51) 박성대, 『풍수로 공간을 읽다』, 도서출판 푸른길, 2017, p.247.

득수의 조건을 판단하는 셋째는 하천의 크기와 역량이다. 하천을 크기와 역량에 따라 구분하면, 가장 큰 것이 '--강' 명칭이 붙어 있는 강과 하천이다. 풍수에서는 이를 강하수(江河水)라 한다. 강과 하천은 주로 도시나 큰 마을의 역량에 어울린다. 그다음 규모가 큰 물줄기는 강이나 하천보다 작은 시냇물이다.[52] 풍수에서는 이를 계간수(溪澗水)라 한다. 시냇물은 수량이 많지 않더라도 평소에도 일정량의 물이 흐르는 경우가 많다. 작은 마을 규모의 역량에 어울리는 물길이며, 더불어 개별적인 집터나 묘터의 역량에도 어울린다. 봇도랑물은 마을 안이나 논밭의 작은 도랑물을 의미한다. 풍수에서는 이를 구혁수(溝洫水)라 한다. 비록 물길의 크기와 규모는 작지만 개별 주택이나 묘터의 길흉에도 많은 영향을 미치는 귀중한 물이다.

한편, 일반적인 식수와 농업용수 측면에서는 간과되기 쉬우나 풍수적 관점에서 대단히 중요한 물길이 있다. 우천 시에만 물이 흐르는 작은 골짜기이다. 풍수에서는 이를 건류수(乾流水)라 한다.[53] 일반인들이 통상 생각하는 물길은 물이 항상 흐르는 골짜기이다. 이 물길은 평소에는 지표로 물이 흐르지 않지만, 풍수에서 땅의 기운이 물을 만나면 멈춘다(氣界水則止)는 원칙과, 물길은 물의 통로이자 바람의 통로인 점에 비추어 건류수도 중요한 물길로 여겨진다.

건류수보다 더 작은 골짜기도 있다. 이 작은 골짜기는 물길을 통해 확인하는 것이 아니고, 오히려 산의 형세로써 찾을 만큼 규모가 작아 자칫 간과하기 쉽다. 그러나 이 작은 골짜기 또한 주택과 묘터

---

52) '--천' 명칭이 붙은 물길들은 통상 상류에서는 계간수에 해당되다가, 하류로 내려갈수록 강하수에 해당된다.

53) 지리학 용어로 雨谷(gully)이라 한다.

<그림 3> 하천의 크기와 역량
좌로부터 강/하천, 시냇물, 봇도랑물, 건류수, 임두수

의 길흉을 판가름할 만큼 중요하다. 특히 주택이나 묘소의 뒤에서 터를 치고 들어오는 것을 임두수(淋頭水)라 하며, 풍수에서 극히 흉한 것으로 치는 물이다.

1.4. 정혈법(定穴法)

혈(穴)은 산줄기(龍)를 타고 온 땅의 기운(生氣)이 모여 있는 지점이다. 혈은 음택의 경우 시신을 매장하는 장소이며, 양택의 경우 중심 건물이 들어서는 곳이다. 즉 궁궐인 경복궁은 근정전, 사찰은 대웅전, 민가의 경우에는 본채 또는 집안의 가장이 거처하는 곳이 혈에 위치하게 된다.[54]

혈은 인체에 비유하면 경혈(經穴)에 비유될 만큼 극히 작은 땅으로 현장에서 찾기가 쉽지 않다. 이에 대해 『지리인자수지』는 "세를

---

54) 한동환·성동환·최원석, 『자연을 읽는 지혜』, 푸른나무, 1994, pp.54~55.

보고 용을 찾기는 쉬우나 혈을 점하기는 어려운 것이니, 만약 한 손가락만큼의 차이만 있더라도, 많은 중산을 격리시키는 것과 같다."[55]고 했으며, 『금낭경』은 "만약 터럭만큼이라도 혈지를 벗어나면 화복은 천리 차이가 난다."[56]고 밝히고 있다.

정혈(定穴)은 간룡, 장풍, 득수로 대략적인 명당의 범위가 파악된 이후, 명당판 중에서도 가장 건강성이 넘치고 땅의 기운이 집중되어 있는 지점인 혈을 확정하는 행위를 뜻한다. 이는 특정 지역에서 풍수적으로 가장 길한 지점을 선택하는 것으로 주택이나 묘소의 입지 선정에 유효한 방식이다.

풍수에서 일반적으로 땅을 판단하는 순서는 두 단계로 이루어진다. 먼저 멀리서 해당 장소를 전체적으로 조망(풍수 용어로 심혈尋穴)하면서 그 길흉을 판단한다. 이때의 기준은 해당 장소가 산줄기로 둘러싸여 일정 영역(보국保局)이 형성되어 있는지 보는 것이다. 첫째 단계에서 풍수적 기준을 통과한 장소에 대해 두 번째 단계로, 영역의 내부로 직접 들어가 최적지를 정하게(풍수 용어로 정혈) 된다.

『택리지』에서는 정혈의 과정에서 참조할 만한 토질과 토색에 대해 다음과 같이 말하고 있다. "토색은 흙의 색깔로 흙과 모래가 굳고 단단해야 좋다. 토질이 모래에다 굵고 조밀하면 우물과 샘이 맑고 맛이 좋으니 이런 곳이 살만하다. 그렇지 않고 만일 흙이 질퍽거리거나 붉은 흙이거나 검은 자갈이거나 누렇고 미세한 흙이면 이것은 죽은 흙이다. 그런 땅에서 나는 우물물에는 풍토병을 일으키는

---

55) 서선계·서선술 저, 김동규 역, 앞의 책, p.669, 「穴論」, "望勢尋龍易 須知點穴難 若還差一指 如隔萬重山."
56) 최창조 역, 앞의 책, p.69, "毫釐之差禍福千里."

독기가 있으니 살지 못할 곳이다."57)

『금낭경』은『택리지』와 반대로 정혈의 과정에서 피해야 할 곳, 즉 장사(葬事) 지내지 못할 곳(五不可葬地)으로 동산(童山), 석산(石山), 단산(斷山), 과산(過山), 독산(獨山)의 다섯 곳을 제시했다.58) 다섯 곳은 바위가 흘러내리고 산이 부서져 초목(草木)이 자라지 못하는 산(동산), 흙이 없는 산(석산), 산이 끊기고 잘려버린 산(단산), 산의 생기가 머물지 않고 지나가는 산(과산), 주변 산과의 연결성이 없이 파편화(fragmentation)되어 홀로 우뚝 솟아 있는 산(독산)59)이 해당 된다.

1.5. 좌향론(坐向論)

좌향(坐向)이란 등진 방위에서 정면으로 바라보이는 방향을 의미하며, 좌향론은 도시나 마을, 건물이나 묘소 등이 바라보는 방향을 결정하는 것을 말한다. 앞의 간룡·장풍·득수를 통해 대략적인 명당의 범위를 파악하고, 그중 땅의 기운이 가장 집중되어 있는 곳에 정혈을 했다면, 이제 도시나 마을, 건물이나 묘소의 앞을 어디로 할 것인가를 결정해야 한다.

어떤 지점이 특정의 좌향을 갖기까지 검토되는 향은 편의상 절대향(絶對向)과 상대향(相對向)으로 구분해볼 수 있다. 절대향은 동서

---

57) 이중환 저, 이익성 옮김,『擇里志』, 을유문화사, 2014, p.138, "土色砂土堅密 則井泉亦淸洌 如此則可居 若亦粘黑礫黃細 則是死土地 其地所出井泉必有嵐瘴 如此則不可居."

58) 최창조 역, 앞의 책, pp.117~119.

59) 지리학적 관점에서 동산은 산사태지역(mass movement), 단산은 단층파쇄대, 독산은 고립구릉과 유사하다. 전영권,「택리지의 현대지형학적 해석과 실용화 방안」, 한국지역지리학회지 8(2), 2002, pp.259~260.

남북의 방위를 의미하며, 북반구 중위도에 위치한 우리나라는 남향
및 동남향이 이상적인 절대향으로 간주된다.[60] 상대향은 절대향 이
외의 조건으로 성립되는 향으로 풍수에서 주로 고려되는 요소는 산
세의 흐름, 조망 대상 등이다.

먼저 산세의 흐름을 파악하고 음・양택의 좌향을 결정하는 기본
적인 방법은 주산(主山)에서 뻗어 내려온 산줄기의 흐름에 순응하여
배치하는 것이다. 이 방법은 배산임수(背山臨水)와 일치한다고 볼
수 있다. 배산임수는 뒤로 산을 기대고 앞으로는 물(들판)을 바라보
는 배치다. 배산의 역할은 땅의 생기를 전달하고 겨울의 거친 바람
을 막아주며, 거주자에게 심리적 안정감을 제공한다. 임수의 역할은
앞에 강이나 하천, 개울, 연못, 논 등의 물이 있어 땅의 기운이 더 나
아가지 못하고 머물게 한다.[61]

좌향 결정에 영향을 미치는 요소로서의 '조망 대상'은 터 주위의
산봉우리나 바위 절벽 등이 해당된다. 터 주위에 반듯하고 안정된
산봉우리가 있을 경우, 음・양택의 좌향은 산세의 흐름에 지나치게
벗어나지 않는 범위에서 그 방향으로 결정된다. 반대로 흉상의 산봉
우리나 거친 바위 절벽이 있을 경우, 음・양택의 좌향은 그 방향을
회피하게 된다. 우리나라의 많은 전통주택들이 풍수적 길상의 산봉
우리를 향해 대문이나 마당을 설치하고, 바위 절벽이 보이는 방향은
소나무 숲이나 건물로 차폐(遮蔽)하는 것은 좋은 사례이다.[62]

---

60) 최창조, 앞의 책, 1984, pp.153~154.

61) 풍수에는 용이 바다, 강이나 하천을 건너 계속 이어진다는 개념의 도수협(渡水峽)이 있
    다. 그러나 본문의 내용은 '기는 물을 만나면 멈춘다(氣界水則止)'는 풍수의 기본적 논리
    에 한정한 표현이다.

62) 마을 주변의 소나무 숲이 차폐의 기능만 하는 것은 아니다. 하회마을의 만송림은 부용
    대를 가리는 용도와 더불어 겨울철 북서풍 차단 및 연료 공급 등의 역할도 겸했다. 『전

음·양택의 좌향을 결정하는 마지막 방법에 향법론(向法論)이 있다. 향법론은 음양오행의 형이상학적인 논리구조를 통해 좋고 나쁨을 해석하는 방법이다. 그러나 향법론에서 각 방위에 대한 음양오행의 배분은 일정하지 않고 여럿이다.[63] 그리고 시대 상황에 따라 유행하는 향법이 있는데, 조선시대 당시에는 호순신의 『지리신법(地理新法)』이 유행하던 때였다. 그러나 21개 서원의 좌향을 분석한 연구에서, 13개 서원이 '지리신법'이 적용되지 않았으며, 특히 경상도 지역 서원의 '지리신법'에 의한 좌향 결정 빈도수가 낮았다.[64]

이런 맥락에서, 본 연구의 경북지역 종택 및 정자의 좌향 분석은 '산세의 흐름' 및 '조망 대상' 조건을 통해 분석한다. 전술한 바와 같이, 향법론에 의한 좌향 분석은 각 방위에 대한 해석상의 차이도 있을 것이고, 당시 유행한 '지리신법' 또한 경북지역의 종택 및 정자의 좌향 결정에는 크게 반영되었다고 볼 수 없다. 또한 경관심리학적 관점에서 종택 및 정자의 입지적 특성을 파악하는 본 연구의 목적에 비추어, 깊이 있는 향법 이론의 적용은 연구의 목적에 직접적인 연관성이 없다고 판단된다.

1.6. 비보론(裨補論)

간룡·장풍·득수의 논리체계로 자연이 만들어 놓은 길지(吉地)를 찾아 땅의 기운이 모여 있다고 생각되는 곳에 정혈을 했다고 해

영권의 대구지리』, 도서출판 신일, 2003, p.196.

63) 현중영·박찬용, 「조선시대 전통주택 풍수의 좌향-양동마을에 대한 사례 연구」, 한국정원학회지 16(3), 1998, p.57.

64) 박정해, 「서원건축의 좌향 결정과 풍수적 요인에 관한 연구」, 건축역사연구 19(5), 2010, p.61.

서 터에 대한 풍수적 행위가 모두 끝난 것은 아니다. 풍수 명당도에 나와 있는 곳처럼 풍수적으로 완벽한 땅은 없다고 해도 지나친 말이 아닐 만큼 모든 땅은 풍수적 흠결을 지니고 있다. 따라서 땅이 지닌 흠결(欠缺)을 보완하고 풍수적 적지(適地)로 조성할 필요가 있는데, 이러한 논리 체계를 비보(裨補)라고 한다.

비보의 방식(法式)은 협의의 비보와 광의의 비보로 구성된다. 협의의 비보는 일반적으로 통칭되는 의미로서, 지리적 환경의 부족한 조건을 더하고 북돋는 원리이며, 보(補) 또는 보허(補虛), 배보(培補)라고도 한다. 광의의 비보는 비보압승(裨補壓勝)의 줄임말로, 지리적 환경의 과한 여건을 빼고 누르는 원리인 압승(壓勝)의 의미를 포함한다. 압승은 진양(鎭禳) 또는 진압(鎭壓)이라고도 한다.[65]

한국의 비보설은 도선(道詵, 827~898)을 종조(宗祖)로 삼으며, 비보설의 역사적 기원은 비보사탑설(裨補寺塔設)에 있다. 비보사탑설이란 산천의 순역(順逆)을 살펴 지덕(地德)의 쇠처(衰處)나 역처(逆處)에 사찰·탑·불상을 세워 자연조건을 보완하는 것이었다. 비보는 역사적 정황과 지역적 조건에 따라 변모해왔고 다양화되었으며, 그 유형에는 사탑·숲, 조산, 장승, 못 등의 가시적(可視的)인 형태와 지명·의례·놀이 등 비가시적인 형태가 있다.[66]

---

65) 최원석, 『사람의 지리, 우리 풍수의 인문학』, 한길사, 2018, p.78.

66) 최원석, 앞의 책, 2004, p.17.

2. 인간의 보편적 공간관과 풍수[67]

동서양인의 공간에 대한 인식(공간관)은 많은 차이가 있다.[68] 그러나 그 둘 사이에는 오직 반대의 개념만 있는 것이 아니고 공통점 또한 존재한다. 이에 대해서는 '진화심리학' 등의 분야에서 관심을 기울여 왔다. 진화심리학은 인체에 적용되는 진화의 법칙을 마음에도 똑같이 적용하여, 인간의 마음을 진화이론의 틀로써 이해하고자 하는 학문이다.[69]

그 결과 지역과 민족을 떠나 공간에 대한 인식이 유사한 사례가 많이 발견되었다. 세계 어디에서건 땅에 영(靈)이 존재하고 그것이 인간에게 영향을 미친다는 생각을 공통적으로 찾을 수 있었다.[70] 또한 인간의 본능 속에는 자연 경관 선호 심리가 들어 있고,[71] 나아가 자연이 인간에게 위안을 주고 기분을 좋게 해주며 원기를 회복시켜 준다는 연구 결과들이 있었다.[72]

특히 '서식처 선택(habitat selection)'의 문제는 인류의 진화적 조상의 공간관 형성에 많은 영향을 미쳤다고 볼 수 있다. 현대인들이 며

---

67) 박성대, 「인간의 보편적 공간관과 풍수-공간 및 경관 심리와 풍수의 관계를 통한 시론적 고찰」, 한국지역지리학회지 23(3), 2017 참조.

68) 김성우, 「동서양 건축에서의 공간과 시간」, 건축역사연구 13(3), 2004, 김성우, 「비례와 기운: 동서양 건축에서의 심미성」, 건축역사연구 14(2), 2005, 김성우, 「공간과 천지: 동서양 건축에서의 공간관」, 건축역사연구 14(4), 2005.

69) 전중환, 「진화심리학의 이론적 토대와 쟁점들」, 한국심리학회지 29(4), 2010, p.749.

70) 한동환, 『'풍수를 알면 삶터가 보인다', 풍수, 그 삶의 지리 생명의 지리』, 푸른나무, 1993, p.211.

71) Kaplan, S., 「Environmental preference in a knowledge-seeking, knowledge-using organism」, in J. H. Barkow, L. Cosmides & J. Tooby(Eds.), The adapted mind: Evolutionary Psychology and the Generation of Culture, New York: Oxford University press, 1992, pp.581~598.

72) 콜린 엘러드 저, 문희경 역, 『공간이 사람을 움직인다』, 더퀘스트, 2016, p.45.

칠간 묵을 야영지를 선택할 경우에도 자리를 가리게 마련이다. 하물며 과거 야생의 환경을 생각해보면, 살아가는 데 필요한 자원이 풍부한 곳을 찾아 정착하고, 그 반대로 자원이 부족하고 생존을 위협하는 요소가 많은 환경을 피하는 것은 생존과 번식에 많은 영향을 끼친 문제였다.[73]

생존과 번식에 유리한 서식처를 선택하는 진화 과정 속에서, 생존 성공도를 높여 주었던 서식처의 지형적 특성, 분위기, 경관 등은 자연스럽게 편안함이나 즐거움 같은 긍정적인 정서를 느끼도록 진화되었다. 그 반대로 생존 성공도를 낮추었던 서식처의 환경적 특성은 두려움, 고통, 혐오와 같은 부정적인 정서를 느끼도록 진화되었다.[74]

이러한 공통된 공간적 심리는 원시 조상들이 아프리카를 벗어나 세계 여러 지역으로 흩어져 생활했던 인간들의 마음속에도 그대로 자리매김했다. 비록 그들의 출 아프리카 이후, 각 집단이 속한 지역의 기후 및 지형 등의 지리적 변이에 따라 서로 다른 공간 문화가 유발(evoked)되었지만, 마음 깊은 곳에는 보편적인 공간 심리적 본능이 자리 잡고 있는 것이다.

예로서, 현대 한국인의 공간관은 과거 아프리카 사바나에서 생활했었던 인류의 진화적 조상들이 지녔던 보편적인 공간 심리에, 한국의 기후 및 지형 등의 지리적 변이가 입력된 '유발된 공간 심리(evoked spatial psychology)'를 형성한 후, 주변국이나 서양 등 여러 다른 문화적 집단과의 역사적 상호작용에 따른 '전파된 공간 심리

---

73) Orians, G. H., & Heerwagen, J. H., 「Evolved responses to landscapes」, In J. H. Barkow, L. Cosmides & J. Tooby(Eds.), The adapted mind: Evolutionary Psychology and the Generation of Culture, New York: Oxford University press, 1992, p.557.

74) 전중환, 「자연의 미와 진화심리학」, 인문학연구 19, 2011, p.5.

(transmitted spatial psychology)'가 덧씌워진 결과물이라 할 수 있다.75)

2.1. 인간의 보편적 공간심리와 풍수

2.1.1. 장소의 혼(spirit of place)

땅에 영(靈)이 존재하고 그것이 인간에게 영향을 미친다는 생각은 세계 어디에서나 발견되는 공통적인 관념이다. 동양뿐만 아니라 세계 여러 나라는 일정한 장소에 특별한 의미를 부여해왔다. 각 문화권에는 나름대로의 의미, 즉 힘, 병의 치료, 자연과의 유대, 성스러움 또는 공포, 위협 등을 느끼고 경험하는 특정한 장소가 있다. 서양에서는 이와 같이 장소에서 독특한 느낌을 갖게 되는 것은 장소의 혼(場所靈, spirit of place)이 있기 때문이라고 믿었다.76)

미국의 미생물학자 르네 듀보(Rene Dubos)는 각 장소에는 혼이 있다고 주장했다. 그에 따르면, 장소의 혼은 외관으로 드러난 경관

---

75) 코스미데스와 투비는 문화를 '유발된 문화(evoked culture)'와 '전파된 문화(transmitted culture)'로 구분했다(Tooby, J., & Cosmides, L, 「The Psychological foundations of culture」, In J. H. Barkow, L. Cosmides & J. Tooby, ed, The Adapted Mind: Evolutionary Psychology and the Generation of Culture, New York: SUNY Press, 1992, p.116~118). 유발된 문화는 모든 인간이 공유하는 보편적인 심리적 매커니즘이 각각의 지역적 환경에 적용되어서 발생된 문화를 가리킨다. 전파된 문화는 우리가 일반적으로 문화라고 하는 것을 가리키며, 우리를 둘러싸고 있는 주변의 사람들로부터 각각 다른 관념과 가치를 습득하여 발생한 사람들 간의 차이를 말한다. 즉 유발된 문화는 집단과 집단 사이에서 나타나는 문화의 차이와 집단이나 지역 내부의 유사성을 유발시키며, 전파된 문화는 집단 혹은 지역 내부에서의 문화적 차이를 만들어낸다(김영미・박일호, 「진화심리학의 관점에서 본 예술에 관한 연구」, 기초조형학연구 14(4), 2013, pp.101~105). 본 연구는 인용문의 '문화' 대신에 '공간 심리'라는 용어로 대체했다. 한 집단의 문화라는 큰 테두리 안에는 공간적 문화가 포함되어 있으며, 공간적 문화를 만들어내는 인간의 공간심리 또한 인용문의 맥락과 동일하게 '유발된 공간심리'와 '전파된 공간심리'로 구분할 수 있기 때문이다.

76) 임승빈, 앞의 책, p.211.

속에 숨어 있으며, 장소의 경관과 혼 가운데에서 그 장소의 정체성이 형성된다. 그리고 마치 사람들이 자기 외모의 개성이나 특성을 어린 시절부터 노년까지 계속 지니게 되는 것처럼, 장소에는 어떤 내적인 숨겨진 힘이 있기 때문에, 많은 외적 변화를 겪으면서도 그 정체성이 지속될 수 있다.[77]

장소의 정체성은 외부로 드러난 경관과 그 속에 내재된 장소의 혼이 함께 어우러져서 형성된다. 그래서 장소의 정체성을 심오한 수준으로 느끼기 위해서는 경관 속에 내재된 장소의 혼을 느낄 수 있어야 한다. 이를 위해서는 그 장소의 외부자의 입장이 아닌 내부자의 입장에서, 눈으로 보는 것이 아닌 몸으로 느끼는 장소의 경험이 되어야 한다.

한편, 독일의 철학자 볼노(Otto Friedrich Bollnow)는 '장소의 혼'이라는 용어를 직접 언급하지 않았지만, '분위기(Stimmung)'라는 개념을 사용하여 특정 장소가 가진 고유한 특성에 대해 설명했다. 그에 따르면, 분위기는 인간이 살아가는 공간을 이해하는 핵심현상이자 모든 공간이 갖고 있는 본질적인 특성이다. 공간은 밝은 분위기를 내는 곳도 있고, 가벼운 분위기를 만들어내는 곳도 있으며, 그 외 어두운 분위기, 밋밋한 분위기, 장엄한 분위기를 만들어낸다. 그리고 이러한 각 공간이 가진 분위기의 특성은 해당 공간에 머물고 있는 인간에게 전이된다.[78]

서양의 '장소의 혼'은 풍수 이론의 '기(氣)'의 개념과 유사하다. 둘 다 자연에 생명력이 있고 그것이 인간에게 영향을 미친다고 보는 점

---

77) 에드워드 렐프 저, 김덕현·김현주·심승희 역, 앞의 책, pp.80~81.
78) 오토 프리드리히 볼노 저, 이기숙 역, 앞의 책, pp.298~299.

에서 공통점이 있다. '기(氣)'는 풍수이론의 중심이다. 그래서 풍수이론에서 말하는 풍수의 목적은 '생기(生氣)'로 가득 찬 땅을 구하는 것이다. 문제는 기가 눈에 보이지 않기 때문에 어떠한 장소가 생기로 가득 차 있는지 알 수 없다는 것이다.

풍수는 이 문제를 해결하기 위해 유파에 따라 다양한 논리체계로써 접근한다. 그중 형세론(形勢論)은 외관상 드러난 형상을 보고 생기로 가득 찬 땅을 찾는 이론이다. 즉 형세론에서 땅을 파악하는 절차는 산줄기가 상하좌우 운동을 유연하게 하면서 혈장으로 이어지는지(看龍), 산줄기가 적절한 높이로 혈장을 잘 둘러싸고 있는지(藏風), 그리고 영역 내·외부의 물줄기가 구불구불하게 천천히 흘러가는지(得水)를 본 다음, 그러한 형상을 갖춘 영역 내에서 최적의 장소를 주거지(묘소)로 정하는(定穴) 것이다.

르네 뒤보의 관점에서, 형세론은 장소의 경관(형상)을 통해 그 장소 속에 내재된 장소의 혼(생기)을 찾는 것이다. 형세론의 이러한 경관 중심적 특성은 자칫 그 목적인 장소의 혼(생기)을 찾음에 있어 한계를 부각시킬 수 있다. 즉 상식적인 범주에서, 장소의 혼이 땅마다 각기 다를 것이고, 그에 따라 외관으로 드러나는 경관 또한 모두 다르다는 추론이 가능하기 때문이다. 단지 몇 가지의 경관분석 틀(간룡·장풍·득수·정혈)로써 장소 속에 내재된 각 장소의 혼을 찾아내기에는 한계가 있는 것이다.[79]

풍수 이론의 또 다른 논리체계인 형국론(形局論) 또한 자연에 생명력이 있다고 보는 입장에 서 있다. 형국론은 우주만물의 겉으로

---

79) 실제로 이 문제는 형세론이 풍수지리계 내부의 타 유파로부터 비판을 받는 이유의 하나이다. 그럼에도 불구하고 형세론은 타 유파에 비해 비교적 객관성이 높은 방법으로 인정받고 있다.

드러난 형상 속에는 그에 상응한 기상(氣象)과 기운(氣運)이 내재해 있다고 보는 개념을 원리로 삼는 이론이다.[80] 그래서 한국의 산천과 마을에는 풍수 형국과 관련한 지명이 부여된 곳이 흔하다. 옥녀가 단장하는 땅, 비룡이 승천하는 땅, 노승이 예불하는 땅, 신선이 책을 읽는 땅, 기러기가 나래를 접는 땅, 거미가 알을 품는 땅과 같이, 모든 땅은 생명체로 은유되고 해석된다.[81]

형국론이 장소의 경관을 통해 그 장소 속에 내재된 장소의 혼을 찾는 점에서 형세론과 동일하다. 그러나 형세론이 그 나름대로의 분석틀(간룡·장풍·득수·정혈)로써 장소의 경관을 파악하는 데 비해, 형국론은 장소의 경관을 생명체나 물체에 은유하여 해석한다.

앞서 설명한 여러 주장들의 타당성 여부를 차치하고, 시공을 떠나 땅에는 장소의 혼이 존재하며, 그것이 인간에게 영향을 미친다고 보는 사실은 부인할 수 없다. 한국의 전통 공간관인 풍수의 논리체계로 바라보는 장소 또한 이와 다르지 않다. 이러한 맥락에서 장소의 혼의 존재는 시공을 초월한 보편적 공간 인식의 하나이다.

나아가 장소의 혼은 '장소적 특성에 따른 활용'의 첫걸음이기도 하다. 각 장소에 혼이 있는 것은 동일하지만 그 종류와 특성에서 다르다. 따라서 인간의 장소 활용에 있어 장소의 혼의 종류와 특성을 고려한다면, 그 장소를 경험하는 인간은 해당 장소의 정체성을 더욱 심오한 수준으로 경험할 수 있을 것이다.

---

80) 최창조, 앞의 책, p.179.
81) 임재해, 「풍수지리설의 생태학적 이해와 한국인의 자연관」, 한국민속학보 9, 1998, p.60.

2.1.2. 수평-수직 공간관

인류의 조상은 침팬지 가계와 갈라진 이후 나무에서 내려와 땅바닥에서 생활하게 되면서, 생존과 번식 성공도를 높이기 위해 네발보행에서 직립이족보행(直立二足步行)으로 진화했다. 이것은 장거리 이동과 넓은 시야 확보 등 아프리카 사바나 환경에서 인간에게 많은 이익을 주었을 뿐만 아니라,[82] 인간의 공간적 인식의 전환을 수반했다.[83]

인간은 태어나 유아기 동안 뒤집기, 배밀이 등의 단계를 거치며 엎드린 자세에서 앉는 자세로 성장한다. 이때 수평적인 엎드린 자세에서 수직의 앉는 자세로의 변화는 자세의 성취 이상의 의미를 가지며, 이는 새로운 공간적 세계로 나아가는 첫걸음이다. 이후 이러한 자세의 성취는 한 인간의 삶을 통해 일상적으로 되풀이된다.

인간은 낮 동안 직립 생활을 한다. 그것은 질서정연한 인간세계를 창조하고 유지하기 위해 중력이나 여타 자연의 힘에 도전하는 것이다. 그리고 밤이면 다시 수평의 엎드린 자세로 복귀하는데, 그것은 중력이나 여타 자연의 힘에 대한 순응을, 그리고 인간이 창조한 세계와의 작별을 의미한다.[84]

인간이 직립 자세로 서 있는 상태의 공간은 여섯 방향, 즉 위와 아래, 앞과 뒤, 오른쪽과 왼쪽으로 나뉜다. 볼노에 따르면, 그 세 쌍의 대립방향은 서로 대등하지 않으며, 위와 아래의 방향을 다른 것과 분리시켜 생각해야 한다. 즉 오른쪽과 왼쪽, 앞과 뒤는 인간이 몸

---

82) 김수민·조택연, 「진화심리학적 관점으로 해석한 장소애착에 관한 연구」, 기초조형학연구 16(6), 2015, p.105.

83) 이홍구·권영걸, 「공간의 진화: 공간의 발전 요인에 관한 고찰」, 기초조형학연구 7(2), 2006, p.272.

84) 이-푸 투안 저, 구동회·심승희 역, 앞의 책, p.67.

을 돌리면 방향이 바뀌지만, 위와 아래는 인간이 눕거나 어떻게 움직이더라도 항상 동일하다.[85]

다시 말해서, 앞은 내 몸이 향해 있는 곳에서 내 앞에 있는 방향이지만, 내가 몸을 돌리면 방금 앞이었던 곳은 뒤도 되고 오른쪽도 되며 그 중간 방향도 될 수 있다. 즉 내가 몸을 돌리더라도 나를 제외한 공간은 고정되어 있고, 공간 속에서 나 혼자 몸을 돌리는 것이다. 따라서 내가 공간을 움직이는 것이 아니라 공간 속에서 내가 움직이는 것이다.[86] 결과적으로 오른쪽과 왼쪽, 앞과 뒤는 직립해 있는 인간의 자세에서 생겨난 것이지만, 수직축은 인간의 자의에 의한 것이 아니라 중력의 방향을 통해 객관적으로 주어진 방향이다.

인간이 다른 동물들과 달리 직립자세를 하고 있다는 점에서 오래 전부터 수직 공간은 수평 공간과 대립적인 가치가 부여되어 왔다. 수평과 수직은 곧 자연과 문화, 현실과 초현실, 물질과 정신, 수동성과 능동성의 대립적 상징성을 나타내게 되었다.[87]

<그림 4> 공간의 수직축에서 '높은' 자리를 차지하고 있는
고대 그리스 파르테논 신전과 한국의 전통 사찰

---

85) 오토 프리드리히 볼노 저, 이기숙 역, 앞의 책, pp.55~56.
86) 오토 프리드리히 볼노 저, 이기숙 역, 위의 책, p.57.
87) 이어령, 『공간의 기호학』, 민음사, 2000, pp.47~48.

직립이족보행에 따른 인간의 보편적인 수평-수직 공간 심리는 건물의 조성 목적에 따른 자리 선정에 이용되어 왔다. 그중에서도 특히 '하늘과 소통', '초월적 신비한 기운의 극대화' 등의 정신적 측면이 강조되는 종교용 건축물의 자리 선정에 수직적 공간 심리가 활용되었다. 즉 고대 서양의 신전과 한국의 전통 사찰들은 대부분 높은 언덕이나 산 위에 자리한 경우가 많다(<그림 4>).88) 이것은 장소의 선택에 있어 '낮은' 자리에 있는 일반 주택보다 수직축의 '높은' 자리를 지향하는 '의도된 자리 선정'으로 해석된다.

종교용 건축물의 공간의 수직축의 '높음'의 지향은 자리 선정뿐만 아니라 건축물의 형태와 계단 등의 각종 기법에서도 드러난다. 종교용 건축물은 일반 주택에 비해 수평 대비 수직의 비율이 크며, 하늘을 향한 수직성을 강조한 형태이다. 그리고 진입 공간에 연단이나 계단을 조성하여 땅바닥에서 건축물을 다시 들어올렸다.

종교용 건축물의 수직성의 강조는 공간심리학적으로 존경심과 권위감을 유도하는 수단으로 작용했다. 즉 공간의 수직축에서 평지의 '낮은' 위치에 있는 마을 민가 자리에 비해 저 멀리 '높은' 위치에 있는 종교 건축물의 자리 선정, 방문객들이 방문할 때 밑에서 위로 올라가야 하는 지형적 동선 형태, 높은 계단을 올라가면 마주치게 되는 수직으로 뻗은 건축물 등은 모두 신비감, 존경심과 권위감을 주게 되는 것이다.

---

88) 한국의 전통 사찰들 중 산으로 에워싸여져 있는 곳이 많다. 그러나 이것은 바람을 피하기 위한 방편일 뿐이지 공간의 수직축에서 '낮은' 자리에 있는 것은 아니다. 공간의 수직축 관점에서의 사찰의 위치는 일반 마을의 그것과 비교되어져야 한다. 이때 사찰이 위치하고 있는 산 위는 공간의 수직축에서 '높은' 자리이다. 그래서 일반인이 사찰에 접근하기 위해서 수직축의 아래(산 아래)에서 위(산 위)로 거슬러 올라가야 한다.

2.2. 인간의 보편적 경관심리와 풍수

2.2.1. 자연환경 경관의 선호

자연환경 경관이 도시 경관에 비해 인간의 건강에 긍정적인 영향을 미친다[89]는 사실은 쉽게 이해된다. 인간의 자연 경관에 대한 선호는 아프리카 사바나 초원의 경관으로 거슬러 올라간다. 원시 조상들이 생활했던 야생의 서식처에서 바라보이는 경관은 적절한 높이의 산들과 숲이 섞여 있는 초원의 경관이었다. 그러한 안전한 서식처 환경에서 인간의 생존 성공도를 높여 주었던 경관 및 분위기 등은 자연스럽게 편안함이나 즐거움 같은 긍정적인 정서를 느끼도록 진화되었다. 따라서 현대인들이 인공 건축물의 집합 속에서 생활하면서도, 그 마음 깊은 곳에는 여전히 자연 경관에 대한 선호가 뿌리 깊이 박혀 있는 것이다.

실제로, 인간의 본능 속에 자연 경관의 선호 심리가 들어 있다는 것을 밝힘으로써 사바나 가설을 뒷받침하는 경험적 증거들이 제시되었다. 참여자들이 사진이나 슬라이드로 본 풍경을 평가한 연구에서, 사람들이 인공 환경보다 자연 환경을 선호하는 경향이 일관되게 나타났으며,[90] 특히 사람들은 자연 경관 중에서도 사막과 열대우림보다는 사바나 환경과 유사한 평평한 초원이나 나무들이 적절히 우거진 경관을 선호했다.[91] 인간의 자연 경관 선호 심리는 예술적 인

---

89) M. D. Velarde, G. Fry, M. Tveit, 「Health effects of viewing landscape-Landscape type in environmental psychology」, Urban Forestry & Urban Greening 6, 2007, p.199.

90) Kaplan, S., 앞의 책, pp.581~598.

91) Balling, J. D. & Falk, J. H., 「Development of visual preference for natural environments」, Environment and Behavior 14, 1982, pp.5~28.

식으로 이어져, 사람들이 자연경관을 담은 풍경화를 기하학적인 추상화보다 더 선호한다는 사실이 밝혀졌다.[92]

나아가 인간이 단지 자연 환경 및 경관을 선호하는 것에 그치지 않고, 그것들이 인간의 건강과 생리에 영향을 미친다는 연구 결과들이 제시되었다. 즉 자연 환경 및 경관이 스트레스나 정신적 피로 회복에 도움이 되었고,[93] 육체적 질병으로부터의 회복 기간을 단축시켜주었으며,[94] 인간의 건강 개선 및 웰빙에 장기적이고 종합적인 측면에서 도움이 되었다.[95]

2.2.2. 조망과 은신

손님이 직접 자리를 선택하는 술집이나 식당에서는, 일반적으로 가장자리에 놓인 테이블이 먼저 찬 다음에 중간 자리가 채워진다. 이처럼 사람들이 선호하는 자리가 대체로 비슷한 현상이 일어나는 것은 인간의 내면 깊숙이 공간적 잠재의식이 숨어 있다가 그런 선택을 하도록 이끌기 때문이다.

인간의 장소 및 경관 경험의 관점은 크게 두 가지로 나뉜다. 그

---

92) Gaulin, S. J. C. & McBureny, D. H., 『Evolutionary psychology(2nd ed.)』, Upper Saddle River, NJ: Pearson Education, Inc, 2004.

93) Moore, E., 「A prison environment's effect on health care service demands」, Journal of Environmental Systems 11, 1981, pp.17~34.; Hartig, T., Evans, G. W., Jamner, L. D., Davis, D. S., Garling, T., 「Tracking restoration in natural and urban field settings」, Journal of Environmental Psychology 23, 2003, pp.109~123.

94) Ulrich, R. S., 「View through a window may influence recovery from surgery」, Science 224(4647), 1984, pp.420~421.; Ulrich, R. S., 「Human response to vegetation and landscape」, Landscape and Urban Planning 13, 1986, pp.29~44.

95) Ulrich, R. S., 「Visual landscapes and psychological wellbeing」, Landscape Research 4, 1979, pp.17~23.; Kaplan, R., 「The role of nature in the context of the workplace」, Landscape and Urban Planning 26, 1993, pp.193~201.

하나는 생물학적 진화의 차원에서 설명하려는 진화 이론(evolutionary theory)의 입장으로, 인간이 장소 및 경관을 경험하고 느끼는 감정과 결과는 시대와 문화를 떠나 동일하다고 보는 관점이다. 다른 하나는 인간이 성장하고 생활해온 환경의 영향으로 보는 문화 학습 이론(cultural learning theory)의 입장으로, 장소 및 경관 경험에 따른 결과는 인간이 성장해온 생활환경에 영향을 받아 형성된다고 보는 관점이다.[96]

그중 진화 이론의 입장에 서 있는 대표적인 사람으로 영국 지리학자 애플턴(Appleton)이 있다. 그는 '조망과 은신 이론(prospect-refuge theory)'[97]을 통해 인간의 경관 경험을 진화론적으로 해석한 최초의 인물이다. 그에 의하면, 진화과정의 인간은 쫓는 자(hunter)인 동시에 쫓기는 자(hunted)였다. 그래서 자신의 시야를 확보(조망)하면서 쫓는 자의 시선으로부터 피할 수 있는(은신) 장소가 각종 위험으로부터 생존을 보장하는 가장 좋은 환경이었다. 그리고 이러한 두 요건이 동시에 만족되는 생활공간 및 경관은 문화와 역사적 배경을 떠나 과거 조상들이나 현대인에게 공통적으로 선호되는 것[98]이다.

'조망과 은신' 개념은 공간 심리적인 면에서 매우 타당성 있는 이론이다. 이는 자신의 존재를 적게 드러내면서도 주변경관을 최대한 확보한 존재만이 장소적 우위를 선점해왔다는 이론으로서, 단지 물

---

96) 임승빈, 앞의 책, pp.8~9를 재구성함. 인용문에서는 '장소' 대신에 '경관'의 용어를 사용하여, 진화이론과 문화학습이론으로 구분하는 기준을 '경관선호'로 두었다. 그러나 장소 또한 그 경험에 따라 선호되는 장소와 회피되는 장소의 구분이 진화론적 또는 문화학습이론으로 구분할 수 있기에, 본 연구에서는 인용문의 '경관'에 '장소'의 용어를 추가했다.

97) Jay Appleton, 『The Experience of Landscape』, John Wiley & Sons, 1975, pp.70~73.

98) Alan Ewert · Denise Mitten · Jillisa Overholt, 『National Environments and Human Health』, CAB, 2013, p.64.

리적이고 동물적인 차원을 넘어 문화적이고 정신적인 면에서도 깊은 의미를 가진다.[99]

우리가 어떤 대상을 바라볼 경우, 아래를 내려다볼 때도 있고 그 반대로 고개를 들어 위를 쳐다봐야 할 때도 있다. 언덕이나 산 위에 있는 전망대에서 경치를 즐길 때에는 아래를 내려다보며, 평지에서 산 위나 빌딩을 바라볼 때는 고개를 들어 위로 쳐다본다. 이때 위에서 아래로 내려다보는 것을 부감(俯瞰)이라 하며, 고개를 들어 위를 쳐다보는 것을 앙관(仰觀)이라 한다.

그중 인간의 시선은 위를 쳐다보는 것보다 아래를 내려다보는 것이 더 자연스럽다. 1,400명을 대상으로 실시한 미국의 한 실험에서, 인간의 일반적인 시선은 서 있는 자세에서 수평보다 10° 아래에 있고, 앉아 있는 경우는 15° 아래에 있음이 밝혀졌다.[100] 이것은 인간의 눈이 신체 구조상 내려다보는 것이 더 편하고 자연스럽다는 것을 의미한다.

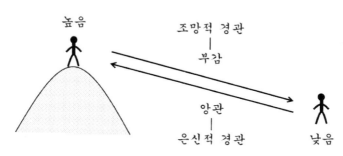

<그림 5> 부감경(조망적 경관)과 앙관경(은신적 경관)

99) 김광호, 「프랭크 로이드 라이트 후기 작품의 치유환경적 특성에 관한 연구」, 한국의료복지시설학회지 12(1), 2006, p.42.

100) 이현택, 『조경미학』, 태림문화사, 1997, p.174.

부감과 앙관은 인간의 보편적 공간관의 하나인 '수직적 공간관'과 관련이 깊다. <그림 5>를 보면, 수직축의 '높은' 곳에 있는 종교용 건축물이나 신단에서 '낮은' 곳을 바라볼 경우에는 아래로 내려다보는 부감경(俯瞰景)이다. 그 반대로 '낮은' 곳에서 '높은' 곳을 바라볼 때는 고개를 들어 위를 쳐다봐야 하는 앙관경(仰觀景)이다.

부감은 조망과 은신 중에서 조망에 해당한다. '자신의 시야 확보'를 위한 조망적 공간은 공간의 수직축에서 '높은' 자리가 어울린다. 그 반대로 '남의 시선으로부터의 회피'를 위한 은신적 공간은 공간의 수직축에서 '낮은' 자리가 어울린다. 따라서 조망적 공간에서의 경관은 아래를 내려다보는 부감경이며, 은신적 공간에서의 경관은 위를 쳐다보는 앙관경이 된다.

부감경과 앙관경은 인간에게 상반된 심리를 유발한다. 아래를 내려다보는 부감경은 시각적인 편안함과 원망(遠望)의 즐거움을 제공하며, 위를 쳐다봐야 하는 앙관경은 존경심과 권위감을 자연스럽게 유도한다. 그러나 부감과 앙관이 어느 한쪽에 극단적으로 치우치면, 인간은 심리적으로 불안감을 느끼게 된다.

아래를 내려다보는 부감경이 너무 지나쳐 시각적 자연스러움을 벗어나게 되면, 넓은 장소에서 여러 사람의 눈에 시달리는 것을 두려워하는 증상인 광장공포증(Agoraphobia)이 생길 수 있다. 그 반대로 위를 쳐다봐야 하는 것이 너무 지나치게 되면, 좁은 장소에 갇히는 것을 두려워하는 병적 증세인 폐쇄공포증(Claustrophobia)과 같은 심리가 유발될 수 있다.

<표 8> 조망적 경관과 은신적 경관

조망적 경관		은신적 경관	
적절한 조망적 경관	과도한 조망적 경관	적절한 은신적 경관	과도한 은신적 경관

<표 8>의 조망적 경관을 보자. 적절한 조망적 경관은 시각적으로 편안한 부감경(조망)을 즐길 수 있는 동시에, 수직적으로 지나치게 높은 곳이 아니어서 과도한 노출의 회피(은신) 또한 가능하다. 반면 과도한 조망적 경관은 수직적으로 나의 위치의 노출이 심할 만큼 '높은' 곳이다 보니, 부감경이 시각의 자연스러움을 벗어나 편안한 느낌을 주지 못하고 무언가 하늘에 떠 있는 듯한 느낌을 준다.

은신적 경관의 경우, 적절한 은신적 경관은 수직적으로 적절하게 '낮은' 위치(은신)에 있으면서, 멀리 산을 위로 쳐다보는 시선에서 별다른 어려움이 없이 편안(조망)하다. 반면 과도한 은신적 경관은 수직적으로 과도하게 '낮은' 곳에 위치하다 보니, 위로 쳐다보는 시선에서 많은 압박감을 느끼게 된다.

풍수에서도 또한 땅에서 앞으로 바라보이는 경관을 중요하게 여긴다. 앞으로 보이는 여러 산들 중 터와 가장 가까우면서 작고 단아한 봉우리를 안산(案山)이라 한다. 안산은 재물(富)과 관직(貴) 등으로 연결해 술법적 해석이 내려지는데, 그 형상이 반듯하고 단정해야 길하게 여겨진다. 그래서 한국의 전통 가옥들이 그런 산봉우리가 보이는 곳에 자리를 잡고, 또 마당이나 대문을 그 방향으로 조성한 사레들이 많다.

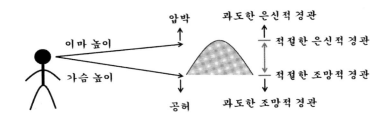

<그림 6> 안산의 적절한 높이와 조망적·은신적 경관의 관계

 풍수에서 안산의 격을 따질 때, 그 형상과 더불어 중요하게 고려
되는 것이 높이다. 안산의 높이는 너무 높아서도 안 되며, 반대로 너
무 낮아서도 안 된다. 풍수 고전 『인자수지(人子須知)』는 안산의 형
상이 비록 귀하더라도 그 거리가 너무 가까워 혈장을 핍박(逼迫)하
면 사람이 흉하게 되고 어리석은 자가 나온다고 했으며,[101] 고탁장
로(辜託長老)의 『입지안전서(入地眼全書)』에서도 안산이 너무 높을
경우 핍착(逼窄)하고, 반대로 너무 낮을 경우 공허할 우려가 있다고
했다.[102]
 풍수는 안산의 적절한 시각적 높이를 터에 있는 사람을 기준으로
가슴에서 이마 정도의 높이로 규정하고 있다.[103] 이때 안산의 시각
적 높이란 안산의 절대적 높이(標高)를 뜻하는 것이 아니라 터에서

---

101) 서선계·서선술 저, 김동규 역, 앞의 책, p.54.

102) 辜託長老, 萬樹華 編, 淸湖仙師 譯註, 앞의 책, p.168.

103) 김두규, 앞의 책, p.319.

안산까지의 거리를 고려한 안산의 상대적인 높이를 가리킨다. 그래서 안산이 너무 높으면 터를 위압하고, 반대로 너무 낮으면 앞에서 불어오는 바람을 막아주는 장풍의 역할을 제대로 할 수 없게 되는 것이다.

풍수에서 따져지는 안산의 적절한 시각적 높이인 가슴에서 이마까지의 높이는 조망 및 은신적 경관의 적절한 시각적 높이와 다르지 않다(<그림 6>). 풍수적 안산의 최저 높이의 한계인 가슴 높이는 조망적 경관에서 사람이 시각적 편안함을 느끼는 최저 높이(적절한 조망적 경관)와 유사하며, 이보다 낮을 경우 사람은 불안감과 공허함을 느끼게 된다. 그 반대로 풍수적 안산의 최고 높이의 한계인 이마 높이는 은신적 경관에서 사람이 시각적 편안함을 느끼는 최고 높이(적절한 은신적 경관)와 유사하며, 이보다 높을 경우 사람은 심리적 위압감을 느끼게 된다.[104]

2.2.3. 공간의 열림과 닫힘

인간이 각자의 집에서 사는 방식을 '거주'라 한다. 그러나 거주는 인간이 공간에 단순히 존재하거나 머무르는 것과 같이 공간과의 피상적인 관계만을 맺는 것을 의미하지 않는다. 거주는 특정한 장소를 집으로 삼아 그 안에서 뿌리를 내리고 거기에 속해 있는 것이다.[105]

---

[104] 터의 풍수적 조건을 살필 때에는 터 앞의 안산(案山)과 더불어 조산(朝山)을 고려해야 한다. 본 연구는 터에서 앞으로 보이는 여러 산들 중 풍수적으로 가장 영향력이 높은 안산과 조망 및 은신적 경관과의 관계를 중심으로 설명했다. 그러나 인간이 심리적으로 느끼는 편안함, 공허함 또는 압박감 등은 안산과 조산이 함께 어우러진 시각적 경관에 의해 영향을 받는다.

[105] 오토 프리드리히 볼노 저, 이기숙 역, 앞의 책, p.164.

이러한 거주의 중심에 집이 있다. 인간은 집에서 거주한다. 집은 누구에게나 육체적인 안전과 정신적인 편안함을 제공하는 외부로부터의 피난처이다. 집이 이러한 기능을 하기 위해서는 외부 공간과 내부 공간을 구별하는 '막'이 있어야 한다.

외부 공간과 내부 공간의 특성은 전혀 다르다. 외부 공간은 인간이 세계에 나가 활동하는 공간으로서 항상 위험이 도사리고 있어 긴장의 끈을 놓을 수 없는 공간이다. 반면 내부 공간인 집은 외부 공간의 위협으로부터 벗어날 수 있는 피난처로서 안전과 편안함의 공간이다. 따라서 집의 최대 과제는 외부 공간과 내부 공간을 분리하여 거주자에게 육체적인 안정과 정신적인 편안함을 제공하는 것이다.

인간이 거주하는 집에서 외부 공간과 내부 공간을 구별하는 막은 벽(담장)과 지붕이다. 이런 구조물들이 존재할 때 집은 단순한 거처에서 진정한 의미의 집으로 바뀐다. 인간이 외부 공간으로부터 구별된 둘러싸인 울타리 안에서 비로소 안전과 편안함을 느낄 수 있는 것은 인간 마음의 본성이다. 문명이 진보하여 인구나 물자의 교류가 증대하면서 그와 같은 울타리의 입지는 점점 작아져 왔다. 그러나 인간의 일상적 거주 공간인 집에는 여전히 울타리가 있다.

외부 공간과 내부 공간을 구별하는 울타리 기능은 비단 집이라는 건물 자체로만 국한되지 않는다. 세부적으로는 집 안에 다시 많든 적든 간에 칸막이가 설치되어 있으며, 이 칸막이는 실제 우리들이 자신의 집에 들어가, 휴식과 편안함을 느끼는 가장 큰 이유가 된다.[106] 그리고 범위를 확대하여 인간이 거주하는 장소의 규모에 따라 촌락과 도시, 국가를 불문하고 자연지형으로 둘러싸여 있는 곳을

---

106) 나카노 하지무 저, 최재석 역, 『공간과 인간』, 도서출판국제, 1999, pp.32~33.

선호하였고, 성벽이나 해자로 부족한 부분을 보완했다.

<표 9> 열린 공간(경관)과 닫힌 공간(경관)

열린 공간과 경관		닫힌 공간과 경관	
묘소주택마을		묘소주택마을	
열린 공간	열린 경관	닫힌 공간	닫힌 경관

내부 공간의 외부 공간에 대한 개방 및 폐쇄 정도에 따라 '열림'과 '닫힘'으로 표현할 수 있다. 내부 공간이 외부 공간에 대해 개방 정도가 클수록 '열린 공간'이 되고, 그 반대로 폐쇄 정도가 클수록 '닫힌 공간'이 된다(<표9>). 열린 공간과 닫힌 공간은 각각의 장소적 분위기(장소의 혼)를 지니고 있어, 인간의 심리에 많은 영향을 미친다. 열린 공간은 자유와 모험, 빛, 공적인 영역, 정돈되고 변치 않는 아름다움을 뜻하고, 닫힌 공간은 자궁, 은거, 어둠, 생물학적 삶이라는 아늑하고 무사한 것을 뜻한다.[107]

공간의 '열림'과 '닫힘'은 공간축의 수평적 공간에 해당한다. 인간의 일상적 생활은 여섯 방향, 즉 수평축(앞과 뒤, 좌와 우)과 수직축(위와 아래)이 교차되는 공간에서 이루어진다. 따라서 그 열림과 닫힘이 인간의 심리에 미치는 강도는 수직적 공간인 조망 및 은신과의 관련 속에서 발현된다. 즉 인간을 둘러싸고 있는 자연 및 인공물의 열림과 닫힘의 수평적 범위가 동일하다면, 인간의 위치가 수직축의

---

107) 이-푸 투안 저, 이옥진 역, 앞의 책, p.54.

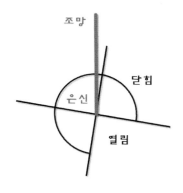

<그림 7> 공간의 수평/수직축과
인간 심리의 관계

조망과 은신 중 어디에 있느냐에 따라 그 심리적 결과가 다르게 나타나는 것이다(<그림 7>).

구체적으로, <그림 8>의 두 사진은 산줄기가 인간을 둘러싸고 있는 수평적 범위가 비슷한 닫힌 공간이다. 그런데 왼쪽은 시각적 압박감을 주지 않는 반면, 오른쪽은 압박감과 답답함을 준다. 이것은 인간을 둘러싸고 있는 자연환경의 열림과 닫힘의 수평적 범위가 동일하더라도, 인간의 위치가 수직축의 '높은' 장소인 조망적 공간에 있다면, 닫힌 경관이라 하더라도 심리적 압박감을 주지 않기 때문(적절한 닫힌 경관)이다. 반면 인간의 위치가 수직축의 '낮은' 장소인 은신적 공간에 있다면, 동일한 닫힌 경관이 인간의 심리에 압박감을 주게 된다(과도한 닫힌 경관). 따라서 앞서 설명한 광장공포증과 폐

<그림 8> 장소감 형성에 결정적 역할을 하는 공간의 수직축

쇄공포증 역시 수평적 경관인 열림 및 닫힘과 수직적 경관인 조망 및 은신의 상호 연관 속에서 발생하게 된다.

풍수 이론에서는 열림과 닫힘의 개념을 '장풍(藏風)'으로 설명한다. 전술한 바와 같이 풍수 이론의 중심에는 '기'가 있으며, 풍수의 목적은 생기 가득한 땅을 구하는 것이다. 풍수 고전『장서(葬書)』에 "장사를 지내는 것은 생기를 타는 것이다(葬者乘生氣也)."[108]라는 구절이 첫 문장으로 등장하는 이유도 여기에 있다. 그런데 생기는 바람을 타면 흩어져 사라지는(氣乘風則散) 성질이 있다. 그래서 바람으로부터 생기를 보호할 필요가 있는데, 이러한 방법을 이론적으로 체계화시킨 것이 장풍법이다.

풍수 이론의 장풍의 의미는 외부로부터 불어오는 바람을 막아 내부의 생기를 보호하는 것으로 요약된다. 그리고 이를 구체적으로 실행하는 것은 산줄기이다. 영역을 둘러싼 산줄기는 외부 공간과 내부 공간을 구별하는 막으로서, 네 개의 방위에 각각 사신사(현무·주작·청룡·백호)의 개념이 배정되어 있다. 풍수에서는 기본적으로 사방의 산줄기가 내부 영역을 에워싸고 있는 닫힌 공간을 선호하는데, 이를 장풍국(藏風局)이라 지칭한다.

풍수에서는 사방의 산줄기가 내부 영역을 잘 감싸주어 '닫힘'의 효과를 높일수록 길(吉)하게 여긴다. 그러나 현실적으로 완벽한 장풍국을 이루고 있는 곳은 드물다. 장풍국의 형성은 내부 영역의 크기가 묘소나 주택, 소규모 마을을 형성할 정도에서는 가능하나, 그 이상의 규모에서는 불가능하다고 해도 틀림이 없다. 그래서 한국의 전통마을 중 장풍국 지형이라 여겨지는 곳도 네 방위 중 어느 한 곳

---

108) 최창조 역, 앞의 책, pp.59~60.

이 트여 있는 곳이 대부분이다.

풍수에서는 이 틈을 수구(水口)라고 하며, 이 틈을 통해 물이 내부 공간에서 외부 공간으로 빠져나가고, 바람이 내부 공간과 외부 공간을 들락거린다. 그래서 대부분의 전통마을 수구에는 숲(비보숲)이나 연못을 조성하여 외부의 바람을 막고, 내부의 생기를 보호하고자 했다. 그리고 숲은 내부 영역의 거주자에게 아늑함과 편안함을 제공함으로써 닫힌 공간으로서의 심리적 효과를 높였다.

III

종택 및 정자 입지의 개관

1. 종택 입지의 개관

1.1. 서백당(書百堂)

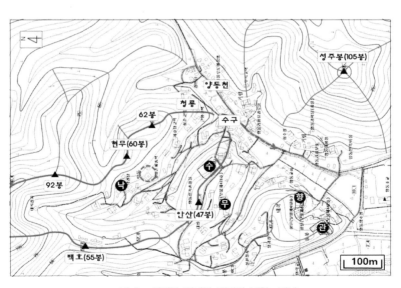

<그림 9> 서백당 일대와 주변의 지형·지세

서백당(書百堂, 국가민속문화재 제23호)은 경주 손씨 큰 종가로, 마을의 시조인 양민공 손소(1433~1484)가 조선 성종 15년(1475)에 지은 집이다. 입향조인 손소는 안덕현에 처음 정착했다가 부상(父喪)이 나자 외가의 선산에 부모를 모시고 처가인 양좌동(양동마을의 조선시대 당시의 명칭)에 환거하여 오늘날에 이르게 된다.[109]

양민공의 아들 손중돈 선생과 외손인 이언적(1491~1553) 선생이 이곳에서 태어났다. 지정 당시 명칭은 '월성손동만씨가옥(月城孫東滿氏家屋)'이었으나, 사랑 대청에 걸린 편액인 '서백당(書百堂)'을 따서 '양동 서백당'으로 명칭변경(2007년 1월 29일)했다.[110]

양동마을을 둘러싸고 있는 산줄기들의 근원은 모두 마을 북쪽에 있는 설창산(163m)이다.[111] 설창산에서 이어진 산줄기는 92m봉을 거쳐 서백당의 현무봉(60m봉)을 이룬 다음, 동남쪽으로 계속 이어져 서백당의 청룡 산줄기가 된다. 설창산에서 남쪽으로 이어진 산줄기는 서백당의 백호(55m봉)가 되고, 동남쪽으로 계속 이어지며 안산(47m봉)을 일으킨다. 수구는 청룡과 안산에서 이어져 온 산줄기가 양동천과 만나는 지점이 된다. 서백당은 산줄기로 둘러싸인 마을 영역의 후방 좌측에 위치하고 있으며, 그 방향은 남서향(艮坐)이다.

서백당에 영향을 미치는 풍수적 사신사와 실제 서백당 마당에서 보이는 조망적 사신사 중 일치되지 않는 요소는 청룡이다. 풍수적 사신사 중 청룡 산줄기는 서백당 마당에서 시각적으로 조망되지 않으며, 실제로 조망되는 것은 성주봉(105m)이다. 성주봉은 양동마을

---

109) 강동진, 『지나간 경주 양동마을 이야기』, 한국학술정보, 2006, p.171.

110) 문화재청 국가문화유산포털, 문화재검색(http://www.heritage.go.kr).

111) <그림 9>에 표시되어 있지 않은 설창산은 92m봉의 북서쪽 약 300m 지점에 있다.

의 대부분 고택들의 마당이나 대문을 통해 조망되고 있는 풍수적 길
봉(吉峰)이다. 서백당의 조망적 사신사는 <표 10>과 같다.

<표 10> 서백당의 조망적 사신사

구분	현무(60m봉)	안산(47m봉)
사진		
구분	청룡(105m봉)	백호(55m봉)
사진		

서백당이 있는 경주시 양동마을 일대와 주변지역은 경상누층군
불국사관입암군으로 백악기 불국사변동 화강암관입 후 변성된 규장
암(Felsite, Kfl)과 석영반암(Quartz Porphyry, Kqp)이 기반암층을 형
성하고 있으며, 기계천 및 지류를 따라 제4기 충적층(Qa)으로 덮여
있다.[112]

---

112) 양동마을 일대는 입암(立岩)의 구분(1929)에 따르면 '경상계 불국사통'에 해당한다. 그
러나 연구는 장기홍의 구분법(1975)에 따라 본 지역을 '경상누층군 불국사관입암군' 지

서백당은 규장암 기반암층에 자리해 있다. 인접한 낙선당 또한 서백당과 지질적 특성이 동일하다. 마을 내 무첨당 및 수졸당은 석영반암의 기반암층에 자리해 있고, 향단은 기반암층과 충적층의 경계지점에 자리해 있다.

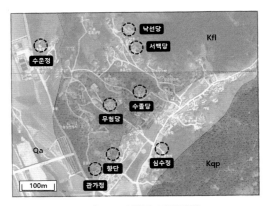

<그림 10> 서백당 지질도[113]

1.2. 낙선당(樂善堂)

낙선당 고택(국가민속문화재 제73호)은 우재 손중돈의 고손인 낙선당(樂善堂) 손중로 선생의 종가집이다. 손중돈(1463~1529)은 월성 손씨의 종가인 서백당에서 출생해 김종직 문하에서 수학한 다음 여러 지역의 관찰사 및 우참찬을 역임했으며, 외조카 이언적의 학문

_____

역으로 분류했다. 이하 모든 경상누층군의 구분은 장기홍(1975)에 따른다.

113) 이하 모든 종택 및 정자의 지질도는 한국지질자원연구원(www.kigam..re.kr/) 홈페이지의 '지질주제도'를 수정한 내용임. 또한 동일한 마을 영역 내 지질적 특성이 동일한 종택 및 정자는 최초 종택 및 정자의 분석에서 설명하고, 이하는 생략한다.

에도 영향을 미쳤던 조선 전기의 문신이다. 낙선당은 서백당의 북쪽에 자리 잡고 있다. 낙선당은 조선 중종 35년(1540)에 지어졌으며, '낙선당'이란 이름은 사랑채의 이름이다.[114]

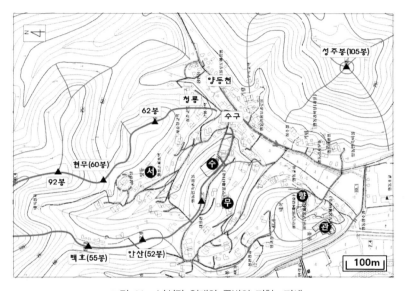

<그림 11> 낙선당 일대와 주변의 지형·지세

설창산(163m)에서 이어진 산줄기가 92m봉을 일으키고 낙선당의 현무봉(60m봉)을 형성한 다음, 동남쪽으로 이어져 청룡 산줄기가 된다. 설창산에서 남쪽으로 이어진 산줄기는 낙선당의 백호(55m봉)와 안산(52m봉)을 연이어 일으킨 다음, 동남쪽으로 이어진다. 수구는 청룡 산줄기와 안산에서 이어져 온 산줄기가 양동천과 만나는 지점으로, 서백당의 수구 지점과 동일하다. 낙선당은 산줄기로 둘러싸여진 마을

---

114) 문화재청 국가문화유산포털, 문화재검색(http://www.heritage.go.kr).

영역의 후방 좌측에 위치하고 있으며, 그 방향은 남서향(艮坐)이다.

낙선당에 영향을 미치는 풍수적 사신사와 실제 낙선당 마당에서 보이는 조망적 사신사 중 일치되지 않는 요소는 청룡이다. 풍수적 사신사 중 청룡 산줄기는 낙선당 마당에서 시각적으로 조망되지 않으며, 실제로 조망되는 것은 성주봉(105m)이다. 낙선당의 조망적 사신사는 <표 11>과 같다.

<표 11> 낙선당의 조망적 사신사

구분	현무(60m봉)	안산(52m봉)
사진	현무(60-봉)	안산(52-봉)
구분	청룡(105m봉)	백호(55m봉)
사진	청룡(105봉)	백호(55-봉)

1.3. 무첨당(無忝堂)

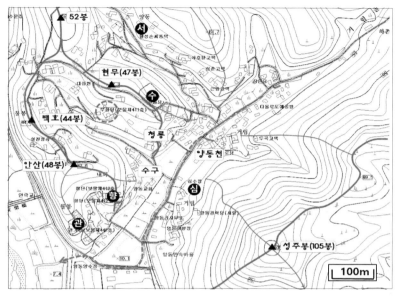

<그림 12> 무첨당 일대와 주변의 지형·지세

무첨당(無忝堂, 보물 제411호)은 조선시대 성리학자이며 문신이었
던 회재 이언적(1491~1553) 선생 종가의 일부로 조선 중기(1508)
에 세운 건물이다. 회재 이언적은 조선 중종 때 성리학의 이설을 정
립하여 이황의 사상에 커다란 영향을 주었던 동방5현(五賢)으로 꼽
히는 조선 중기의 문신이다.

무첨당은 앞면 5칸·옆면 2칸 규모로 건물 내부를 세 부분으로
구분하여, 가운데 3칸은 대청이고 좌우 1칸씩은 온돌방이다. 대청은
앞면 기둥 사이를 개방하고 누마루에서도 대청을 향한 쪽은 개방되
어 있으며, 뒤쪽과 옆면은 벽을 쳐서 문짝을 달았다.

건물의 평면은 ㄱ자형을 띠고 있고 둥근기둥과 네모기둥을 세워 방과 마루를 배치하고 있다. 건물의 기능은 상류주택에 속해 있는 사랑채의 연장 건물로 손님접대, 쉼터, 책읽기를 즐기는 따위의 여러 용도로 쓰이던 곳이다. 소박하면서도 세련된 솜씨를 보여주고 있으며 별당건축의 기능에 충실하게 지은 건축물로 회재 이언적 선생의 유물을 보관하고 있다.[115]

설창산(163m)에서 남쪽으로 이어진 산줄기가 52m봉을 일으킨 다음 두 개의 산줄기로 나뉜다. 동남쪽으로 뻗어 나온 산줄기는 무첨당의 현무봉(47m)을 일으키고 남쪽으로 이어지며 무첨당의 청룡이 된다. 52m봉에서 남서쪽으로 뻗어 나간 산줄기는 무첨당의 백호(44m봉)가 되며, 이어서 안산(48m봉)을 일으킨다. 수구는 청룡 산줄기와 안산에서 향단으로 이어지는 산줄기가 양동천과 만나는 지점이다.

무첨당은 산줄기로 둘러싸여진 마을 영역의 중앙 좌측에 위치하고 있으며, 그 방향은 남향(子坐)이다. 무첨당에 영향을 미치는 풍수적 사신사와 실제 무첨당 마당에서 보이는 조망적 사신사 중 일치되지 않는 요소는 청룡이다. 풍수적 사신사 중 청룡 산줄기는 무첨당 마당에서 시각적으로 조망되지 않으며, 실제로 조망되는 것은 성주봉(105m)이다. 무첨당의 조망적 사신사는 <표 12>와 같다.

---

115) 문화재청 국가문화유산포털, 문화재검색(http://www.heritage.go.kr).

구분	현무(47m봉)	안산(48m봉)
사진	현무(47봉)	안산(48봉)
구분	청룡(105m봉)	백호(44m봉)
사진	청룡(105봉)	백호(44봉)

1.4. 향단(香壇)

향단(香壇, 보물 제412호)은 마을 입구 낮은 구릉 위에 자리 잡고 있는 조선 중기 건물로 조선시대 성리학자 이언적(1491~1553) 선생이 경상감사 재직 시 지은 것이다. 이 건물은 마을에서 가장 먼저 눈에 띄는 위치와 모습뿐만 아니라 상류주택의 일반적 격식에서 과감히 벗어난 형식으로, 주생활의 합리화를 도모한 우수한 공간 구성을 보이고 있다.

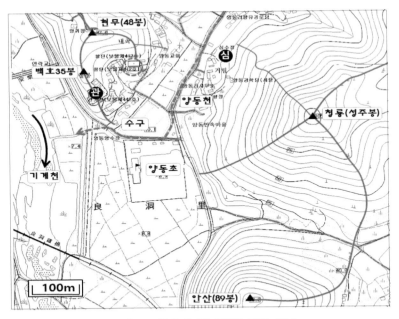

<그림 13> 향단 일대와 주변의 지형·지세

　건물은 일반 상류주택과 다른 특이한 평면 구성을 하고 있는데, 그것은 풍수지리에 의해 몸체는 月자형으로 하고, 여기에 一자형 행랑채와 칸막이를 둠으로써 用자형으로 만들고 있기 때문이다. 따라서 행랑채, 안채, 사랑채가 모두 한 몸체로 이루어지며 각각의 마당 즉, 2개의 마당을 가진 특색 있는 구성을 하고 있다.[116]

　설창산(163m)에서 남쪽으로 이어진 산줄기가 52m봉을 일으킨 다음 두 개의 산줄기로 나뉜다. 그중 남서쪽으로 이어진 산줄기는 이후 남쪽으로 방향을 바꾸면서 44m봉과 48m봉을 연이어 일으킨다.

116) 문화재청 국가문화유산포털, 문화재검색(http://www.heritage.go.kr).

48m봉은 향단의 현무봉이 된다. 현무봉에서 남쪽으로 뻗어 나와 관가정으로 이어지는 산줄기가 백호(35m봉)가 되며, 향단의 청룡은 동남쪽의 성주봉(105m)이다.

향단의 안산은 성주봉에서 연결된 산줄기가 남쪽으로 이어져 일으킨 89m봉이 된다. 수구는 양동마을 전체의 수구와 동일하며, 양동천이 기계천과 합수되는 지점이다. 향단은 산줄기로 둘러싸여진 마을 영역의 수구지점에 위치하고 있으며, 그 방향은 남향(子坐)이다. 향단에 영향을 미치는 풍수적 사신사와 실제 향단 마당에서 보이는 조망적 사신사가 일치한다. 향단의 조망적 사신사는 <표 13>과 같다.

<표 13> 향단의 조망적 사신사

구분	현무(48m봉)	안산(89m봉)
사진	현무(48봉)	안산(89봉)

구분	청룡(105m봉)	백호(35m봉)
사진	청룡(105봉)	백호(35봉)

1.5. 수졸당(守拙堂)

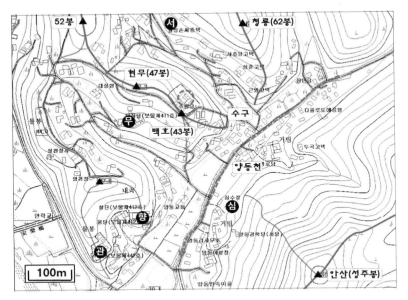

<그림 14> 수졸당 일대와 주변의 지형·지세

　수졸당(守拙堂, 국가민속문화재 제78호)은 이언적 선생의 넷째 손
자 수졸당 이의잠(李宜潛) 선생이 세운 것으로 그의 호를 따서 집
이름을 '수졸당'이라 했다. 이의잠(1576~1635)은 1592년 임진왜란
이 발발하자 불과 17세의 나이로 경주의 의진(義陳)에 나아가 머물
며 왜구를 토벌했다. 이후 그는 경주 옥산서원 원장을 역임하며 양
동마을에서 가학의 전수에 힘썼던 조선 중기의 문신이다.[117]

　수졸당은 조선 광해군 8년(1616)에 지었으며 영조 20년(1744)경
6대손 대사헌 양문당 이정규 선생이 사랑채를 늘려 지었다고 한다.

---

117) 인터넷포털 사이트 네이버(http://terms.naver.com), 지식백과.

수졸당은 서백당과 낙선당 건너편 산줄기 중턱에 있으며 일반적인 튼 'ㅁ'자형 평면을 가진 집이다. 크게 대문채, 안채, 사랑채, 아래채, 사당으로 구성되어 있는데, 'ㄱ'자형의 안채와 'ㅡ'자형 아래채, 사랑채, 대문채가 서로 인접하여 기본 평면을 갖추고 있다. 양동 마을에서 사당을 가지고 있는 큰 집 중 하나로, 우리나라 전통 문화 연구에 좋은 자료가 되고 있다.[118)

설창산(163m)에서 남쪽으로 이어진 산줄기가 52m봉을 일으킨 다음 두 개의 산줄기로 나뉜다. 그중 동남쪽으로 이어진 산줄기가 수졸당의 현무봉(47m)을 일으킨 다음, 수졸당의 동남쪽으로 이어지며

<표 14> 수졸당의 조망적 사신사

구분	현무(47m봉)	안산(105m봉)
사진	현무(47봉)	안산(105봉)

구분	청룡(62m봉)	백호(43m봉)
사진	청룡(62봉)	백호(43봉)

118) 문화재청 국가문화유산포털, 문화재검색(http://www.heritage.go.kr).

백호(43m봉)가 된다. 수졸당의 청룡은 서백당의 현무봉에서 동남쪽으로 이어지는 산줄기(62m봉)가 된다. 안산은 성주봉(105m)이 된다. 수구는 청룡과 백호 산줄기가 양동천을 만나는 지점이 된다.

수졸당은 산줄기로 둘러싸여진 마을 영역의 중앙지점에 위치하고 있으며, 그 방향은 남동향(亥坐)이다. 수졸당에 영향을 미치는 풍수적 사신사와 실제 수졸당 마당에서 보이는 조망적 사신사가 일치한다. 수졸당의 조망적 사신사는 <표 14>와 같다.

1.6. 연안이씨 정양공종가

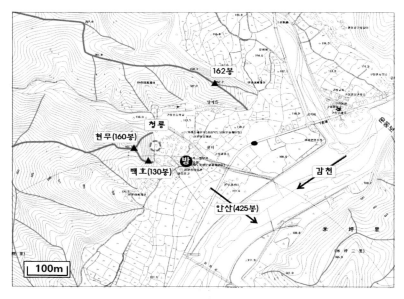

<그림 15> 정양공종가 일대와 주변의 지형·지세

김천시 구성면 일대에 분포하고 있는 연안이씨는 정양공 이숙기 (李淑琦, 1429~1489)를 현조로 하는 정양공파와 충간공 이숭원을 현조로 하는 충간공파로 갈라진다. 원래 연안이씨는 지금의 서울시 중구 필동 일대를 기반으로 세거해왔으나, 1400년 무렵 연성부원군 이말정이 김천시 구성면 지품 마을에 터를 잡으면서 김천지역에 세거하기 시작했다. 그중에서도 상원리에는 정양공파 후손들이, 상좌원리에는 충간공파 후손들이 터를 잡았다.

상원리는 조선시대 전형적인 반촌으로 마을 앞으로 감천이 흐르고 하천 변을 따라 비옥한 평야가 펼쳐져 있으며, 마을 뒤편으로 매봉산이 솟아 있다. 연안이씨 정양공종가를 비롯해 관락사(寬樂祠), 방초정(芳草亭), 절부화순씨최씨정려각, 가례증해(家禮增解)와 소학집주증해(小學集註增解) 목판을 보관하는 있는 숭례각(崇禮閣) 등 다수의 유교문화자산이 있다.[119]

상원마을 서쪽에 자리한 산줄기는 동쪽으로 이어져 와 160m봉을 일으킨다. 160m봉은 정양공종가의 현무봉이 된다. 정양공종가의 현무봉인 160m봉을 일으킨 산줄기는 다시 좌우측으로 청룡과 백호 두 개의 작은 산줄기를 펼치고(開帳) 있다. 청룡과 백호는 현무봉에서 직접 갈라진 본신용호(本身龍虎)로서, 풍수적 길격이다. 안산은 감천 너머 마을 동남쪽에 있는 지품 마을 뒷산인 425m봉이다. 수세는 마을 앞을 좌우로 흘러가는 감천에 의해 영향을 받는다. 마을이 감천이 굽어 도는 바깥쪽인 공격사면에 자리하고 있어, 수세적 조건이 길하다고 볼 수 없다.

정양공종가는 산줄기로 둘러싸여진 영역의 중앙좌측 지점에 위치

---

119) 경북일보, 2016년 11월 6일자, "종가34, 김천 연안이씨 정양공파."

하고 있으며, 그 방향은 동향(辛坐)이다. 정양공종가에 영향을 미치는 풍수적 사신사와 실제 종가 마당에서 보이는 조망적 사신사 중 일치되지 않는 요소는 청룡이다. 풍수적 사신사 중 청룡 산줄기는 종가 마당에서 시각적으로 일부 조망은 되지만, 그 너머 162m봉이 더욱 시각적으로 두드러지게 조망된다. 정양공종가의 조망적 사신사는 <표 15>와 같다.

<표 15> 정양공종가의 조망적 사신사

구분	현무(160봉)	안산(425봉)
사진	현무(160봉)	안산(425봉)
구분	청룡(162봉)	백호(130봉)
사진	청룡(162봉)	백호(130봉)

정양공종가가 있는 김천시 상원마을 일대는 영남육괴 내 각섬석화강섬록암(Hornblende Granodiorite, gd)의 기반암층 위를 감천의 제4기 충적층(Qa)이 덮고 있다. 종가는 충적층 지형을 벗어난 기반

암층 위에 자리하고 있다. 인근의 방초정은 충적층에 자리해 있다.

<그림 16> 정양공종가 및 방초정 지질도

1.7. 충재종택(忠齋宗宅)

충재종택이 위치한 닭실마을 일대는 조선 중종 때의 문신 충재 권
벌(1478~1548) 선생의 유적지이다. 선생은 안동 출신으로 중종 2
년(1507) 문과에 급제하고 관직에 있던 중, 중종 15년(1520) 기묘사
화에 연루 파직되어 이곳에 와서 농토를 마련하고 14년간 후진을
양성하며 경학에 몰두했다. 이곳에는 선생의 장자 청암 권동보가 선
생의 뜻을 기리기 위하여 지은 청암정과 석천정이 보존되어 있으며,
주위는 울창한 송림과 아름다운 수석으로 싸여서 경관이 뛰어나게
수려하다. 조선 중기의 실학자 이중환은 택리지에서 이 지역을 우리
나라에서 손꼽는 경승지로 지적하고 있다.120)

---

120) 인터넷포털 사이트 네이버(http://terms.naver.com), 지식백과.

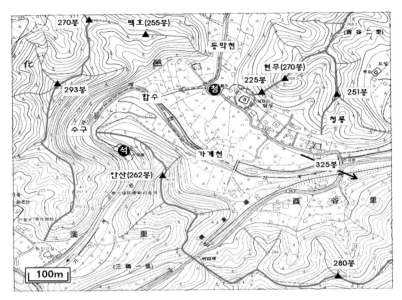

<그림 17> 충재종택 일대와 주변의 지형·지세

닭실마을은 사방의 산줄기들이 마을을 감싸고 있는 장풍국 형태
이다. 충재종택의 현무는 북동쪽에서 이어져 온 산줄기가 일으킨
270m봉이다. 청룡은 현무봉을 일으키기 전 남동쪽으로 뻗어 나온
산줄기(251m봉)이다. 백호는 270m봉에서 동쪽으로 이어져 동막천
을 만나 멈추는 산줄기(255m봉)이다. 안산은 마을의 동남쪽 280m
봉에서 서쪽 및 북서쪽으로 방향을 전환하며 이어지는 산줄기(262m
봉)이다. 수구는 안산과 백호 산줄기에 의해 형성된 계곡이다.

충재종택은 산줄기로 둘러싸여진 마을 영역의 중앙좌측 지점에
위치하고 있으며, 그 방향은 남서향(艮坐)이다. 충재종택에 영향을
미치는 풍수적 사신사와 실제 종택의 마당에서 보이는 조망적 사신
사 중 일치되지 않는 요소는 현무이다. 풍수적 사신사 중 현무봉은

270m봉이지만, 종택의 마당에서 실제로 조망되는 현무봉은 225m봉이다. 충재종택의 조망적 사신사는 <표 16>과 같다.

<표 16> 충재종택의 조망적 사신사

구분	현무(225봉)	안산(262봉)
사진	현무(225봉)	안산(262봉)
구분	청룡(280봉)	백호(255봉)
사진	청룡(325봉)	백호(255봉)

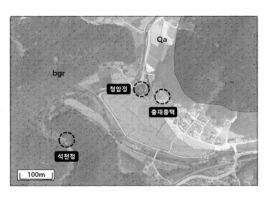

<그림 18> 충재종택 및 청암정 지질도

충재종택이 있는 봉화군 닭실마을은 영남육괴 내 흑운모화강암 (Biotite Granite, bgr)이 기반암층을 형성하고 있으며, 가계천을 따라 제4기 충적층(Qa)으로 덮여 있다. 종택은 흑운모화강암 기반암층과 충적층의 경계지점에 위치하고 있다. 인접한 청암정 및 마을 인근의 석천정은 기반암층에 자리해 있다.

1.8. 경암헌고택(畊菴軒故宅)

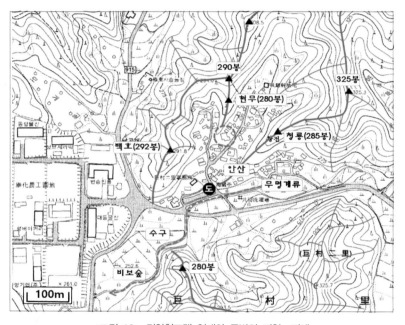

<그림 19> 경암헌고택 일대와 주변의 지형·지세

경암헌고택(畊菴軒故宅, 경북 민속문화재 제53호)은 경북 봉화군 봉화읍 거촌2리(巨村二里)에 있는 조선시대의 가옥이다. 고택은 본

래 남구수(南龜壽)가 건립한 영양남씨(英陽南氏) 종택(宗宅)이었으며, 지금 소유주의 10대조인 김종걸(金宗傑)의 할아버지가 장인으로부터 건물을 이어받음으로써 거촌리에 거주하는 의성김씨(義城金氏)의 종택이 되었다. 부속 문화재로 안채, 사랑채, 사당이 있다.[121]

경암헌고택이 자리하고 있는 황전마을은 주변의 산줄기에 의해 둘러싸인 장풍국의 형태이다. 고택은 마을 영역에서 중앙 지점에 위치하고 있다. 고택의 현무는 북쪽의 280m봉이며, 안산은 청룡이 남서쪽으로 이어져 마을 앞을 감싸고 있는 산줄기이다. 청룡은 고택 동쪽의 325m봉에서 남서쪽으로 이어지며 마을 영역을 감싸고도는 산줄기(285m봉)이다. 백호는 북쪽의 290m봉에서 남서쪽으로 이어지며 마을 영역의 서쪽을 감싸고도는 산줄기(292m봉)이다. 수구는 마을 영역 내의 물길이 안산과 백호 산줄기 가운데로 빠져나가는 지점이 된다.

경암헌고택은 산줄기로 둘러싸여진 마을 영역의 중앙 지점에 위치하고 있으며, 그 방향은 남향(子坐)이다. 경암헌고택에 영향을 미치는 풍수적 사신사와 실제 고택 마당에서 보이는 조망적 사신사 중 일치되지 않는 요소는 안산이다. 풍수적 사신사 중 안산은 청룡이 남서쪽으로 이어지는 산줄기이나, 종택이 마당에서 실제로 조망되는 안산은 마을 영역 남쪽의 280m봉이 된다. 경암헌고택의 조망적 사신사는 <표 17>과 같다.

---

121) 인터넷포털 사이트 네이버(http://terms.naver.com), 지식백과.

<표 17> 경암헌고택의 조망적 사신사

구분	현무(280봉)		안산(280봉)
사진	현무(280봉)		안산(280봉)
구분	청룡(285봉)		백호(292봉)
사진	청룡(285봉)		백호(292봉)

<그림 20> 경암헌고택 및 도암정 지질도

경암헌고택이 있는 봉화군 황전마을 일대는 영남육괴 내 흑운모화강암(Biotite Graite, bgr)이 기반암층을 형성하고 있다. 고택은 흑운모화강암 기반암층에 자리해 있다. 마을 입구의 도암정 또한 경암헌고택의 지질적 특성과 동일하다.

1.9. 법전강씨종택(法田姜氏宗宅)

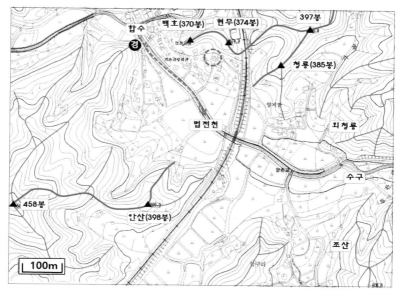

<그림 21> 법전강씨종택 일대와 주변의 지형・지세

봉화 법전강氏종택(奉化法田姜氏宗宅, 시도민속문화재 제40호)은 조선 인조 14년(1636) 병자호란이 억울하게 끝나자 도은 강각(姜恪) 선생이 형인 강흡(姜洽) 선생과 함께 법전 양촌에 은거하며 절개를 지키던 곳으로 일명 '도은구택'이라고도 불린다. 두 형제의 집안은

임진, 병자 양란을 거치면서 수많은 순국 충절지사를 배출한 명문거족이었으며, 법전 마을에 정착한 후 문과 급제자 25명 등 수많은 인재들을 배출하면서 명문가로서의 세를 확장했다. 종택은 영조 46년(1798)에 수리되었으며, 60여 년 전에 다시 고쳐진 바 있다.[122] 서쪽으로 약 200m 지점에 강흡의 후손인 강태중이 창건한 경체정이 있다.

법전강씨종택의 현무는 종택 뒤편의 374m봉이며, 안산은 종택 남쪽의 398m봉이다. 청룡은 현무봉으로 이어지는 397m봉에서 남서쪽으로 뻗어내리는 산줄기(385m봉)이며, 백호는 현무봉을 일으킨 다음 종택의 서쪽을 감아 도는 산줄기(370m봉)가 된다.

<표 18> 법전강씨종택의 조망적 사신사

구분	현무(374봉)	안산(398봉)
사진		

구분	청룡(385봉)	백호(370봉)
사진		

---

122) 문화재청 국가문화유산포털, 문화재검색(http://www.heritage.go.kr).

법전강씨종택의 수구는 법전천이 외청룡과 조산(朝山)의 사이로 마을 영역을 빠져나가는 지점이 된다. 법전강씨종택은 법전천을 중심으로 한 주위 사방 산줄기들이 에워싸고 있는 마을 영역의 후방 우측 지점에 위치하고 있으며, 그 방향은 남서향(丑坐)이다. 법전강씨종택에 영향을 미치는 풍수적 사신사와 조망적 사신사는 일치하며, 조망적 사신사는 <표 18>과 같다.

<그림 22> 법전강씨종택 지질도

법전강씨종택이 있는 봉화군 척곡리 일대는 각섬석화강암(Hornblende Granite, hg)이 기반암층을 형성하고 있으며, 법전천을 따라 제4기 충적층(Qa)으로 덮여 있다. 종택은 충적층을 벗어난 각섬석화강암 기반암층에 자리해 있다. 인근의 경체정은 충적층에 자리해 있다.

1.10. 봉화금씨 군위공종택(奉化琴氏 軍威公宗宅)

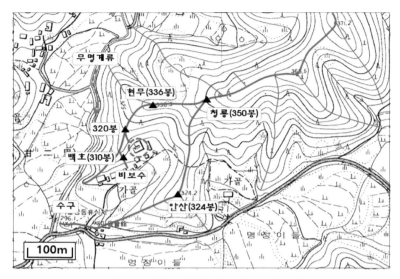

<그림 23> 군위공종택 일대와 주변의 지형 · 지세

봉화금씨 군위공종택(奉化琴氏 軍威公宗宅, 문화재자료 제495호)은 경북 봉화군 명호면 고감리에 있는 봉화금씨 군위공 금계(琴啓)의 종택이다. 군위공 금계(1439~1497)는 자는 옥경으로 성품이 어질고 강건하고 문장이 뛰어났으며 군위현감으로 있을 때 백성에게 선정을 베풀어 이름을 널리 알렸다. 또한, 부모가 돌아가셨을 때 묘 옆에 여막(廬幕)을 짓고 그 안에서 3년 동안 소금과 죽만을 먹고 살면서 슬퍼했다고 한다.

종택의 건립시기에 대한 기록은 전하지 않지만 봉화금씨 시조인 영렬공 금의(琴儀)가 이곳에 내려와 터를 잡고 건축했다고 전해지며, 이후 수차례 증축과 개축이 이루어졌다고 한다.123)

군위공종택의 현무봉은 북동쪽에서 남서 방향으로 이어져 온 산줄기가 일으킨 336m봉이다. 안산은 현무봉을 일으키기 전 남쪽으로 뻗어내린 산줄기가 남서쪽으로 이어지며 일으킨 324m봉이 된다. 청룡은 현무봉과 안산으로 이어지는 산줄기가 갈라지는 지점의 봉우리(350m봉)가 되며, 백호는 현무봉을 일으킨 후 남서 방향으로 이어지는 산줄기(310m봉)가 된다. 수구는 사신사로 둘러싸여진 영역 내부의 물줄기가 안산에서 이어진 산줄기와 백호 사이로 빠져나가는 지점이 된다.

풍수에서 영역의 물이 좌측에서 우측으로 흐를 경우, 백호 산줄기가 물을 거두어 주면 길하다고 여겨진다. 이러한 개념에 따라, 종택의 백호 지점에는 수령이 400년 되어 보호수로 지정된 회화나무가 세 그루 심겨져 있어 비보수 역할을 하고 있다. 군위공종택은 현무봉을 중심으로 한 산줄기들이 종택 주위를 감싸고 있는 영역 내부의 중앙좌측 지점에 자리하고 있으며, 그 방향은 남향(壬坐)이다.

군위공종택에 영향을 미치는 풍수적 사신사와 조망적 사신사 중 일치되지 않는 요소는 현무이다. 풍수적 현무인 336m봉은 종택 마당에서 시각적 조망이 되지 않으며, 336m봉에서 남서 방향으로 이어지는 산줄기 중 종택 바로 후방의 320m봉이 실제로 조망된다. 군위공종택의 조망적 사신사는 <표 19>와 같다.

<표 19> 군위공종택의 조망적 사신사

구분	현무(320m봉)	안산(324m봉)
사진		

구분	청룡(350m봉)	백호(310m봉)
사진		

군위공종택이 있는 봉화군 고감리 일대는 영남육괴 내 각섬석화

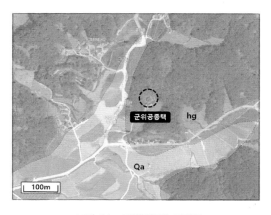

<그림 24> 군위공종택 지질도

강암(Hornblende Granite, hg)이 기반암층을 형성하고 있으며, 토일
천 및 인근 지류를 따라 제4기 충적층(Qa)으로 덮여 있다. 종택은
충적층을 벗어난 각섬석화강암 기반암층에 자리해 있다.

1.11. 옥계종택(玉溪宗宅)

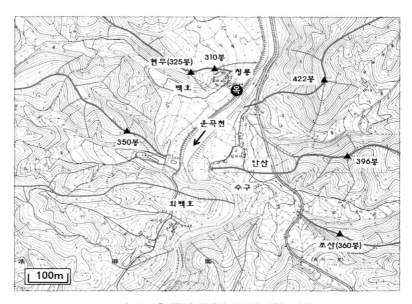

<그림 25> 옥계종택 일대와 주변의 지형・지세

옥계종택(玉溪宗宅, 문화재자료 제547호)은 경북 봉화군 법전면에
있는 종택으로, 2008년도에 경상북도의 문화재자료 547호로 지정되
었다. 조선 숙종에서 영조代 학자인 옥계 김명흠(1696~1773)의 종
택이다. 김명흠은 본관은 의성(義城), 호는 옥계(玉溪), 자는 백해(伯
諧)이며 안동 사람으로서, 학문에 정진한 학자인 동시에 효자로 이

름이 높았다. 부모가 병이 들자 지극정성으로 약을 구하던 어느 날 숲 속에서 호랑이를 보고 그 발자취를 따라가자, 한겨울에 잉어를 구하여 병을 낫게 할 수 있었다고 하는 일화가 전한다.[124] 종택의 남동쪽 약 60m 지점에 옥계 김명흠을 추모하기 위해 의성김씨 문중에서 창건한 옥계정이 있다.

옥계종택이 위치하고 있는 소천리 마을은 산줄기들이 사방을 잘 감싸주고 있어 그 내부에 하나의 영역을 형성하고 있다. 비록 물줄기 측면에서 산줄기들이 하나로 연결된 유역분지를 형성하고 있지 못하지만, 산줄기 측면에서 가시적 영역을 형성하고 있다. 영역 밖 북쪽에서 흘러온 운곡천이 S자 곡선을 이루며 마을 영역을 흐르고 있다.

옥계종택의 현무는 북서쪽에서 이어져 온 산줄기가 종택 뒤편에서 일으킨 325m봉이다. 현무봉으로 이어지는 산줄기의 모습이 풍수이론에서 중요시하는 수직(起伏) 및 수평(之玄)적 이동 모습이 일부 부족한 형태이다. 안산은 종택 남서쪽의 396m봉에서 서쪽으로 이어져 와 운곡천을 만나 끝을 맺는 산줄기이다. 안산은 비록 풍수적 길격의 높이에 견주어 부족한 점이 있으나, 운곡천이 내부 영역을 크게 굴곡(屈曲)을 이루며 흐를 수 있도록 하는 풍수적 역할을 하고 있다.

청룡과 백호는 현무봉을 중심으로 좌우로 뻗어 나온 산줄기들이다. 풍수에서는 이처럼 현무에서 바로 뻗어 나온 용호를 본신용호(本身龍虎)라 해서, 풍수적 길격으로 간주한다. 수구는 마을 영역을 지나온 운곡천이 안산과 외백호 산줄기 사이로 형성된 계곡으로 빠

---

124) 인터넷포털 사이트 네이버(http://terms.naver.com), 지식백과.

져나가는 지점이다. 종택에서 보이는 수구는 벌어지지 않고, 양쪽이 맞물린 관쇄(關鎖)의 형태를 보여 길하다.

옥계종택은 산줄기로 둘러싸여진 내부 영역의 후방중앙 지점에 위치하고 있으며, 그 방향은 남향(壬坐)이다. 옥계종택에 영향을 미치는 풍수적 사신사와 종택 마당에서 보이는 조망적 사신사 중 다른 요소는 청룡과 백호, 안산이다. 풍수적 청룡백호는 종택 마당에서 보이지 않으며, 동쪽의 422m봉과 남서쪽의 350m봉이 두드러지게 조망된다. 안산은 풍수적으로 대단히 길하나, 시각적 조망이 되지 않으며, 그 너머 조산인 360m봉이 조망된다. 옥계종택의 조망적 사신사는 <표 20>과 같다.

<표 20> 옥계종택의 조망적 사신사

구분	현무(310m봉)	안산(360m봉)
사진		
구분	청룡(422m봉)	백호(350m봉)
사진		

옥계종택이 있는 봉화군 소천리 일대는 영남육괴 내 백악기 춘양화강암(Chunyang Granite, gch)이 기반암층을 이루고 있으며, 운곡천을 따라 제4기 충적층(Qa)으로 덮여 있다. 종택은 충적층을 벗어난 춘양화강암 기반암층에 자리해 있다. 인접한 옥계정은 운곡천과 좀 더 가까운 충적층에 자리해 있다.

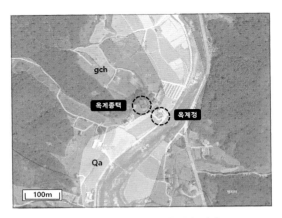

<그림 26> 옥계종택 및 옥계정 지질도

1.12. 우복종가(愚伏宗家)

우복종가(愚伏宗家, 국가민속문화재 제296호)는 진주정씨 우복 정경세(1563~1633) 선생이 38세 때 이 고장에 들어와 여생을 지낸 곳으로, 우복동천이라고도 한다. 정경세는 조선 중기 문신 겸 학자로, 임진왜란이 일어나자 의병을 일으켜 공을 세워 수찬이 되고 정언·교리·정랑·사간에 이어 1598년 경상도 관찰사가 되었다. 또한 그는 예론에 밝아서 김장생 등과 함께 예학파로 불렸으며, 시문

과 서예에도 뛰어났다.[125]

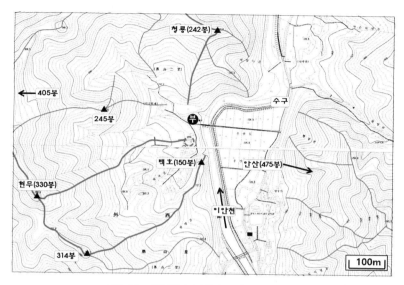

<그림 27> 우복종가 일대와 주변의 지형·지세

　　우복종가는 선조와 인조 때 선생의 성실한 활동을 치하하여 영조
가 남북 10리와 동서5리의 우복동천 구역을 하사함으로서 5대손인
정주원 때부터 대대로 살게 되었던 곳이다. 종가의 건물배치는 틀
ㅁ자로 안채, 사랑채, 행랑채, 사당, 가묘가 남아 있다. 안채는 ㄱ자
형으로 부엌·안방·윗방·대청·상방으로 구성되었고, 사랑채는
一자형 구조로 사랑방·대청·건넌방이 배열되어 있다. 집 몸채의
바닥이 마당보다 상당히 높게 자리 잡고 있어 특이하다.[126]

---

125) 인터넷포털 사이트 네이버(http://terms.naver.com), 지식백과.

126) 문화재청 국가문화유산포털, 문화재검색(http://www.heritage.go.kr).

우복종가에 영향을 미치는 산줄기의 중심은 종가의 서쪽 방향에 위치한 405m봉이다. 405m봉을 출발한 산줄기는 남동쪽으로 달려와 종가의 현무봉인 330m봉을 일으킨다. 이후 산줄기는 다시 북동쪽으로 방향을 바꾸어 종가에까지 연결된다. 405m봉에서 북동쪽으로 뻗어 나간 산줄기는 이후 남동쪽으로 방향을 바꾸어 종가의 청룡인 242m봉을 일으킨 다음, 몇 개의 작은 산줄기로 나뉘어 이안천을 만난다.

종가의 백호는 현무봉(330m봉)에서 남동쪽으로 달려 가다가 북동쪽으로 방향을 크게 전환해 이어지는 산줄기(150m봉)이다. 안산은 종가 동쪽의 이안천 너머로 보이는 475m봉이다. 종가의 수세에 영향을 미치는 이안천은 북쪽으로 흘러가다가 청룡 산줄기에 의해 동

<표 21> 우복종가의 조망적 사신사

쪽으로 크게 방향을 전환해서 수구로 빠져나간다. 청룡 산줄기와 동쪽의 안산 봉우리에서 연결되어 온 산줄기에 의해 형성된 수구는 관쇄(關鎖)된 형태로 풍수적 길격이다.

우복종가는 주위 산줄기들이 종택 주위를 감싸고 있는 영역 내부의 후방중앙 지점에 자리하고 있으며, 그 방향은 동향(辛坐)이다. 우복종가에 영향을 미치는 풍수적 사신사와 실제 종가 마당에서 보이는 조망적 사신사는 동일하며, 우복종가의 조망적 사신사는 <표 21>과 같다.

우복종가가 있는 상주시 외서면 우산리 일대는 경상누층군 불국사관입암군의 백악기 알카리화강암(Alkali Granite, Kagr)이 기반암층을 이루고 있으며, 이안천을 따라 제4기 충적층(Qa)으로 덮여 있다. 종택은 충적층을 벗어난 알카리화강암 기반암층에 자리하고 있다. 인근의 부계정 또한 종가의 지질적 특성과 동일하다.

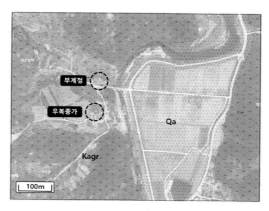

<그림 28> 우복종가 및 부계정 지질도

1.13. 수암종택(修巖宗宅)

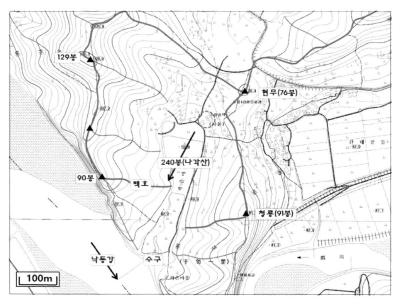

<그림 29> 수암종택 일대와 주변의 지형·지세

　수암종택(修巖宗宅, 시도민속문화재 제70호)은 풍산류씨 우천파의 종가로 수암은 류성룡의 셋째 아들인 류진(柳袗)의 호이다. 수암은 37세가 되던 1617년에 화회를 떠나 이곳 상주에 정착했으나, 처음 정착한 곳은 현 위치가 아닌 가사리(佳士里)였다. 이후 수암의 고손자인 류성노(柳聖魯)가 이곳에 자리를 잡아 초가집 형태로 살다가, 수암의 7대손인 류후조(柳厚祚)가 현재의 모습을 갖추었다고 한다.

　수암종택은 일명 우천세가 또는 대감댁이라고도 불리어 왔으며, 전체 구성은 ㅁ자형 몸채와 ㄴ자형 녹사청, 一자형 사랑채로 구성되어 있다. 몸채는 중문간채를 중심으로 안과 밖으로 안채와 사랑채가 한 지붕으로 연결되어 있다. 녹사청은 녹봉을 지고 오는 관리들을 대접하기 위한 곳으로 보기 드문 실례가 된다.[127]

수암종택으로 이어지는 산줄기는 그 근원이 북쪽에 있다. 북쪽에서 남서쪽으로 이어져 내려오던 산줄기는 종택 후방에서 76m의 작은 봉우리를 일으킨다. 76m봉이 종택의 현무봉이다. 현무봉에서 남쪽으로 뻗어내린 산줄기는 남쪽으로 나지막하게 계속 이어지다가 종택의 청룡인 91m봉을 일으킨다. 이후 산줄기는 서쪽으로 크게 방향을 전환해 작은 농경지 앞까지 이어진다.

현무봉에서 북서쪽으로 뻗어 나온 산줄기는 종택의 백호 산줄기가 된다. 백호 산줄기는 북서 방향에서 남쪽으로 방향을 바꾸면서 129m봉을 일으킨다. 산줄기는 계속 남쪽으로 이어져 90m봉을 일으킨 다음, 동쪽으로 방향을 전환해 농경지까지 진행하며, 종택의 안산이 된다. 즉 백호 산줄기가 종택의 안산이 되는 백호안산의 형태이다. 수구는 현무와 청룡, 백호 산줄기 유역 내 물줄기가 청룡과 백호 산줄기 사이로 빠져 나가는 지점이다. 수구는 풍수에서 말하는 관쇄의 형태가 아니지만, 종택의 마당에서 보이는 수구는 닫힌 느낌을 제공한다.

수암종택은 산줄기로 둘러싸여진 영역의 후방중앙 지점에 위치하고 있으며, 그 방향은 남서향(艮坐)이다. 수암종택에 영향을 미치는 풍수적 사신사와 조망적 사신사 사이에 일치되지 않는 요소는 안산이다. 종택의 안산은 백호 산줄기가 안산의 역할을 하는 백호안산이다. 그러나 종택 마당에서 남쪽을 바라보면, 백호 산줄기 너머 240m봉(나각산)이 시각적으로 보다 두드러진다. 이에 따라 수암종택의

---

127) 문화재청 국가문화유산포털, 문화재검색(http://www.heritage.go.kr).

조망적 사신사는 <표 22>와 같다.

<표 22> 수암종택의 조망적 사신사

구분	현무(76봉)	안산(240봉)
사진		
구분	청룡(91봉)	백호(129봉)
사진		

　수암종택이 있는 상주시 중동면 우물리 일대는 경상누층군 신동층군(新洞層群) 낙동층의 만경산층원(Mangyeongsan Member, Knnk1)이 기반암층을 이루고 있고, 낙동강 및 위천을 따라 제4기 충적층(Qa)으로 덮여 있다. 종택은 충적층을 벗어나 만경산층원 기반암층에 자리하고 있다.

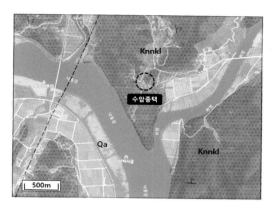

<그림 30> 수암종택 지질도

1.14. 응와종택(凝窩宗宅)

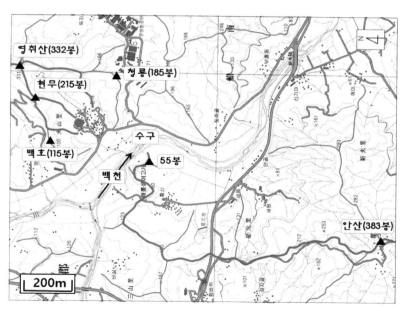

<그림 31> 응와종택 일대와 주변의 지형·지세

응와종택(凝窩宗宅, 시도민속문화재 제44호)은 사도세자를 호위하던 무관 이석문이 살던 곳이다. 이석문은 사도세자가 죽은 뒤 세자를 그리워하여 조선 영조 50년(1774)에 북쪽으로 사립문을 내고 평생을 이곳에서 은거하며 살았다. 순조 21년(1821)에 손자 이규진이 안채와 사랑채를 새로 지었으며, 사랑채는 고종 3년(1866)에 다시 지어 오늘에 이르고 있다. 원래는 안채와 사랑채를 비롯하여 장판각, 안대문채, 마굿간, 아래채 등이 있었으나, 지금은 없어져 전해지지 않는다. 사랑채와 안채가 ㅁ자형을 보이고 있으며, 솟을대문이 남아 있어 당시 고관가옥의 특색을 보여주고 있다.[128]

응와종택이 자리한 한개마을의 풍수적 중심은 마을 북서쪽의 영취산(332m)이다. 영취산에 남쪽으로 뻗어내린 산줄기는 종택의 현무봉인 215m봉을 일으키고, 남동쪽으로 방향을 바꾸어 종택으로 연결된다. 영취산에서 동쪽으로 뻗어 나온 산줄기는 185m봉을 일으키며, 종택의 청룡이 된다. 산줄기는 이후 남쪽으로 방향을 전환해 마을 앞 들판까지 이어진다.

영취산에서 종택의 현무봉으로 뻗어내린 산줄기는 계속 이어져 115m봉(백호)을 일으키고, 동쪽으로 방향을 바꾸어 진행한 다음 마을 앞 들판에서 멈춘다. 안산은 마을 남동쪽 백천 너머 55m봉이다. 수구는 북동쪽으로 흘러가는 백천이 외청룡과 안산에서 뻗어 나온 산줄기 사이로 빠져 나가는 지점으로 비교적 양호하다. 응와종택은 산줄기로 둘러싸여진 마을 영역의 후방중앙 지점에 위치하고 있으며, 그 방향은 남서향(艮坐)이다.

응와종택에 영향을 미치는 풍수적 사신사와 실제 종택 마당에서 보

128) 문화재청 국가문화유산포털, 문화재검색(http://www.heritage.go.kr).

이는 조망적 사신사에 일치하지 않는 요소는 안산이다. 종택의 안산은 백천 너머 55m봉이나, 종택 마당에서 실제로 조망되지 않으며, 오히려 그 너머 383m봉이 뚜렷이 조망된다. 따라서 383m봉이 종택의 조망적 안산이 된다. 이에 따라 응와종택의 조망적 사신사는 <표 23>과 같다.

<표 23> 응와종택의 조망적 사신사

구분	현무(215m봉)	안산(383m봉)
사진	현무(215봉)	안산(383봉) 응와종택
구분	청룡(185m봉)	백호(115m봉)
사진	청룡(185봉) 응와종택	백호(115봉)

응와종택이 있는 성주군 월항면 대산리 일대는 영남육괴 내 선상부대동계(先上部大同系) 편마암(Gneiss, PCEggn)층과 관입 화강암(Granite, Kgdf)층이 혼재해 기반암을 이루고 있으며, 대산마을 앞 하천(백천)을 따라 제4기 신기하성층(Qy)으로 덮여 있다. 종택은 화강암 기반암층에 자리하고 있다.

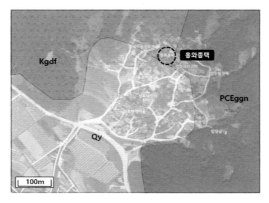

<그림 32> 응와종택 지질도

1.15. 하회마을 양진당(養眞堂)

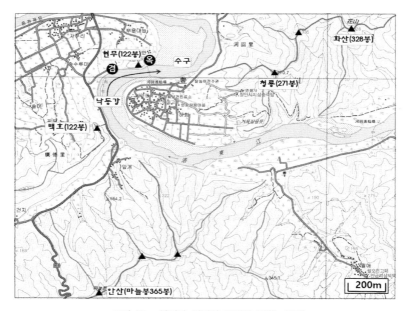

<그림 33> 양진당 일대와 주변의 지형·지세

양진당(養眞堂, 보물 제306호)은 서애 류성룡의 형인 겸암 류운룡(柳雲龍, 1539~1601)의 집으로 매우 오래된 풍산류씨 종가이다. 양진당에는 '입암고택(立巖古宅)'이라는 현판이 걸려 있는데, 이것은 류운룡의 아버지인 입암 류중영(1515~1573)의 호를 빌어 지은 것이다. 양진당이라는 명칭은 류운룡의 6대손 류영(1687~1761)의 어릴 때 이름에서 따온 것이다.[129]

하회마을에 풍수적 기운을 불어넣는 주된 산줄기(풍수적 主山)는 마을 동쪽의 화산(328m봉)이다. 하회마을의 모든 주택들은 화산에서 뻗어내린 산줄기에 연결되어 있다. 그러나 실제 양진당에서 인접해 있는 풍수적 사신사를 찾기가 쉽지 않으며, 마을을 둘러싸고 있는 조망적 사신사가 풍수적 사신사 역할을 하고 있다.

양진당의 현무는 북쪽의 부용대가 있는 봉우리(122m봉)이며, 안산은 마을 남쪽의 365m봉(마늘봉)이 된다. 청룡은 마을의 주산인 화산에서 남서쪽으로 뻗어 내리다가 일으킨 271m봉이 된다. 백호는 북동 및 북서쪽으로 방향을 바꾸면서 나지막하게 뻗어가는 마을 서쪽의 산줄기(122m봉)가 된다.

수구는 마을을 휘감아 돈 낙동강이 청룡에서 서쪽으로 뻗어내린 산줄기와 현무인 부용대 사이로 빠져나가는 지점이다. 그리고 수구 지점에는 부용대의 암벽의 험한 살기를 차폐(遮蔽)하고, 수구막이 기능을 위한 소나무숲(만송정)이 조성되어 있다. 양진당은 낙동강과 주변 산줄기에 의해 둘러싸여진 마을 영역의 중앙 지점에 위치하고 있으며, 그 방향은 남향(癸坐)이다. 양진당의 조망적 사신사는 <표 24>와 같다.

---

129) 문화재청 국가문화유산포털, 문화재검색(http://www.heritage.go.kr).

<표 24> 양진당의 조망적 사신사

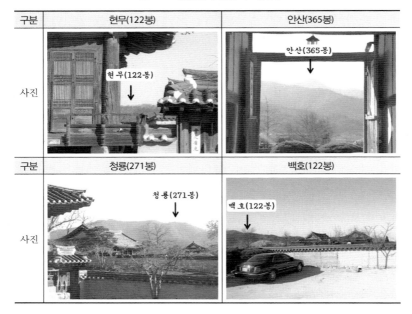

구분	현무(122봉)	안산(365봉)
사진	현무(122봉)	안산(365봉)

구분	청룡(271봉)	백호(122봉)
사진	청룡(271봉)	백호(122봉)

　　양진당이 있는 안동 하회마을 일대는 백악기 경상누층군 하양층
군(河陽層群) 일직층(Ilchik Formation, Khil)과 백악기 관입 반려암
(Gabbro, Kga)층이 혼재된 기반암을 이루고 있으며, 제4기 충적층
(Qa)이 부정합(不整合)으로 덮여 있다. 양진당은 충적층에 자리하고
있다. 하회마을 내 충효당 및 원지정사 또한 충적층에 자리하고 있
다. 마을의 정자인 옥연정은 충적층에 자리해 있으며, 겸암정은 일
직층의 기반암에 자리해 있다.

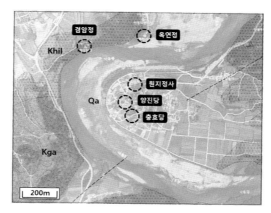

<그림 34> 하회마을의 종택 및 정자의 지질도

1.16. 하회마을 충효당(忠孝堂)

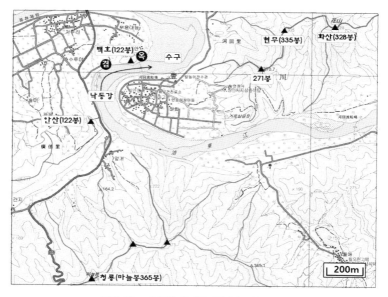

<그림 35> 충효당 일대와 주변의 지형·지세

충효당(忠孝堂, 보물 제414호)은 조선 중기 이름난 문신이었던 서애 류성룡 선생의 집이다. 류성룡(柳成龍, 1542~1607)은 자는 이견(而見), 호가 서애(西厓)로 관찰사를 지낸 류중영의 둘째 아들로 태어났으며, 임진왜란 때 선조 임금을 수행하며 왜군을 물리치는 데 큰 역할을 했던 재상으로 알려져 있는 등 풍산류씨 가운데 가장 뛰어난 인물로 받들어진다.[130]

충효당은 행랑채, 사랑채, 안채로 구성되어 있다. 사랑채와 안채는 손자인 졸재 류원지(1598~1674)가 짓고, 증손자인 눌재 류의하(1616~1698)가 확장 수리한 것이다. 행랑채는 8대손 일우 류상조(1763~1838)가 지은 건물로 대문과 방, 광으로 구성되어 있다. 사랑채 대청에 걸려 있는 '충효당(忠孝堂)' 현판은 명필가였던 허목(1595~1682)이 쓴 것이라고 한다.[131]

충효당은 양진당의 입지와 유사해, 인접해 있는 풍수적 사신사를 찾기가 쉽지 않다. 그래서 마을을 둘러싸고 있는 조망적 사신사가 풍수적 사신사 역할을 하고 있다. 단, 충효당은 그 방향이 서향(卯坐)으로 남향인 양진당과 다르기 때문에 양진당의 사신사와 차이가 난다.

충효당의 현무는 마을의 주산인 화산에서 서쪽으로 뻗어내린 335m봉이며, 안산은 양진당의 백호인 122m봉이 된다. 청룡은 마을 남쪽의 365m봉(마늘봉)이며, 백호는 마을 북쪽 122m봉(부용대)이 된다. 수구는 양진당의 수구와 동일하다. 충효당은 낙동강과 주변 산줄기에 의해 둘러싸여진 마을 영역의 중앙 지점에 위치하고 있으

---

130) 인터넷포털 사이트 네이버(http://terms.naver.com), 지식백과.
131) 문화재청 국가문화유산포털, 문화재검색(http://www.heritage.go.kr).

며, 그 방향은 서향(卯坐)이다. 충효당의 조망적 사신사는 <표 25>와
같다.

<표 25> 충효당의 조망적 사신사

1.17. 안동 의성김씨종택(義城金氏宗宅)

의성김씨종택(義城金氏宗宅, 보물 제450호)은 의성김씨 청계(青
溪) 김진의 종가이다. 김진(金璡, 1500~1580)은 조선 중기의 학자
로 본관은 의성(義城), 자는 영중(瑩仲), 호는 청계이다. 그는 다섯
아들인 김극일(金克一), 김수일(金守一), 김명일(金明一), 김성일(金
誠一), 김복일(金復一)을 모두 현달한 인물로 키워서 의성김씨 천전

파를 열었다.

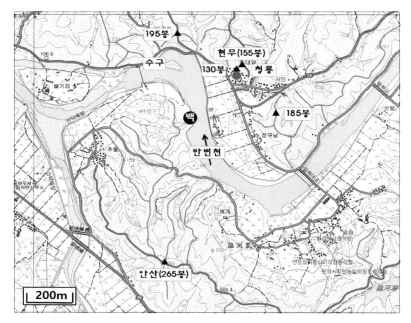

<그림 36> 의성김씨종택 일대와 주변의 지형・지세

　의성김씨종택이 자리한 안동 내앞 마을(川前)은 『택리지(擇里志)』
의 저자 이중환(李重煥)이 영남의 4대 길지의 하나로 꼽을 만큼 풍
광이 수려한 풍수적 길지로 알려져 있다. 의성김씨종택은 일월산(日
月山)의 지맥(支脈)이 동남방으로 내려오다가 서쪽으로 흘러오는 낙
동강 지류인 반변천과 만나는 곳에 자리하고 있다. 현재의 의성김씨
종택은 원래의 집이 화재로 소실되자 16세기 말에 정치가이자 학자
인 김성일(金誠一)이 관직에서 물러난 후 다시 재건한 것이다. 이 종
갓집은 다른 사대부 집과는 많은 차이를 보이는데, 김성일이 재건할

때 명나라 상류주택의 설계도를 응용했기 때문이라고 한다.132)

의성김씨종택이 자리한 내앞마을은 반변천이 감아 도는 안쪽(퇴적사면)에 자리하고 있으며, 그 반대쪽(공격사면)의 절벽 위에는 백운정이 자리하고 있다. 그리고 마을은 주위 산줄기들에 의해 형성된 영역의 중앙 지점에 위치하고 있다. 의성김씨종택의 현무는 북쪽에서 이어져 온 산줄기가 종택 후방에서 일으킨 155m봉이 된다. 그리고 종택의 청룡과 백호가 현무봉의 좌우에서 뻗어 나온 본신용호(本身龍虎)의 형태를 보인다. 특히 담장 안까지 나지막하게 뻗어내린 백호는 비록 높이가 다소 낮지만 풍수적으로 길한 모습이다.

안산은 반변천 너머 남쪽의 265m봉이 된다. 수구는 마을 영역을 통과한 반변천이 마을 북서쪽의 195m봉에서 뻗어내린 산줄기와 안산을 거쳐 백운정을 지나 북쪽으로 이어진 산줄기 사이의 계곡으로 빠져나가는 지점이다. 수구 지점에는 개호송이라 불리는 수구막이 숲이 조선시대 때부터 지속되어 오고 있다. 종택은 산줄기로 둘러싸여진 마을 영역의 중앙좌측 지점에 위치하고 있으며, 그 방향은 남향(癸坐)이다.

의성김씨종택에 영향을 미치는 풍수적 사신사와 조망적 사신사 중 일치되지 않는 요소는 현무, 청룡과 백호이다. 종택의 현무는 155m봉이나 종택 마당에서 식별되지 않으며, 종택 바로 후방의 130m봉이 실제로 조망된다. 청룡 또한 종택 마당에서 보이지 않으며, 남동쪽의 185m봉이 시각적으로 두드러지게 조망된다. 백호는 담장 내부에서 식별되지만, 높이가 낮아 거주자의 조망적 심리에 영향을 미치기에는 한계가 있으며, 북서쪽의 195m봉이 두드러지게 조

132) 인터넷포털 사이트 네이버(http://terms.naver.com), 지식백과.

망된다. 의성김씨종택의 조망적 사신사는 <표 26>과 같다.

<표 26> 의성김씨종택의 조망적 사신사

구분	현무(130봉)	안산(265봉)
사진		
구분	청룡(185봉)	백호(195봉)
사진		

1.18. 안동 학봉종택(鶴峰宗宅)

의성김씨 학봉종택(義城金氏鶴峰宗宅, 시도기념물 제112호)은 조선 중기 문신 학봉 김성일(1538~1593) 선생의 종가이다. 김성일은 선조 1년(1568) 과거에 급제하여 정언과 수찬 나주목사 등을 역임했다. 임진왜란 때는 경상도 초유사로 관군과 의병을 화합시켜 의병의 전투력 향상에 큰 공을 세웠다. 퇴계의 제자로 뛰어난 성리학자이기도 한 그의 학문은 이후 영남학파의 학문 전통에 큰 영향을 미쳤다.133) 학봉종택의 북서쪽 약 600m 지점에는 학봉의 제자 장흥효 (1564~1633)가 창건한 광풍정이 있다.

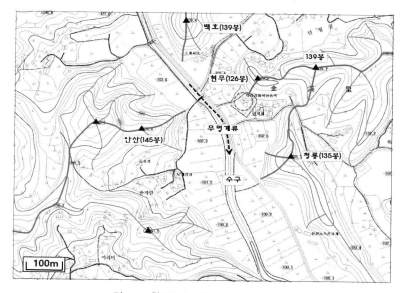

<그림 37> 학봉종택 일대와 주변의 지형·지세

학봉종택은 산줄기로 둘러싸여진 영역의 중앙 지점에 위치하고 있다. 그리고 무명계류가 북서쪽의 외부에서 유입되어 남쪽으로 빠져나가고 있다. 따라서 영역은 유역분지 개념과는 일치되지 않으나, 여러 산줄기들이 종택 주위를 감싸고 있어 종택 거주자에게 조망적 환포감을 제공하고 있다.

학봉종택의 현무는 북동쪽 139m봉에서 이어져 온 산줄기가 종택 후방에서 일으킨 126m봉이며, 안산은 서쪽의 무명계류 건너편

133) 문화재청 국가문화유산포털, 문화재검색(http://www.heritage.go.kr).

145m봉이다. 청룡은 139m봉에서 남쪽으로 뻗어 나온 산줄기가 일으킨 135m봉이며, 백호는 종택 북서쪽의 139m봉이다. 수구는 마을 영역을 지나온 무명계류가 청룡 산줄기를 빠져나가는 지점이다. 수구 지점의 청룡 산줄기 끝자락에는 수구막이 비보로 여겨지는 비보수가 있다.

학봉종택은 산줄기로 둘러싸여진 마을 영역의 중앙우측 지점에 위치하고 있으며, 그 방향은 남서향(艮坐)이다. 학봉종택의 풍수적 사신사와 조망적 사신사는 일치하며, 조망적 사신사는 <표 27>과 같다.

<표 27> 학봉종택의 조망적 사신사

구분	현무(126봉)	안산(145봉)
사진	현무(126봉)	안산(145봉)

구분	청룡(135봉)	백호(139봉)
사진	청룡(135봉)	백호(139봉)

학봉종택이 있는 안동시 금계리 일대는 영남육괴 내 중생대 쥬라기 흑운모화강암(Biotite Granite, Jbgr)이 기반암층을 이루고 있으며, 송양천 지류를 따라 제4기 충적층(Qa)이 부정합으로 덮여 있다. 종택은 충적층을 벗어나 흑운모화강암 기반암층에 자리하고 있다. 인근의 광풍정은 충적층과 기반암층의 경계지점에 자리해 있다.

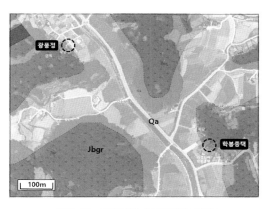

<그림 38> 학봉종택 및 광풍정 지질도

1.19. 안동 귀봉종택(龜峰宗宅)

귀봉종택(龜峰宗宅, 국가민속문화재 제267호)은 귀봉 김수일 선생의 종택이다. 김수일은 청계 김진의 다섯 아들 중 차남으로 당시 형 김극일(金克一), 동생 김명일, 김성일, 김복일과 함께 '김씨오룡(金氏五龍)'으로 불렸다. 또한 그는 명종 13년(1558) 향시에 합격하였으나 벼슬길에 나아가지 않고 고향집 서쪽에 백운정(白雲亭)이라는 정자를 지어 학문과 후진 교육에 전념했다.[134]

---

134) 인터넷포털 사이트 네이버(http://terms.naver.com), 지식백과.

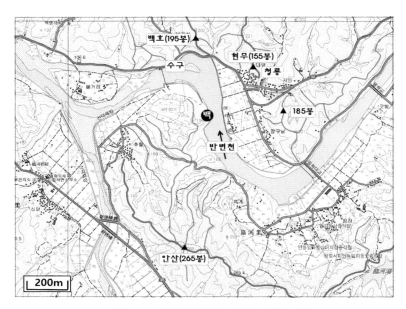

<그림 39> 귀봉종택 일대와 주변의 지형·지세

　귀봉종택은 현종 1년(1660)에 최초로 지은 것으로 추정되는 조선
중기의 전형적인 종가집이다. 귀봉종택은 인접해서 '의성김씨종택(보
물 제450호)'이 있으며, 안채평면이나 가구의 법식이 대종가인 의성
김씨종택과 다르면서도 법식이나 기법에서 유사함을 보이고 있다.[135]
　귀봉종택의 풍수적 사신사는 백호를 제외하고 의성김씨종택과 일
치한다. 현무는 북쪽에서 이어져 온 산줄기가 종택 후방에서 일으킨
155m봉이며, 안산은 반변천 너머 남쪽의 265m봉이 된다. 청룡은
현무봉에서 뻗어 나온 본신용호의 형태이다. 그러나 백호는 현무봉
에서 뻗어 나온 산줄기, 즉 의성김씨종택의 백호와 일치되지 않는다.

---

135) 문화재청 국가문화유산포털, 문화재검색(http://www.heritage.go.kr).

의성김씨종택의 입지는 그 백호가 높이는 낮지만 담장 안까지 뻗어올 만큼 길이가 길어 풍수적 사신사 역할을 할 수 있는 자리이다. 그러나 귀봉종택의 입지는 의성김씨종택보다 남동쪽으로 약 50m 나와 있기 때문에 그 산줄기가 백호 역할을 할 수 없는 자리에 있다. 따라서 귀봉종택의 백호는 마을 북서쪽의 195m봉이 된다. 수구의 위치 및 수구 비보는 의성김씨종택의 내용과 동일하다.

귀봉종택은 산줄기로 둘러싸여진 마을 영역의 중앙좌측 지점에 위치하고 있으며, 그 방향은 남향(癸坐)이다. 귀봉종택의 풍수적 사신사와 조망적 사신사 중 일치되지 않는 요소는 청룡이다. 귀봉종택의 마당에서 청룡은 시각적으로 식별되지 않으며, 마을 남동쪽의 185m봉이 두드러지게 조망된다. 귀봉종택의 조망적 사신사는 <표 28>과 같다.

<표 28> 귀봉종택의 조망적 사신사

구분	현무(155봉)	안산(265봉)
사진	현무(155봉)	안산(265봉)

구분	청룡(185봉)	백호(195봉)
사진	청룡(185봉)	백호(195봉)

귀봉종택이 있는 안동 천전마을 일대는 영남육괴 내 조립질화강암(Coarse granite, gab)이 기반암을 이루고 있으며, 반변천을 따라 제4기 충적층(Qa)이 부정합으로 덮여 있다. 귀봉종택은 충적층에 자리하고 있다. 인접한 의성김씨종택은 조립질화강암 기반암층과 충적층의 경계 지점에 자리하고 있다. 반변천 너머 백운정은 조립질화강암의 기반암층에 자리해 있다.

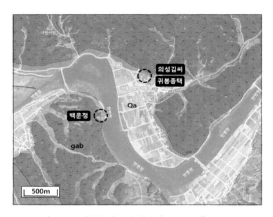

<그림 40> 귀봉종택 · 의성김씨종택 · 백운정 지질도

1.20. 안동 안동김씨종택(安東金氏宗宅)

안동김씨종택(安東金氏宗宅, 시도민속문화재 제25호)은 조선 성종 때의 문신 양소당 김영수(1446~1502) 선생의 종가집이다. 김영수 선생은 태사 김행의 후손으로 사헌부 장령을 지낸 분이다. 안채와 사랑채로 이루어진 ㅁ자형 집이다. 사랑채는 왼쪽에 방을 두고 오른쪽에 마루를 놓아 제사 때 제청으로 활용할 수 있게 했다.136)

---

136) 문화재청 국가문화유산포털, 문화재검색(http://www.heritage.go.kr).

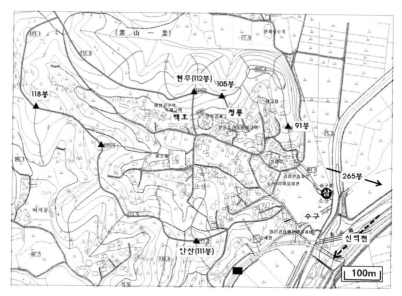

<그림 41> 안동김씨종택 일대와 주변의 지형·지세

안동김씨종택이 자리한 소산마을은 주위 산줄기들에 의해 둘러싸여 하나의 영역을 형성하고 있다. 종택으로 이어지는 산줄기는 북서쪽에서 남동 방향으로 진행하다가 종택의 현무봉인 112m봉을 일으킨다. 종택의 청룡은 현무봉에서 동쪽으로 뻗어 나와 105m봉을 일으킨 다음, 남동쪽으로 방향을 전환해 마을 안으로 이어지는 작은 산줄기이다. 외청룡은 105m봉에서 계속 동쪽으로 이어지다가 남쪽으로 방향 전환한 다음, 91m봉을 일으키고 마을입구 삼구정으로 연결되는 산줄기이다.

종택의 백호는 현무봉에서 남쪽으로 뻗어내려 종택의 우측(서쪽)을 감싸는 산줄기이다. 외백호는 마을 북서쪽에서 분지(分枝)한 산줄기가 118m봉, 116m봉을 거쳐 마을의 남쪽을 감아 도는 산줄기이다. 이때 종택 남쪽의 111m봉이 안산이 되는, 외백호 안산의 형태이다. 수구는 외청룡과 외백호로 둘러싸여진 유역 내부의 물줄기가 모여 빠져나가는 마을 입구가 되며, 비교적 관쇄가 된 길한 형태이다. 안동김씨종택은 외청룡과 외백호로 둘러싸여진 내부 영역의 후방 중앙에 남서방향(丑坐)으로 자리하고 있다.

안동김씨종택에 영향을 미치는 풍수적 사신사와 조망적 사신사 중 일치되지 않는 요소는 현무이다. 종택의 풍수적 현무는 112m봉이지만, 112m봉은 종택의 우측 후방(북서쪽)에 위치하고 있어 시각적 조망이 어렵다. 반면 종택 북동쪽의 105m봉이 종택의 후방을 받치고 있으면서 뚜렷이 조망된다. 이에 따라 안동김씨종택의 조망적 사신사는 <표 29>와 같다.

<표 29> 안동김씨종택의 조망적 사신사

구분	현무(105봉)	안산(111봉)
사진	현무(105봉)	안산(111봉)

구분	청룡(265봉)	백호(118봉)
사진	청룡(265봉)	백호(118봉)

안동김씨종택이 있는 안동시 소산리 일대는 영남육괴 내 중생대 쥬라기 흑운모화강암(Biotite Granite, Jbgr)이 기반암층을 이루고 있으며, 신역천을 따라 제4기 충적층(Qa)이 부정합으로 덮여 있다. 종택은 충적층에 자리해 있다. 인근의 마을 입구에 있는 삼구정은 충적층에 자리해 있다.

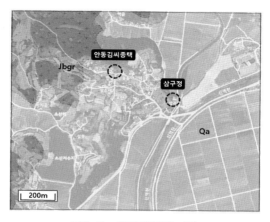

<그림 42> 안동김씨종택 지질도

1.21. 안동 간재종택(簡齋宗宅)

간재종택 및 간재정(原州邊氏簡齋宗宅 및 簡齋亭, 시도민속문화재 제131호)은 조선 중기의 학자인 간재(簡齋) 변중일(邊中一, 1575~ 1660)의 종택과 정자이다. 종택의 건립 시기는 알 수 없으나 무오사화 직후 변희예(邊希乂), 변희리(邊希李) 형제가 금계에 입향한 것으로 보아 그 이후일 것으로 추정된다. 이 종택과 정자는 19세기 전후한 시기의 건축양식이 주류를 이루고 있으며 종가의 품위와 규모를 잘 갖추고 있다. 특히 산골짜기에 정침 및 별당, 사당, 정자가 위로부터 자연지형에 순응하면서 각기 기능에 적합한 곳에 자리 잡고 있어 사대부가의 공간 영역을 구비한 드문 사례에 해당된다. 변중일은 어려서부터 효성이 뛰어났으며, 임진왜란 당시 곽재우의 휘하에서 종사하는 등 국난극복에 힘을 쏟았다. 이로 인해 1686년에 나라에서 특별히 정충효각(旌忠孝閣)을 하사했다. 한 사람이 충과 효를 겸비하여 정려를 받은 것은 아주 특별한 경우이다.[137]

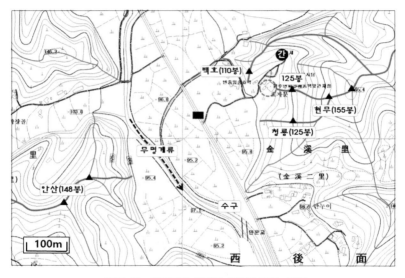

<그림 43> 간재종택 일대와 주변의 지형·지세

137) 안동시청 홈페이지, 안동관광 문화유산(http://www.tourandong.com).

간재종택으로 이어지는 산줄기는 남서쪽으로 진행하던 산줄기가 종택의 동쪽에서 현무봉인 155m봉을 일으킨 다음, 서쪽으로 미세하게 방향을 전환해 종택으로 연결된다. 종택은 청룡은 현부봉에서 남서쪽으로 뻗어 나와 125m봉을 일으키고, 서쪽으로 전행하는 산줄기이다. 종택의 백호는 남서쪽으로 진행하던 산줄기가 현부봉에 다다르기 전에 서쪽으로 뻗어 나와 나지막한 110m봉을 일으키고 평지를 만나는 산줄기이다.

종택의 안산은 남서쪽의 무명 계류 너머로 보이는 148m봉이다. 수구는 남쪽으로 흘러가던 무명계류가 청룡과 안산에서 뻗어 나온 산줄기 사이로 빠져나가는 지점이다. 수구의 닫힘 정도는 객관적으로 관쇄되어 있지는 않지만, 종택 마당에서 조망되는 수구는 청룡에서 뻗어 나온 산줄기에 의해 열려 있다는 느낌이 들지 않는다. 간재종택은 주위 산줄기로 둘러싸여진 내부 영역의 중앙우측 지점에 자리하고 있으며, 그 방향은 남서향(艮坐)이다.

간재종택에 영향을 미치는 풍수적 사신사와 조망적 사신사 간에 일치되지 않는 요소는 현무이다. 종택의 풍수적 현무는 155m봉이나, 종택 마당에서는 실제로 조망되지 않으며, 종택 마당의 동쪽 너머 바로 인접한 125m봉이 뚜렷이 조망된다. 이에 따라 간재종택의 조망적 사신사는 <표 30>과 같다.

<표 30> 간재종택의 조망적 사신사

구분	현무(125봉)	안산(148봉)
사진		

구분	청룡(125봉)	백호(110봉)
사진		

　　안동 간재종택이 있는 안동시 금계리 일대는 영남육괴 내 중생대 쥬라기 흑운모화강암(Biotite Granite, Jbgr)이 기반암층을 이루고 있으며, 송야천 지류를 따라 제4기 충적층(Qa)이 부정합으로 덮여 있다. 종택은 충적층을 벗어나 흑운모화강암 기반암층에 자리해 있다. 인접해 있는 간재정 또한 지질적 특성이 종택과 동일하다.

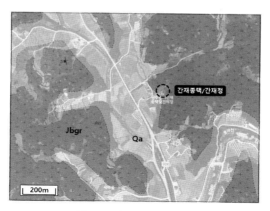

<그림 44> 안동 간재종택 지질도

1.22. 안동 퇴계태실(退溪胎室)

퇴계태실(退溪胎室, 시도민속문화재 제60호)은 퇴계 이황(1501~1570) 선생이 태어난 집으로, 조선 단종 2년(1454) 퇴계의 조부 이계양이 세웠다. 입향조 이계양(李繼陽)이 봉화현 교도(敎導)가 되어 부임지로 가는 길에 온혜리를 지나면서 산수의 아름다움에 취해 산 중턱에 앉아 쉬다가 지나가는 승려와 온혜의 풍수에 대해 이야기를 나누었다. 두 사람은 함께 마을로 내려왔는데 스님이 주변을 살피다 가 낮은 구릉 기슭의 빈터를 가리키며 "여기에 집을 짓고 살면 반드 시 귀한 아들을 얻을 것이다."라고 했다. 이에 이계양이 노송정 종택 을 짓고 세거의 기틀을 마련하게 되었다고 전해진다.[138]

---

138) 인터넷포털 사이트 네이버(http://terms.naver.com), 지식백과.

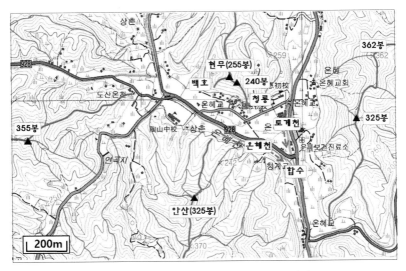

<그림 45> 퇴계태실 일대와 주변의 지형·지세

　퇴계태실이라는 이름은 뒷날 몸채의 중앙에 돌출된 방에서 퇴계 선생이 태어났다고 하여 그렇게 불렸다고 한다. 몸채는 口자형 평면으로 중앙에 퇴계태실이 돌출되어 있고, 모서리에 위치한 마루방을 중심으로 큰사랑·작은사랑이 분리되어 있다. 마루의 위에는 '온천정사'라는 현판이 걸려 있다. 사랑채와 완전 분리된 공간을 형성하고 있는 안채의 중앙에는 누마루와 온돌방으로 형성된 태실이 자리 잡고 있다. 몸채 오른쪽에는 一자형 평면의 노송정과 사당채가 있다.139)

　퇴계태실로 이어지는 산줄기는 북쪽에서 이어져 와 태실 후방에서 현무봉인 255m봉을 일으킨다. 현무봉은 개장(開帳)의 형태를 보

---

139) 문화재청 국가문화유산포털, 문화재검색(http://www.heritage.go.kr).

이며, 동쪽으로 뻗어 나온 산줄기가 태실의 청룡이 되고, 서쪽으로 뻗어 나온 산줄기의 태실의 백호가 된다. 태실의 청룡과 백호는 현무봉에서 바로 뻗어 나온 본신용호(本身龍虎)이며, 태실을 향해 유정하게 감싸고 있는 길격의 형태이다.[140]

태실의 안산은 남쪽의 온혜천 너머 325m봉으로서, 날짐승이 날개를 펼치고 고개를 들이미는 주작상무(朱雀翔舞)의 형상으로 길격이다. 태실에 직접적인 영향을 미치는 물길은 온혜천이다. 태실 앞을 흐르는 온혜천은 우에서 좌로 흘러가는 우선수(右旋水)이다. 이때는 청룡이 태실 영역을 환포하여 역수(逆水)의 기능을 하는지의 여부가 풍수적 길흉 판단에 대단히 중요하다.

이곳의 청룡은 산줄기를 길게 뻗어 태실 영역을 유정(有情)하게 감싸 안고 있다. 그러나 풍수적 장풍이나 역수의 기능을 완벽히 해낼 만큼의 길이는 아니다. 그래서 청룡 줄기가 끝나는 지점에 소나무로 이루어진 비보숲이 조성되어 있다. 정확한 조성 시기와 조성 규모 등을 알 수는 없지만, 나무가 심겨져 있는 위치와 방향 등을 고려하면 비보숲인 것은 확실한 듯하다. 태실은 주위 산줄기로 둘러싸여진 영역의 후방 좌측 지점에 위치하고 있으며, 그 방향은 남향(癸坐)이다.

퇴계태실에 영향을 미치는 풍수적 사신사와 조망적 사신사 중 일치되지 않는 요소는 현무이다. 태실의 풍수적 현무는 255m봉이나, 255m봉은 태실 마당에서 명확히 조망되지 않으며, 그 동쪽에 있는 240m봉이 태실 건물의 후방을 받치고 있으면서 더욱 뚜렷이 조망된다. 이에 따라 퇴계태실의 조망적 사신사는 <표 31>과 같다.

---

140) 박성대·성동환, 「퇴계 유적지에 담긴 퇴계의 풍수에 대한 인식」, 한국학논집 제49집, 2012, p.354.

<표 31> 퇴계태실의 조망적 사신사표 34

구분	현무(240봉)	안산(325봉)
사진	현무(240봉)	안산(325봉)

구분	청룡(325봉)	백호(355봉)
사진	청룡(325봉)	백호(355봉)

퇴계태실이 있는 안동시 도산면 온혜리 일대는 영남육괴 내 중생대 쥬라기 흑운모화강암(Biotite Granite, Jbg)이 기반암층을 이루고 있으며, 온혜천을 따라 제4기 충적층(Qa)이 부정합으로 덮여 있다. 종택은 흑운모화강암 기반암층과 충적층의 경계지점에 자리해 있다. 종택결합형인 노송정 또한 지질적 특성이 종택과 동일하다.

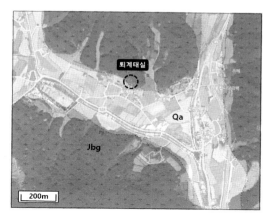

<그림 46> 안동 퇴계태실 지질도

1.23. 안동김씨 묵계종택(安東金氏 默溪宗宅)

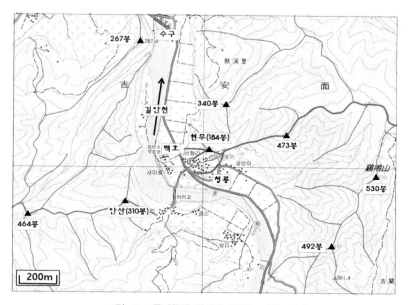

<그림 47> 묵계종택 일대와 주변의 지형·지세

묵계종택(默溪宗宅, 시도민속문화재 제19호)은 묵계서원에서 멀지 않은 마을 한가운데에 자리 잡고 있는데, 정침과 사랑채인 보백당, 사당으로 구성되어 있다. 보백당(寶白堂)은 조선 중기의 문신인 김계행(金係行, 1431~1517)의 호이다. 김계행은 성종 11년(1480) 식년문과에 병과로 급제한 후 종부시주부(宗簿寺主簿)·고령현감 등을 거쳤고, 학문과 청백리로 이름이 높았으며, 묵계서원에 제향되었다.

묵계종택의 정침은 ㅁ자형의 팔작지붕 집으로 보존 상태가 좋으며, 보백당은 정면 3칸, 측면 2칸의 홑처마 팔작지붕 집이다. 두리기둥을 사용하였고, 우물마루를 깐 4칸 대청과 2칸 방으로 구성되어 있다. 가구(架構)는 5량가(五樑架)이며, 대청의 왼쪽 측면과 뒷벽에는 판벽에 문얼굴을 내어 미세기창을 달았다. 사당은 정면 3칸, 측면 1칸의 홑처마 맞배지붕 집으로, 앞쪽에는 삼문이 있고 낮은 담으로 둘러쳐져 있다.[141]

묵계종택이 자리한 묵계 마을은 동쪽에서 이어져 온 산줄기에 기대어 터를 마련하고 있다. 마을 동쪽의 473m봉에서 서쪽으로 이어진 산줄기가 종택의 현무봉인 184m봉을 일으키고, 계속 이어져 종택으로 연결된다. 종택의 청룡은 현무봉을 일으키기 전 남쪽으로 분지(分枝)해 마을 좌측(남쪽)을 감아 도는 산줄기이다. 백호는 현무봉에서 서쪽으로 뻗어내려 도로 인근까지 이어지는 산줄기이다.

종택의 안산은 길안천 너머 마을 동남쪽의 310m봉이다. 수구는 북쪽으로 흘러가는 길안천이 마을 북쪽에서 좌우의 산줄기들 사이로 크게 서쪽으로 방향을 전환하며 빠져나가는 지점이다. 수구의 형태는 관쇄의 형태를 보여주지는 못하지만, 길안천이 주위 산줄기에

---

141) 인터넷포털 사이트 네이버(http://terms.naver.com), 지식백과.

의해 방향을 크게 전환하며 빠져나가기 때문에 벌어졌다고는 볼 수 없다. 종택은 주위 산줄기로 둘러싸여진 영역의 후방 중앙 지점에 위치하고 있으며, 그 방향은 서향(甲坐)이다.

묵계종택에 영향을 미치는 풍수적 사신사와 조망적 사신사 중 일치되지 않는 요소는 현무와 청룡 및 백호이다. 종택의 풍수적 현무는 184m봉이지만, 종택 마당에서 거의 식별되지 않으며, 그 너머 473m봉이 종택의 후방을 시각적으로 든든히 받치고 있다. 풍수적 청룡 및 백호 또한 종택과 인접해서 종택의 좌우측을 감아주고 있지만, 종택 마당에서 거의 식별되지 않으며, 그 너머 좌측(청룡)으로는 492m봉, 우측(백호)으로는 267m봉이 뚜렷이 조망된다. 이에 따라 묵계종택의 조망적 사신사는 <표 32>와 같다.

<표 32> 묵계종택의 조망적 사신사

구분	현무(473m봉)	안산(310m봉)
사진		

구분	청룡(492m봉)	백호(267m봉)
사진		

묵계종택이 있는 안동시 길안면 묵계리 일대는 경상분지 내 중생대 쥐라기 흑운모화강암(Biotite Granite, Jbgr)과 백악기 하양층군 후평동층(後坪洞層) 일직층(一直層, Knil)이 기반암을 이루고 있으며, 길안천을 따라 제4기 충적층(Qa)이 부정합으로 덮여 있다. 종택은 충적층을 벗어나 일직층 기반암층에 자리하고 있다. 인근의 만휴정은 흑운모 화강암 기반암층에 자리해 있다.

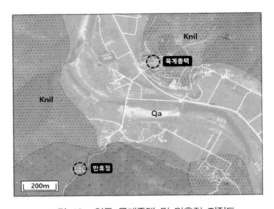

<그림 48> 안동 묵계종택 및 만휴정 지질도

1.24. 안동 전주류씨 삼산종택(安東 全州柳氏 三山宗宅)

삼산종택(三山宗宅, 시도민속문화재 제36호)은 삼산 유정원 선생의 종택으로 조선 영조 26년(1750)경에 지었다. 유정원(1702~1761) 선생은 호가 삼산이며, 영조 때 이름난 신하로 형조참의, 대사간 등의 벼슬을 지낸 학자임과 동시에 높은 인품과 학문으로 추앙받는 인물이다. 종택은 대문채, 안채, 사랑채 그리고 사당으로 구성되어 있는 집으로서, 안채와 사랑채가 전체적으로 ㅁ자형을 이루고 있으며,

이 지방의 일반적인 주거형태를 갖추고 있는 건물이다.142)

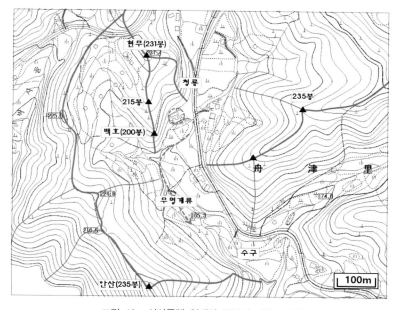

<그림 49> 삼산종택 일대와 주변의 지형·지세

　　북쪽에서 이어져 온 산줄기가 삼산종택의 후방에서 종택의 현무
봉인 231m봉을 일으킨 다음 좌우측으로 산줄기를 분지(分枝)한다.
현무봉에서 동남쪽으로 분지해 종택의 좌측(동쪽)을 감싸고 있는 산
줄기가 종택의 청룡이다. 현무봉에서 남쪽으로 분지해 종택의 우측
(서쪽)을 감싸고 있는 산줄기가 백호이다. 청룡과 백호 산줄기가 현
무에서 분지한 본신용호(本身龍虎)인 점은 풍수적으로 길하나, 종택
을 감싸고도는 방향과 길이에 있어 결점을 보이고 있다.

---

142) 문화재청 국가문화유산포털, 문화재검색(http://www.heritage.go.kr).

종택의 안산은 현무봉을 일으키기 전 분지한 산줄기가 종택의 외백호가 되어 남쪽으로 진행하다가 일으킨 235m봉이다. 수구는 종택 좌우측 골짜기의 물이 백호 산줄기 앞에서 합수(合水)한 다음 남쪽으로 흘러가다가 외청룡과 외백호 산줄기 사이로 빠져나가는 지점이다. 수구는 완벽하지는 않지만 종택 마당에서 시각적으로 벌어져 있다는 느낌이 들지 않을 만큼 조밀함을 유지하고 있다. 종택은 외청룡과 외백호로 둘러싸여 형성된 영역 내부의 후방우측 지점에 남동(亥坐)방향으로 자리하고 있다.

삼산종택에 영향을 미치는 풍수적 사신사와 조망적 사신사 중 일치하지 않는 요소는 현무와 청룡이다. 종택의 풍수적 현무는 종택

<표 33> 삼산종택의 조망적 사신사

구분	현무(215봉)	안산(235봉)
사진		
구분	청룡(235봉)	백호(200봉)
사진		

후방의 231m봉이나, 231m봉은 종택 마당에서 거리가 다소 멀어 식별이 잘 되지 않는다. 반면 종택 북서쪽의 215m봉이 종택의 후방을 받치며 시각적으로 뚜렷이 조망된다. 종택의 청룡 또한 길이가 짧아 종택 마당에서 명확히 식별되지 않으며, 그 너머 235m봉이 종택의 왼쪽(동쪽)에서 뚜렷이 조망된다. 이에 따라 삼산종택의 조망적 사신사는 <표 33>과 같다.

삼산종택이 있는 안동시 예안면 주진리 일대는 백악기 경상누층군 불국사관입암군 섬록암(Diorite, Kdi)과 시대미상 조립질 화강암(Coarse granite, gab)이 기반암을 이루고 있으며, 낙동강을 따라 제4기 충적층(Qa)이 부정합으로 덮여 있다. 종택은 섬록암 기반암층에 자리하고 있다. 인접한 삼산정 또한 종택과 지질적 특성이 동일하다.

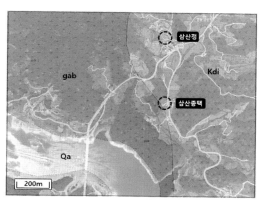

<그림 50> 안동 삼산종택 및 삼산정 지질도

1.25. 안동 예안이씨 상리종택(禮安李氏 上里宗宅)

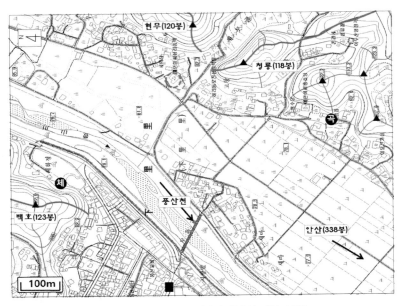

<그림 51> 상리종택 일대와 주변의 지형·지세

　상리종택(上里宗宅)은 예안이씨 7세손 이훈(李薰)의 종가댁으로 중종 20년(1525)경에 건립되었다. 상리동(上里洞)에 세워져 상리종택이라고 부른다. 이훈은 연산군 10년(1504)에 생원시(生員試)에 합격하였으나 1519년 기묘사화(己卯士禍)가 일어나는 등 정치가 분쟁에 휩싸이자 벼슬길에 나아갈 뜻을 버리고 낙향하여 이 집을 짓고 유유자적했다 한다.

　건물은 ㅁ자형 평면으로, 총 49칸의 팔작지붕집이다. 전면 중앙에 중문(中門)을 두고, 그 좌측으로 사랑채 3칸을 꾸몄으며, 후면으로 안채를 들였다. 이 지방의 전형적인 조선시대 중·상류주택의 유형으로 사랑채의 대청 양식과 안채 마루의 조각수법이 극히 소박하다. 그러나 안채의 평면구성은 일반적인 것과는 약간 다른 면을 갖고 있다.[143]

상리종택으로 이어지는 산줄기는 동쪽에서부터 뻗어와 종택의 현무인 120m봉을 일으킨 다음 종택 인근까지 이어지고 있는 산줄기이다. 종택이 현무봉과 바로 인접해 있지 않고, 산줄기가 끝나고 평지가 시작되는 경사변환점과의 거리 또한 약 60m 이상 떨어져 있다. 따라서 현무봉에서 뻗어 내려온 산줄기가 종택까지 연결되어 있는지의 여부는 불명확하다.

종택의 청룡은 남쪽의 118m봉이며, 백호는 서쪽의 풍산천 너머

<표 34> 상리종택의 조망적 사신사

구분	현무(120봉)	안산(338봉)
사진	현무(120봉)	안산(338봉)

구분	청룡(118봉)	백호(123봉)
사진	청룡(118봉)	백호(123봉)

---

143) 인터넷포털 사이트 네이버(http://terms.naver.com), 지식백과.

체화정의 현무봉인 123m봉이다. 안산은 남서쪽 약 4.6km 지점의
338m봉이다. 안산이 종택과의 거리가 멀기 때문에 시각적 높이 또
한 '눈높이'로서, 일반적 안산의 시각적 높이인 '이마 높이'보다 조금
낮다. 종택은 산줄기로 둘러싸인 영역 내부의 후방우측 지점에 위치
하고 있으며, 그 방향은 남서향(艮坐)이다. 상리종택에 영향을 미치
는 풍수적 사신사와 조망적 사신사는 일치하며, 이에 따라 종택의
조망적 사신사는 <표 34>와 같다.

상리종택이 있는 안동시 풍산읍 상리 일대는 중생대 쥬라기 흑운
모화강암(Biotite Granite, Jbgr)과 시대미상 호상편마암(Banded
Gneiss, bgn)이 기반암층을 이루고 있으며, 풍산천을 따라 제4기 충
적층(Qa)이 부정합으로 덮여 있다. 종택은 충적층과 흑운모화강암
경계지점에 자리하고 있지만 충적층에 더 가깝다. 인근에 있는 예안
이씨 사직공파구택, 그리고 정자인 체화정과 곡강정의 지질적 특성
또한 상리종택과 동일하다.

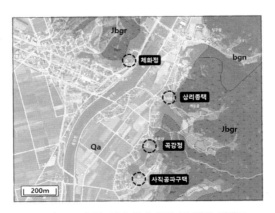

<그림 52> 안동 상리 일대 종택 및 정자 지질도

1.26. 안동 예안이씨 사직공파구택(司直公派舊宅)

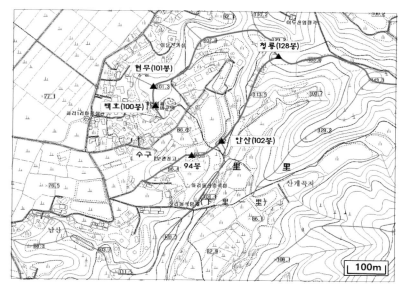

<그림 53> 사직공파구택 일대와 주변의 지형·지세

　　예안이씨 사직공파구택(禮安李氏 司直公派舊宅, 시도민속문화재 제68호)은 조선 중종 때 기묘사화가 일어나자 어지러운 세파를 피하여 서울에서 이곳으로 내려온 예안 이씨 7대손 이영 선생이 머물던 곳이다. 중종 20년(1525)경에 지은 것으로 전하며, 안동에서 살고 있는 예안 이씨의 큰집이었으나 1925년에 현 소유자가 사서 사랑채를 수리했다고 한다.

　　건물은 앞면 6칸·옆면 5칸의 ㅁ자형 집으로 비록 규모는 작으나 조선시대 이 지방의 전형적인 중·상류주택의 유형을 잘 간직하고 있다. 앞면 중앙에 중문을 두고 오른쪽으로 사랑방과 사랑마루를 두었다. 뒤에 위치한 안채는 중앙에 대청을 두고 좌우에 상방과 안방을 배치한 구성이다. 안채 대청 앞의 기둥은 네모기둥으로 기둥 아래를 위보다 굵게 하여 강하게 했다.[144]

사직공파구택이 자리한 하리마을은 나지막한 산줄기들이 감싸고 돌아 하나의 영역을 형성하고 있다. 종택으로 이어지는 산줄기는 동쪽에서 뻗어와 마을의 북쪽을 감아 돈 다음 종택의 현무인 101m봉을 일으킨다. 현무봉으로 이어지는 산줄기는 그 높이는 높지 않지만, 상하(起復) 및 좌우(之玄) 운동을 충분히 하면서 진행해 온 생룡이다. 현무봉 또한 시각적으로 다소 낮은 감이 있으나, 북서쪽에서 불어오는 겨울바람을 막기에는 충분한 높이로 여겨진다.

종택의 청룡은 현무로 이어지는 산줄기에서 마을의 남쪽을 감싸는 산줄기가 분지해 뻗어 나가는 128m봉이다. 백호는 현무봉을 일으킨 산줄기가 종택의 우측(서쪽)을 감싸고도는 산줄기(100m봉)이다. 이곳은 마을의 물길이 왼쪽에서 오른쪽으로 흘러가는 좌선수로서, 물길을 역수해주는 백호의 역할이 중요하다. 종택의 백호는 종택과 바로 인접해서 종택을 향해 감아줌으로써 역수의 역할을 하는 풍수적으로 길한 산줄기이다.

종택의 안산은 128m봉에서 뻗어 나온 산줄기가 마을의 남쪽을 감싸고 돌며 일으킨 102m봉이다. 수구는 사신사로 둘러싸여진 내부 영역의 물이 백호와 안산 사이로 빠져나가는 지점이다. 수구 자체는 완벽히 관쇄된 것은 아니지만, 종택에서는 백호가 종택 우측을 감아줌으로써 수구가 완전히 닫혀 있는 것으로 느껴진다. 종택은 사신사로 둘러싸여진 마을 영역의 중앙 좌측에서 남향(壬坐)으로 자리하고

---

144) 문화재청 국가문화유산포털, 문화재검색(http://www.heritage.go.kr).

있다. 종택에 영향을 미치는 풍수적 사신사와 조망적 사신사는 일치하며, 이에 따라 사직공파구택의 조망적 사신사는 <표 35>와 같다.

<표 35> 사직공파구택의 조망적 사신사

구분	현무(101봉)	안산(102봉)
사진	현무(101봉)	안산(102봉)
구분	**청룡(128봉)**	**백호(100봉)**
사진	청룡(128봉)	백호(100봉)

1.27. 안동 성성재종택(惺惺齋宗宅)

성성재종택(惺惺齋宗宅, 시도민속문화재 제159호)은 경상북도 안동시 예안면 부포리에 있는 조선 중기의 학자 성성재 금난수(琴蘭秀)의 종택이다. 금난수는 퇴계 이황(李滉)의 문하에서 공부하고 명종 16년(1561)에 사마시에 합격했다. 종택은 안채 대청을 건물의 오른쪽으로 치우쳐 배치하고, 상방(上房)이 대청 앞으로 튀어나오게 설계했다. 안방 상부를 통다락으로 구성한 독특한 구조로 조선 후기의 건축 양식을 취하고 있다. 주택의 뒤편에는 금난수를 향사한 동계서원이 있었으나 지금은 없어지고 밭으로 변했다.[145]

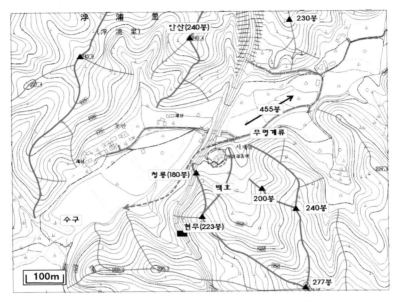

<그림 54> 성성재종택 일대와 주변의 지형·지세

성성재종택으로 연결되는 산줄기는 남동쪽에서 이어져 온다. 종택 남동쪽의 277m봉에서 북서쪽으로 진행하던 산줄기가 종택의 현무인 223m봉을 일으킨다. 현무봉에서 북쪽으로 뻗어 나온 산줄기는 종택의 청룡(180m봉)이 되고, 북동쪽으로 뻗어 나온 산줄기는 종택의 백호가 된다. 종택의 청룡과 백호가 현무봉에서 직접 뻗어 나온

145) 인터넷포털 사이트 네이버(http://terms.naver.com), 지식백과.

본신용호(本身龍虎)인 점은 풍수적 길격이다. 또한 무명계류가 종택의 우측에서 왼쪽으로 흘러가는 우선수(右旋水)인 조건에서, 청룡이 종택과 근접해서 안으로 감아주는 역수의 기능을 하고 있어 길하다. 반면 청룡과 백호의 개장의 각도가 충분하지 못해 종택을 아늑히 감싸고 있지 못하고 있는 점이 흠결로 지적된다.

종택의 안산은 무명계류 너머 북쪽의 240m봉이다. 수구는 종택 북동쪽 골짜기에서 발원한 무명계류가 종택 앞을 지나 외청룡과 안산의 서쪽 산줄기 사이로 빠져 나가는 지점이다. 수구는 완전히 관쇄된 형태는 아니지만, 청룡으로 인해 수구가 개방된 느낌을 받지 않는다. 즉 청룡이 종택과 인접해서 안으로 감아주고 있기 때문에, 종택 마당에서 수구가 직접 보이지 않기 때문이다. 종택은 여러 산줄기들에 의해 형성된 영역 내부의 후방 우측 지점에 위치하고 있으며, 그 방향은 북서향(巳座)이다.

성성재종택에 영향을 미치는 풍수적 사신사와 조망적 사신사 중 일치하는 않는 요소는 현무와 백호이다. 종택의 풍수적 현무는 종택 남서쪽의 223m봉이나, 거리가 다소 멀어 시각적으로 쉽게 조망되지 않는다. 그러나 조망적 현무인 200m봉은 종택의 바로 후방에서 든든히 받치고 있는 듯 뚜렷이 조망된다. 종택의 풍수적 백호는 현무에서 뻗어 나와 종택의 우측을 감아주고 있으나, 높이가 낮아 시각적 식별이 어려우며, 그 너머 455m봉이 뚜렷이 조망된다. 이에 따라 성성재종택의 조망적 사신사는 <표 36>과 같다.

<표 36> 성성재종택의 조망적 사신사

구분	현무(200봉)	안산(240봉)
사진	현무(200봉)	안산(240봉)

구분	청룡(180봉)	백호(455봉)
사진	청룡(180봉)	백호(455봉)

성성재종택이 있는 안동시 예안면 부포리 일대는 영남육괴 내 중생대 쥬라기 흑운모화강암(Biotite Granite, Jbg)과 각섬석화강암(Hornblende Granite, Jhg)이 기반암을 이루고 있으며, 낙동강 및 그 지류를 따라 제4기 충적층(Qa)이 부정합으로 덮여 있다. 종택은 각섬석화강암 기반암층과 충적층의 경계지점에 자리해 있다.

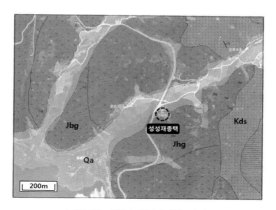

<그림 55> 안동 성성재종택 지질도

1.28. 영덕 존재종택(存齋宗宅)

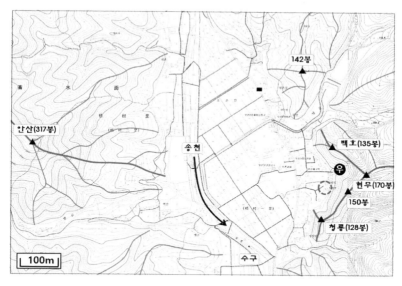

<그림 56> 존재종택 일대와 주변의 지형·지세

존재종택(存齋宗宅, 문화재자료 제293호)은 이휘일(1619~1673)의 8대손 이수악의 생가이다. 이휘일은 조선 중기의 학자이며 호는 존재이다. 우헌 이수악은 경상북도 영덕군 창수면 오촌리(五村里) 출생의 독립운동가 및 의병장으로서, 고종 32년(1895)에 단발령이 발표된 후 의병을 모아 투쟁하였으며,[146] 종택 인근에 위치한 우헌정을 창건한 인물이다.

존재종택의 건물은 앞면 8칸·옆면 6칸 반 규모이며, 지붕은 옆에서 볼 때 여덟 팔(八)자 모양을 한 팔작지붕이다. 원래는 정침과 사당으로 이루어져 있었으나 현재는 정침만 남아 있다. 조선 효종 1년(1650)경에 세운 이 건물은 조선 중기의 건축 양식을 잘 보여주는 중요한 자료이다.[147]

존재종택으로 연결되는 산줄기는 동쪽에서 이어져 온다. 동쪽에서 이어져 온 산줄기가 종택의 현무인 170m봉을 일으킨다. 현무봉을 일으킨 산줄기는 좌우측으로 산줄기를 분지(分枝)하며, 종택의 좌측(남서쪽)으로 뻗어간 산줄기가 청룡(128m봉)이 되고, 우측(북쪽)으로 뻗어간 산줄기가 백호(135m봉)가 된다. 종택의 안산은 송천 너머 서쪽의 317m봉이다. 안산은 그 형태 및 방향 등에서 일부 흠결을 지니고 있으나, 317m봉에서 하단으로 이어지는 산줄기가 좌우측으로 산줄기를 벌려주고(개장, 開帳)과 그 가운데로 중심 산줄기를 뻗어내리는(천심, 穿心)의 형태를 지니고 있다. 이것은 풍수에서 길격의 안산으로 여겨지는 주작상무(朱雀翔舞)의 형태이다.

수구는 북쪽에서 발원한 송천이 마을 영역을 지나 외청룡과 안산

---

146) 인터넷포털 사이트 네이버(http://terms.naver.com), 지식백과.

147) 문화재청 국가문화유산포털, 문화재검색(http://www.heritage.go.kr).

남쪽의 여러 산줄기들 사이로 빠져 나가는 지점이다. 수구가 명확히 관쇄되어 있지는 않지만, 종택의 마당에서 보면 수구가 벌어져 있다는 느낌을 받지 않는다. 그 이유는 우선 수구 지점에 비보수로 보이는 몇 그루의 나무들이 식재되어 있다. 수구가 벌어진 느낌이 들지 않는 또 다른 이유는 청룡 산줄기 때문이다. 종택의 청룡 산줄기는 128m봉을 일으킴과 동시에 북서쪽과 남쪽으로 각각 산줄기를 뻗어 내린다. 이때 북서쪽으로 뻗은 작은 산줄기는 남서쪽으로 진행해오던 주된 산줄기의 방향을 남쪽으로 전환시켜주는 요도(橈棹)이다. 종택의 마당에서 보면, 그 요도 산줄기에 의해 청룡 산줄기가 안으로 감아준 것처럼 보이며, 수구가 벌어진 것을 가려주는 효과도 있는 것이다. 종택은 여러 산줄기들에 의해 형성된 영역 내부의 중방 우측 지점에 위치하고 있으며, 그 방향은 북서향(巽坐)이다.

존재종택에 영향을 미치는 풍수적 사신사와 조망적 사신사 중에서 일치되지 않는 요소는 현무이다. 종택의 풍수적 현무는 170m봉이나, 종택의 좌측에 치우쳐 있어 뚜렷하게 건물의 후방을 받치고 있지 못하다. 반면 150m봉이 종택의 후방을 직접 받치고 있어 조망적으로 뚜렷이 부각되어 현무의 역할을 하고 있다. 이에 따라 존재종택의 조망적 사신사는 <표 37>과 같다.

<表 37> 존재종택의 조망적 사신사

구분	현무(150봉)	안산(317봉)
사진		

구분	청룡(128봉)	백호(135봉)
사진		

　　존재종택이 있는 영덕군 창수면 오촌리 일대는 경상분지 내 중생대 백악기 오천동층(午泉洞層, Kdg)과 제3기 화강암(Granite, Tgr)이 기반암층을 이루고 있으며, 송천을 따라 제4기 신기하성층(Qy)으로 덮여 있다. 종택은 신기하성층과 화강암 기반암층의 경계지점에 자리하고 있다. 인접한 우헌정 또한 존재종택과 지질적 특성이 동일하다.

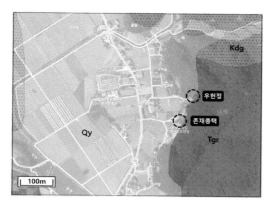

<그림 57> 영덕 존재종택 및 우헌정 지질도

1.29. 영양 사월종택(沙月宗宅)

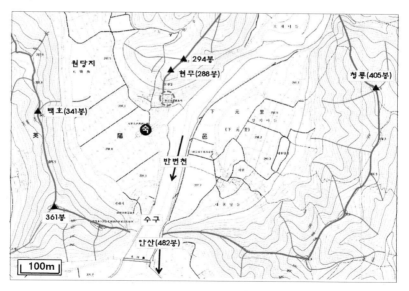

<그림 58> 사월종택 일대와 주변의 지형·지세

사월종택(沙月宗宅, 국가민속문화재 제294호)은 사월(沙月) 조임(趙任, 1573~1644)의 살림집으로, 선조 35년(1602)에 세운 것이다. 선생은 경상북도 영양군 영양읍 하원리(下院里) 출생으로 조선시대에 자헌대부 동지중추부사를 지낸 문인이다. 만년에 종택 인근에 숙운정(宿雲亭)을 세우고 『사월문집(沙月文集)』 2권 1책을 썼다.

종택은 낙동강의 지류인 반변천의 상류 옥선대가 바라보이는 곳에 위치하며, 자연지형을 이용하여 정남향으로 지어졌다. 건물은 전형적인 안동지방 뜰집(ㅁ자집) 형태의 가옥으로 사랑채에 누마루를 만들어 건물을 한층 높였는데, 이는 사대부집에서 흔히 볼 수 있는 구조이다.[148]

사월종택으로 연결되는 산줄기는 북쪽에서 이어져 온다. 산줄기는 남서쪽 방향으로 진행하다가 종택 후방에서 현무인 288m봉을 일으킨 후 종택으로 연결된다. 그러나 주된 산줄기가 현무봉에 이르기 전 294m봉에서 서쪽으로 방향을 전환해 진행함으로써, 현무봉이 종택을 유정(有情)하게 감싸 안고 있지 못한 점은 흠결로 지적된다.

종택의 청룡과 백호를 분석하기 위해서는 우선 이곳의 특성을 지형학적 관점에서 살펴보아야 한다. 먼저 과거에는 종택의 현재 수구 지점이 뚫려 있지 않고 산줄기가 연결되어 있었다. 즉 풍수적 관점에서 종택의 청룡에서 백호에까지 이르는 산줄기가 하나의 산줄기였던 것이다. 따라서 반변천의 흐름 또한, 종택의 북동쪽에서 흘러와 크게 곡류하여 종택 서쪽 원당지를 거쳐 백호 산줄기를 한 바퀴 감아 돌아가는 형태였다. 그러나 현재의 수구 지점인 곡류 목(cutoff point)이 절단되면서, 현재는 반변천이 곧장 남쪽으로 흘러가게 되었

---

148) 인터넷포털 사이트 네이버(http://terms.naver.com), 지식백과.

다. 그리고 원당지 인근은 반변천의 유로 변화로 인해 유수가 거의 흐르지 않는 구하도가 형성되었다.

이러한 지형학적 특성을 바탕으로 이곳의 청룡 백호를 살펴보면, 우선 종택의 청룡은 반변천 건너 동쪽의 산줄기(405m봉)가 남쪽으로 진행하다가 서쪽으로 방향을 전환해 반변천까지 이어지는 산줄기이다. 종택의 백호는 종택 남서쪽 361m봉에서 북쪽으로 진행해 341m봉을 일으키고 북쪽의 구하도까지 진행하는 산줄기이다. 백호의 산줄기 흐름을 일반적인 것과 반대로 보는 이유는 비록 수구 지점에서 절단되었다고 하더라도, 최초 산줄기의 흐름을 따르는 것이 타당하다고 보았기 때문이다.

안산은 수구 너머 남쪽으로 보이는 482m봉이다. 안산은 비록 종택에서 거리가 다소 멀지만, 목산(木山)의 형태로서 종택 건물이 지향할 만한 풍수적 길상이다. 수구는 북동쪽에서 득수한 반변천이 청룡과 백호 산줄기들 사이로 빠져 나가는 지점이다. 수구는 비교적 관쇄되어 있는 편이나, 종택이 현무봉에의 배산(背山)의 결과 수구 방향으로 조성되었다. 그러나 종택 마당에서 보면, 수구 너머 안산에 의해 수구가 개방되어 있다는 느낌이 들지 않는다. 종택은 주위 사신사에 의해 형성된 영역 내의 후방중앙 지점에 위치하고 있으며, 그 방향은 남향(子坐)이다. 사월종택의 풍수적 사신사와 조망적 사신사는 일치되며, 사월종택의 조망적 사신사는 <표 38>과 같다.

<표 38> 사월종택의 조망적 사신사

구분	현무(288봉)	안산(482봉)
사진	현무(288봉)	안산(482봉)

구분	청룡(405봉)	백호(341봉)
사진	청룡(405봉)	백호(341봉)

　　사월종택이 있는 영양군 영양읍 하원리 일대는 경상누층군 도계
동층(道溪洞層, Mt/Kt)이 기반암을 이루고 있으며, 반변천을 따라
제4기 충적층(Qa)으로 덮여 있다. 종택은 충적층과 기반암층의 경계
지점에 자리하고 있다. 사월종택 인근의 숙운정은 충적층에 자리해
있다.

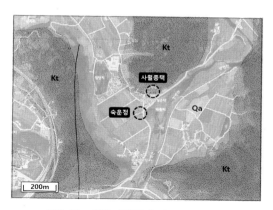

<그림 59> 영양 사월종택 및 숙운정 지질도

1.30. 영양 사고종택(沙皐宗宅)

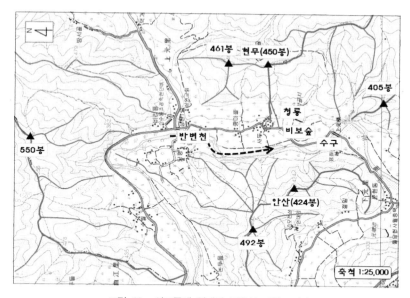

<그림 60> 사고종택 일대와 주변의 지형·지세

사고종택(沙皐宗宅, 문화재자료 제499호)은 경상북도 영양군 영양읍 상원리에 있는 조임(趙任)의 넷째 아들인 사고 조정옥(趙廷玉)이 지은 가옥이다. 사고종택은 목조기와 집이며 정침 1동, 사당 1동, 문간채 1동 및 부속채 등의 건물이 ㅁ자형을 이루고 있다. 종택의 북동쪽에 인접해서 주강(柱江) 조시광(趙是光)이 지은 주강정이 있다. 조시광은 영양 지역에서 활동하며 학문 연구와 후학 양성에 전념한 문인으로 『주강문집(柱江文集)』을 집필했다.[149]

사고종택으로 연결되는 산줄기는 동남쪽에서 이어져 온다. 산줄기는 북쪽으로 이어져 와 종택의 현무인 450m봉을 일으킨 후, 서쪽으로 뻗어내려 종택의 후방으로 연결된다. 종택의 청룡은 현무에서 뻗어내린 산줄기가 종택의 후방에 다다르기 전 남서쪽으로 분지(分枝)한 작은 산줄기다. 청룡 산줄기는 작은 둔덕의 높이로 장풍의 개념에서 낮은 측면이 있으나, 득수의 개념에서 우선수(右旋水)인 반변천을 역수(逆水)해주는 길상의 산줄기다.

종택의 백호가 될 수 있는 산줄기는 우선 461m봉에서 서쪽으로 뻗어내린 산줄기다. 그러나 그 길이가 종택 인근까지 오지 못하고 과도하게 짧기 때문에 백호로 상정하기에 무리이다. 따라서 백호는 종택 우측(북쪽)으로 멀리 보이는 550m봉이 된다. 종택의 안산은 반변천 너머 서쪽의 424m봉이다. 수구는 북쪽에서 발원한 반변천이 사두마을을 지나 안산과 외청룡 산줄기 사이로 빠져나가는 지점이다. 수구가 명확히 관쇄되어 있지는 않지만, 청룡 산줄기와 그 너머 405m봉에 의해 수구가 벌어져 있다는 느낌이 들지 않는다. 또한 수구 지점인 마을 입구에는 비보숲으로 여겨지는 나무숲이 조성되어

---

149) 인터넷포털 사이트 네이버(http://terms.naver.com), 지식백과.

있다. 종택은 주위 산줄기들에 의해 형성된 영역 내부의 후방 중앙 지점에 위치하고 있으며, 방향은 서향(卯坐)이다.

사고종택에 영향을 미치는 풍수적 사신사와 조망적 사신사 중 일치되지 않는 요소는 청룡이다. 종택의 풍수적 청룡은 앞서 설명한 바와 같이 역수(逆水)의 기능을 하는 풍수적으로 중요한 산줄기이나 그 높이가 낮아 시각적으로 우세함을 갖지 못한다. 그 너머 405m봉이 시각적으로 뚜렷이 조망되어 조망적 청룡이 된다. 이에 따라 사고종택의 조망적 사신사는 <표 39>와 같다.

<표 39> 사고종택의 조망적 사신사

구분	현무(450봉)	안산(424봉)
사진		
구분	청룡(405봉)	백호(550봉)
사진		

사고종택이 있는 영양군 영양읍 상원리 일대는 경상누층군 도계
동층(道溪洞層, Mt/Kt)이 기반암을 이루고 있으며, 반변천을 따라
제4기 충적층(Qa)으로 덮여 있다. 종택은 충적층에 자리하고 있다.
사고종택과 인접한 주강정 또한 종택의 지질적 특성과 동일하다.

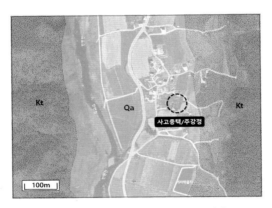

<그림 61> 영양 사고종택 및 주강정 지질도

1.31. 영주 우엄고택(愚广古宅)

우엄고택은 일우정(逸愚亭, 문화재자료 제540호)과 인접해서 위치
하고 있는 가옥이다. 일우정은 1868년에 건립한 정자로 우엄 전규병
(愚广 全圭炳, 1840~1905)이 1866년에 연못을 파고 그 옆에 있는
바위에 "일우대(逸愚臺)"를 새기고, 1868년에 정자를 짓고 계당 유
주목(溪堂 柳疇睦)에게 청하여 "일우정"이라 이름 지었다는 문헌기
록이 남아 있다. 특색 있게 조성한 연못과 계류 등의 전통조경이 주
목되어 문화재로 보존할 가치가 있다.[150]

---

150) 인터넷포털 사이트 네이버(http://terms.naver.com), 위키백과.

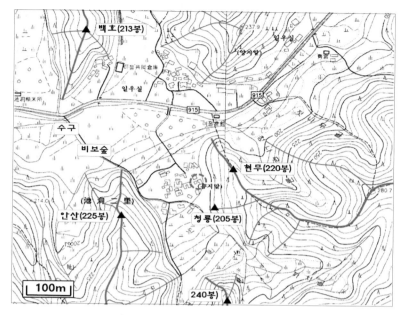

<그림 62> 우엄고택 일대와 주변의 지형·지세

　지동리 마을은 좌우를 가로지르는 무명계류를 중심으로 남북으로
나뉘어 있다. 그중 우엄고택이 자리한 마을은 무명계류의 남쪽이다.
예로부터 이처럼 산남수북(山南水北)의 지형에 자리한 마을을 음지
말로 칭해 왔으며, 마을 주택들의 주요 방향 또한 북향이 된다. 우엄
고택으로 연결되는 산줄기는 동쪽에서 이어져 와 고택 후방(동쪽)에
서 현무인 220m봉을 일으킨 다음, 북서쪽으로 조금 더 진행한 후
평지를 만난다.

　고택의 청룡은 고택의 주룡(主龍)이 현무를 일으키기 전 서쪽으로
분지(分枝)한 산줄기(205m봉)이며, 백호는 무명계류 너머 북서쪽의
213m봉이다. 안산은 남에서 북쪽으로 진행하다가 일으킨 225m봉이

다. 특히 고택 마당에서 보이는 안산의 형태가 토성(土星)으로서 풍수적으로 길상이다.

수구는 북동쪽에서 발원한 무명계류가 마을 영역을 지나 백호와 안산 산줄기 사이로 빠져나가는 지점이다. 수구가 명확히 관쇄되어 있지 못하고, 고택의 방향 또한 일정 부분 물이 빠져나가는 수구 지점을 향해 있다. 이에 따라 수구 지점에는 안산의 산줄기와 연결해서 비보숲이 조성되어 있다. 우엄고택은 산줄기로 둘러싸여진 영역 내부의 중앙 우측 지점에 위치하고 있으며, 그 방향은 서향(甲坐)이다. 우엄고택에 영향을 미치는 풍수적 사신사와 조망적 사신사는 일치하며, 이에 따라 고택의 조망적 사신사는 <표 40>과 같다.

<표 40> 우엄고택의 조망적 사신사

구분	현무(220봉)	안산(225봉)
사진		
구분	청룡(205봉)	백호(213봉)
사진		

우엄고택이 있는 영주시 이산면 지동리 일대는 영남육괴 내 시대 미상의 흑운모화강암(Biotite Granite, bgr)이 기반암층을 이루고 있으며, 내성천 지류를 따라 제4기 충적층(Q)으로 덮여 있다. 종택은 충적층을 벗어나 흑운모화강암 기반암층에 자리해 있다. 종택결합형인 일우정 또한 종택과 지질적 특성이 동일하다.

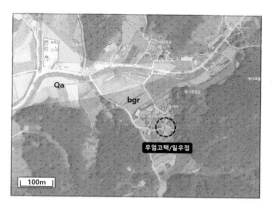

<그림 63> 영주 우엄고택 및 일우정 지질도

1.32. 영천 매산고택(梅山古宅)

매산고택(梅山古宅, 중요민속문화재 제24호)은 정재영의 10대조 정중기(鄭重器)가 입향하면서 짓기 시작하여 그의 아들 정일감(鄭一鑑)이 완성시켰다고 전한다. 현재 건물은 사랑채인 산수정과 안채, 사당의 세 채로 이루어져 있으며, 그 앞에 3칸의 솟을대문이 따로 세워져 있다. 대문채는 3칸으로 솟을대문의 서칸에는 헛간의 마판(馬板)이 있고 동칸에는 마부 등이 대기하던 방이 있다. 대문 앞쪽으

로는 담장으로부터 꺾어드는 짧은 고샅이 구성되어 있어서 대문의
노출을 어느 정도 감추고 있다.[151]

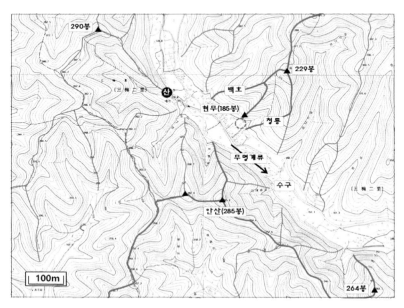

<그림 64> 매산고택 일대와 주변의 지형·지세

　　매산고택으로 연결되는 산줄기(主龍)는 북동쪽에서 이어져 온다.
229m봉을 일으킨 주룡은 남서쪽으로 진행하다가 두 개의 산줄기를
분지(分枝)하는데, 그중 왼쪽(남쪽)으로 분지한 산줄기가 고택 후방
에서 현무봉인 185m봉을 일으킨다. 고택의 청룡은 229m봉에서 남
쪽으로 뻗어내린 산줄기가 남서쪽으로 방향을 전환해 고택을 향해
유정하게 감아주는 산줄기이다. 무명계류가 우선수(右旋水)인 점에

---

151) 인터넷포털 사이트 네이버(http://terms.naver.com), 지식백과.

서, 청룡이 고택을 향해 감아주는 역수의 기능을 하는 것은 풍수적으로 길하다.

고택의 백호는 229m봉에서 남서쪽으로 계속 뻗어내려 마을의 평지까지 이어지는 산줄기이다. 안산은 무명계류 너머 남쪽의 285m봉이다. 고택의 솟을대문 너머로 보이는 안산은 그 형태가 목성(木星)으로 풍수적 길상이다. 그러나 안산은 고택 마당에서 바라보는 시각적 높이가 관찰자의 정수리 높이로, 압박감을 주는 풍수적 단점을 지니고 있다.

수구는 북쪽에서 발원한 무명계류가 마을 영역을 지나 안산과 외청룡 산줄기 사이로 빠져나가는 지점이다. 수구가 명확히 관쇄되어 있지는 않지만, 종택 마당에서 수구가 벌어져 있다는 느낌은 들지 않는다. 매산고택은 주위 산줄기로 둘러싸인 영역 내부의 중앙 우측 지점에 위치하고 있으며, 그 방향은 남서향(艮坐)이다.

매산고택에 영향을 미치는 풍수적 사신사와 조망적 사신사 중 일치되지 않는 요소는 청룡과 백호이다. 고택의 풍수적 청룡은 229m봉에서 남쪽으로 뻗어내린 산줄기이나, 높이가 낮아 시각적 식별이 어렵다. 반면 그 너머 264m봉이 고택의 좌측(남동쪽)에서 시각적으로 뚜렷이 조망된다. 백호 또한 길이가 다소 짧고 높이가 낮아 시각적 식별이 어려우며, 그 너머 290m봉이 시각적 우세함을 지니고 있다. 이에 따라 매산고택의 조망적 사신사는 <표 41>과 같다.

<표 41> 매산고택의 조망적 사신사

매산고택이 있는 영천시 임고면 상매리 일대는 경상분지 내 백악기 경상누층군 신라층군 반야월층(半夜月層, Ksbw)이 기반암을 형성하고 있으며, 고택은 반야월층 기반암층에 자리해 있다. 인근의 산수정 또한 매산고택의 지질적 특성과 동일하다.

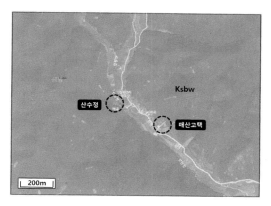

<그림 65> 영천 매산고택 및 산수정 지질도

1.33. 예천권씨 초간종택(醴泉權氏 草澗宗宅)

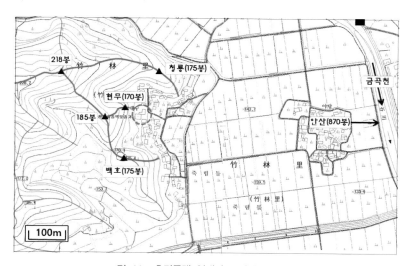

<그림 66> 초간종택 일대와 주변의 지형·지세

예천권씨 초간종택(醴泉權氏 草澗宗宅, 국가민속문화재 제201호)은 조선 중기의 문신인 초간 권문해(1534~1591) 선생의 할아버지 권오상 선생이 지었다고 전하는 건물이다. 규모는 앞면 4칸·옆면 2칸이며 지붕은 옆면에서 볼 때 여덟 팔(八)자 모양을 한 팔작지붕이다. 앞쪽에서 보면 오른쪽 3칸은 대청마루고 왼쪽 1칸은 온돌방인데 온돌방은 다시 2개로 나뉘어 있다. 대청 앞면은 문짝 없이 열려 있지만 옆면과 뒷면은 2짝 널문을 달았으며 집 주위로 난간을 돌려 누(樓)집과 같은 모양으로 꾸몄다.

종택의 겉모습은 대체로 소박한 구조를 보이고 있으나 안쪽은 천장 부분에 설치한 여러 재료들을 정교하고 화려하게 장식하여 호화롭게 꾸미고 있다. 별당 뒤 서고에는 권문해 선생이 쓴 『대동운부군옥(大東韻部群玉)』의 판목 677매와 14대째 전하는 옥피리, 『자치통감강목(資治通鑑綱目)』 전질 120권을 보존하고 있다. 일반 주택건축으로는 보기 드물게 건물 안쪽을 장식하여 꾸민 수법이 뛰어난 조선시대 별당 건축이다.[152]

초간종택으로 연결되는 산줄기(主龍)는 서쪽에서 이어져 온다. 주룡은 218m봉을 일으키고 남동쪽으로 진행한 다음 185m봉을 일으킨다. 185m봉에서 동쪽으로 뻗어내린 주룡은 종택의 현무인 170m봉을 일으킨 다음 종택으로 연결된다. 종택의 청룡은 218m봉에서 동쪽으로 뻗어내려 일으킨 175m봉이다. 청룡은 종택의 좌측(북쪽)을 유정하게 감싸고 있는 형태와 길이 측면에서 풍수적으로 길하다.

종택의 백호는 185m봉에서 남쪽으로 뻗어내려 175m봉을 일으키고 동쪽으로 진행하여 마을의 평지까지 이어지는 산줄기다. 비록

---

152) 문화재청 국가문화유산포털, 문화재검색(http://www.heritage.go.kr).

175m봉에서 주된 기운이 남쪽으로 분지(分枝)한 산줄기로 이어지는 측면이 있지만, 175m봉에서 동쪽으로 뻗어내린 백호 산줄기 또한 종택에 대해 충분히 좋은 기운을 불어넣고 있다. 우선 두 산줄기 사이에 다소 불명확하지만 골짜기가 형성되어 있어, 백호 산줄기가 요도(橈棹)가 아니다. 또한 종택의 마당에서 보이는 백호 산줄기는 종택을 유정하게 감싸고 있다.

종택의 동쪽 인근에는 안산이라 할 만한 작은 산줄기가 없다. 오히려 동쪽 담장 너머 약 19km 거리의 학가산(870m)이 뚜렷이 조망된다. 학가산은 예천과 안동을 경계하며, 안동에서 풍수적으로 중요한 역할을 담당하는 산이다. 따라서 종택의 방향을 학가산을 지향하

<표 42> 초간종택의 조망적 사신사

구분	현무(170봉)	안산(870봉)
사진		

구분	청룡(175봉)	백호(175봉)
사진		

고자 했던 것을 충분히 짐작할 수 있다. 종택은 용문면소재지를 둘러싸고 있는 여러 산줄기들에 의해 형성된 내부 영역의 후방 좌측 지점에 위치하고 있으며, 그 방향은 동향(辛坐)이다. 초간종택에 영향을 미치는 풍수적 사신사와 조망적 사신사는 일치되며, 초간종택의 조망적 사신사는 <표 42>와 같다.

초간종택이 있는 예천군 죽림리 일대는 영남육괴 내 선캠브리아기 흑운모 화강암질 편마암(Biotite Granitic Gneiss, PCEbggn)이 기반암층을 형성하고 있으며, 금곡천을 따라 제4기 충적층(Qa)으로 덮여 있다. 종택은 충적층과 기반암층의 경계지점에 자리해 있다. 인근의 초간정은 충적층에 자리해 있다.

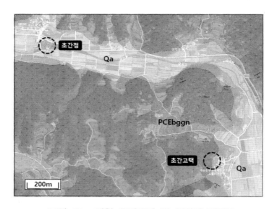

<그림 67> 예천 초간종택 및 초간정 지질도

1.34. 청도 운강고택(淸道 雲岡故宅)

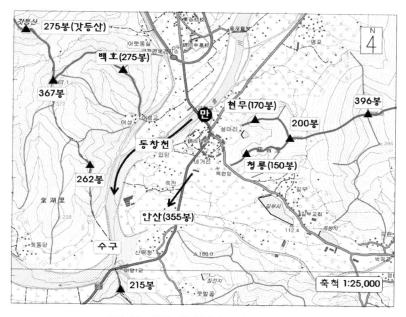

<그림 68> 운강고택 일대와 주변의 지형·지세

청도 운강고택(雲岡故宅, 중요민속문화재 제106호)은 소요당(逍遙堂) 박하담(朴河淡, 1479~1560)이 낙향(落鄕)하여 서당(書堂)을 짓고 후학을 양성하던 터에 후손인 성경당(誠敬堂) 박정주(朴廷周, 1789~1850)가 분가하면서 살림집을 건축한 것이 이 고택의 시작이다. 박정주의 아들인 운강(雲岡) 박시묵(朴時默, 1814~1875)이 고택을 크게 중건하였는데 이후 그의 호를 따서 고택을 운강고택이라 부른다. 건물 배치는 안채와 사랑채로 구분되고 큰 사랑채를 중심으로 하여 좌우로 2개의 큰 '口'자형을 이루고 있다. 짜임새 있는 건축

구조와 세분된 각 건물의 평면배치 및 합리적인 공간 구성(空間構成) 등으로 조선 후기 상류주택(上流住宅)의 면모를 잘 갖추고 있다.[153]

운강고택이 자리한 신지리 마을은 동창천이 흘러가는 인근의 평지 지역이다. 따라서 운강고택 또한 인접한 풍수적 사신사를 찾기 어려우며, 조망적 사신사가 풍수적 사신사를 대체하고 있다. 운강고택으로 이어지는 산줄기(主龍)은 396m봉에서 서쪽으로 진행해 200m봉을 일으킨 다음, 이어서 고택의 현무인 170m봉을 일으킨다. 고택의 청룡은 200m봉에서 남서쪽으로 분지(分枝)해 일으킨 150m봉이다. 청룡의 길이가 마을의 좌측(남쪽)을 감아줄 만큼 충분하지 못하기 때문에, 우선수(右旋水)인 동창천의 역수 기능을 하기에 부족하다.

고택의 백호는 동창천 너머 북서쪽의 275m봉이며, 그 형태가 목성(木星)으로서 풍수적 길상이다. 안산은 남서쪽 약 4.1km 거리의 255m봉이다. 수구는 북쪽에서 발원한 동창천을 마을 영역을 지나 외청룡과 외백호 산줄기 사이로 빠져나가는 지점으로 비교적 관쇄되어 있다. 고택은 신지리 마을을 둘러싸고 있는 여러 산줄기들에 의해 형성된 영역의 중앙 지역에 위치하고 있으며, 그 방향은 남서향(艮坐)이다. 운강고택에 영향을 미치는 풍수적 사신사와 조망적 사신사는 일치하며, 운강고택의 조망적 사신사는 <표 43>과 같다.

---

153) 문화재청 국가문화유산포털, 문화재검색(http://www.heritage.go.kr).

<表 43> 운강고택의 조망적 사신사

구분	현무(170봉)	안산(355봉)
사진		
구분	청룡(150봉)	백호(275봉)
사진		

운강고택이 있는 청도군 금천면 신지리 일대는 경상분지 내 백악

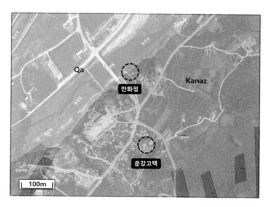

<그림 69> 청도 운강고택 및 만화정 지질도

기 경상누층군 안산암질암(Andesitic Rocks, Kanaz)이 기반암층을 형성하고 있으며, 동창천을 따라 제4기 충적층(Qa)으로 덮여 있다. 고택은 안산암질암 기반암층에 자리해 있다. 인근의 만화정은 기반암층과 충적층 경계에 자리해 있다.

2. 정자 입지의 개관

2.1. 경주 관가정(觀稼亭)

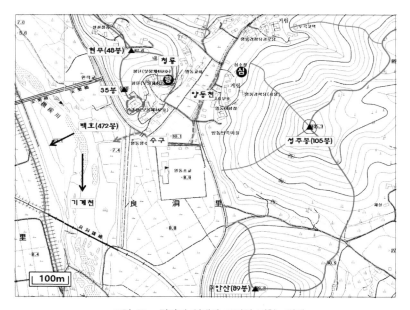

<그림 70> 관가정 일대와 주변의 지형·지세

관가정(觀稼亭, 보물 제442호)은 조선 전기에 활동했던 관리로서 중종 때 청백리로 널리 알려진 우재 손중돈(1463~1529)의 옛집이다. 관가정은 마을 입구 좌측 언덕 위에 자리 잡아 있으며, 집의 앞쪽을 탁 트이게 하여 낮은 지대의 경치를 바라볼 수 있게 했다.[154]

설창산(163m)에서 남쪽으로 이어진 산줄기가 52m봉을 일으킨 다음 두 개의 산줄기로 나뉜다. 그중 남서쪽으로 이어진 산줄기는 이후 남쪽으로 방향을 바꾸면서 44m봉과 48m봉을 연이어 일으킨다. 48m봉은 관가정의 현무봉이 된다.

현무봉에서 동쪽으로 뻗어 나와 향단으로 이어지는 산줄기가 청룡이 된다. 관가정의 서쪽에는 바로 기계천이 있으며, 달리 백호라 할 만한 산줄기가 없다. 따라서 관가정의 백호는 남서쪽 7.4km에 있는 무릉산(472m)이 된다. 안산은 성주봉(105m)에서 연결된 산줄기가 남쪽으로 이어져 일으킨 89m봉이 된다. 관가정은 산줄기로 둘러싸인 마을 영역의 수구 지점에 위치하고 있으며, 그 방향은 남동향(乾坐)이다.

관가정에 영향을 미치는 풍수적 사신사와 실제 관가정 마당에서 보이는 조망적 사신사 중 일치되지 않는 요소는 현무와 청룡이다. 풍수적 사신사 중 현무(48m봉)는 관가정 마당에서 시각적으로 조망되지 않으며, 대신 후방 76m 지점의 35m봉이 조망된다. 그리고 현무에서 향단으로 이어지는 청룡 산줄기의 상대적 높이가 낮아 조망되지 않고, 성주봉(105m)이 조망된다. 관가정의 조망적 사신사는 <표 44>와 같다.

---

154) 문화재청 국가문화유산포털, 문화재검색(http://www.heritage.go.kr).

구분	현무(35m봉)	안산(89m봉)
사진	현무(35봉)	안산(89봉)

구분	청룡(105m봉)	백호(472m봉)
사진	청룡(105봉)	백호(472봉)

　관가정이 있는 경주시 양동마을은 경상누층군 불국사관입암군으로 백악기 불국사변동 화강암관입 후 변성된 규장암(Felsite, Kfl)과 석영반암(Quartz Porphyry, Kqp)이 기반암층을 형성하고 있으며, 기계천 및 지류를 따라 제4기 충적층(Qa)으로 덮여 있다.

　관가정은 석영반암 기반암층에 자리해 있다. 마을 내 심수정은 충적층에 자리해 있다. 마을 서쪽의 산줄기 위에 자리한 수운정은 지질도에는 충적층으로 표시되어 있지만, 현장 조사 결과 규장암 기반암층에 자리해 있는 것으로 예상된다.[155]

---

155) 이하 연구대상 정자들의 위치가 종택과 가까워 종택의 지질적 특성에서 설명했을 경우, 해당 정자들의 지질적 특성에 대해서는 중복 설명을 생략했다.

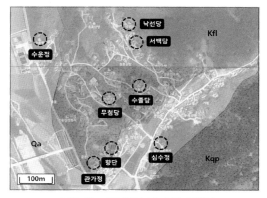

<그림 71> 양동마을 내 정자 지질도

2.2. 경주 수운정(水雲亭)

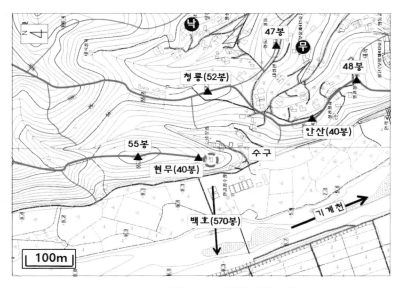

<그림 72> 수운정 일대와 주변의 지형·지세

수운정(水雲亭, 국가민속문화재 제80호)은 우재 손중돈 선생의 손자 청허재 손엽 선생이 조선 선조 15년(1582)경에 세운 것으로, 그 이름은 '수청운허(水淸雲虛: 물과 같이 맑고 구름과 같이 허무하다)'의 뜻이다. 수운정은 안강평야를 한눈에 바라볼 수 있는 곳에 자리 잡고 있어, 양동에 있는 여러 정자 중 자리가 좋고 경치가 가장 뛰어난 곳으로 평가받고 있다. 또한 임진왜란 당시 난을 피하기 위해 태조 이성계의 영정을 모셔진 곳으로도 전해진다.[156]

설창산(163m)에서 서쪽으로 하나의 산줄기가 뻗어 나온 다음, 남쪽으로 방향을 바꾼다. 산줄기는 이후 55m봉과 수운정의 현무봉(40m)을 연이어 일으킨 다음, 수운정으로 연결된다. 설창산에서 남쪽으로 곧바로 뻗어내린 산줄기는 수운정의 청룡(52m봉)이 되며, 계속 이어져 안산(40m봉)이 된다. 수운정의 서쪽은 바로 기계천이 인접해 있어 백호라 할 만한 산줄기가 없다. 따라서 수운정의 백호는 서쪽 9.5km 지점의 자옥산(570m)으로 상정할 수 있다.

수구는 현무봉에서 수운정으로 이어지는 산줄기와 청룡에서 안산으로 이어지는 산줄기에 의해 형성되는 골짜기가 끝나는 지점이 된다. 수운정은 마을 영역을 둘러싸고 있는 산줄기 위에 위치하고 있으며, 그 방향은 남향(子坐)이다. 수운정에 영향을 미치는 풍수적 사신사와 실제 수운정 마당에서 보이는 조망적 사신사가 일치한다. 수운정의 조망적 사신사는 <표 45>와 같다.

---

156) 문화재청 국가문화유산포털, 문화재검색(http://www.heritage.go.kr).

구분	현무(40m봉)	안산(44m봉)
사진	현무(40-봉)	안산(40-봉)
구분	청룡(52m봉)	백호(570m봉)
사진	청룡(52-봉)	백호(570-봉)

2.3. 경주 계정(溪亭)

계정은 독락당 뒤쪽의 시내에 있는 정자이다. 독락당(獨樂堂, 보물 제413호)은 회재 이언적 선생의 제사를 받드는 옥산서원 뒤편에 있는 사랑채로서, 이언적(1491~1553) 선생이 벼슬을 그만두고 고향에 돌아온 뒤에 거처한 유서 깊은 건물이다. 계정은 독락당 옆쪽 담장에 좁은 나무로 살을 대어 만든 창을 달아 이 창을 통해서 앞 냇물을 바라보게 함으로써, 자연에 융합하려는 특별한 공간 구성을 보여준다.157)

---

157) 문화재청 국가문화유산포털, 문화재검색(http://www.heritage.go.kr).

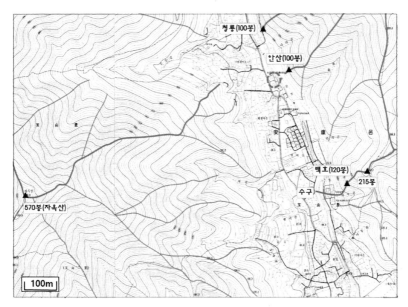

<그림 73> 계정 일대와 주변의 지형·지세

　계정은 계곡과 인접한 곳으로 풍수적 사신사를 명확히 갖추었다
고 할 수 없다. 단지 정자 내부에서 눈으로 식별되는 조망적 사신사
를 말할 수 있다. 현무는 계정 남서쪽의 자옥산(570m)이 된다. 안산
은 남서방향으로 정자 앞 계곡까지 뻗어내리는 산줄기(100m봉)이다.
　청룡은 정자의 북쪽에서 계곡으로 뻗어내리는 산줄기이며, 백호
는 옥산서원의 현무봉인 215m봉에서 옥산서원으로 이어지는 산줄
기(120m봉)이다. 수구는 현무인 자옥산에서 이어지는 산줄기와 백
호 산줄기가 뻗어 있는 계곡 지점이다. 계정의 조망적 사신사는 <표
46>과 같다.

<표 46> 계정의 조망적 사신사

구분	현무(570봉)	안산(100봉)
사진		

구분	청룡(100봉)	백호(120봉)
사진		

계정이 있는 경주시 옥산리 일대는 백악기 경상누층군 하양층군

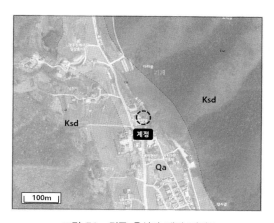

<그림 74> 경주 옥산리 계정 지질도

함안층(咸安層, Ksd)이 기반암을 형성하고 있으며, 옥산천을 따라 제
4기 충적층(Qa)으로 덮여 있다. 계정은 충적층에 자리해 있다.

2.4. 경주 심수정(心水亭)

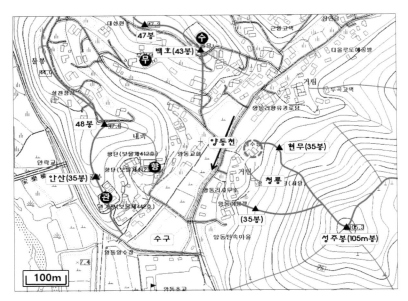

<그림 75> 심수정 일대와 주변의 지형·지세

경주 양동마을 심수정(心水亭, 국가민속문화재 제82호)은 여강이
씨 문중에서 세운 것으로 조선 명종 15년(1560)경에 처음 지었다고
한다. 지금 있는 정자는 철종 때에 행랑채를 빼고 화재로 모두 타 버
려 1917년 원래 모습을 살려 다시 지은 것이다. 이 마을에서 가장
큰 정자로 특히 여름에 아랫마을에서 올려다보는 경관이 웅장하며,
옛 품격을 잘 간직하고 있는 행랑채를 비롯해 건물을 다듬은 기술이

뛰어나 귀한 자료가 되고 있다.

　건물 구성은 크게 따로 담장을 둘러 세운 정자와 담장 밖에 있는 행랑채로 구분된다. 정자는 'ㄱ'자형 평면을 가지고 있으며 ㄱ자로 꺾이는 부분에 대청을 마련했다. 대청 양 옆으로는 각각 방을 두었고, 왼쪽 방에는 누마루를 만들었다. 난간을 설치한 누마루에서 향단(보물 제412호)이 있는 북촌일대의 경관을 바라볼 수 있어 더 없는 운치를 느낄 수 있다.[158]

　심수정으로 연결되는 산줄기(主龍)는 양동마을 동남쪽 성주봉(105m)에서 북서쪽으로 진행해 현무인 35m봉을 일으킨 다음, 심수정 후방으로 이어진다. 청룡은 주룡이 현무봉을 일으키기 전 서쪽으로 분지(分枝)해 정자 왼쪽(남쪽)을 감아 주는 산줄기다. 청룡은 정자를 향해 유정하게 감아주어 형태 측면에서 길하나, 우선수(右旋水)인 양동천을 역수하기에는 길이가 짧다. 백호는 양동천 너머 수졸당의 백호인 43m봉이다.

　심수정의 안산은 관가정의 현무인 35m봉이다. 수구는 양동천이 마을 영역을 지나 안산과 외청룡 산줄기 사이로 빠져 나가는 지점이다. 수구가 완전히 관쇄되어 있는 것은 아니지만, 심수정 마당에서는 안산과 청룡 산줄기에 의해 수구가 벌어져 있다는 느낌이 들지 않는다. 심수정은 주위 산줄기들로 둘러싸여진 마을 영역의 중앙에 위치하고 있으며, 그 방향은 남서향(艮坐)이다.

　심수정에 영향을 미치는 풍수적 사신사와 조망적 사신사 중 일치되지 않는 요소는 청룡이다. 심수정의 풍수적 청룡은 정자 왼쪽(남쪽)을 감아주는 산줄기이나, 높이가 다소 낮다. 그래서 그 너머 35m

---

158) 문화재청 국가문화유산포털, 문화재검색(http://www.heritage.go.kr).

봉이 시각적으로 뚜렷이 조망된다. 이에 따라 심수정의 조망적 사신
사는 <표 47>과 같다.

<표 47> 심수정의 조망적 사신사

구분	현무(35m봉)		안산(35m봉)	
사진	현무(35-봉)		안산(35-봉)	
구분	청룡(35m봉)		백호(43m봉)	
사진	청룡(35-봉)		백호(43-봉)	

2.5. 김천 방초정(芳草亭)

방초정(芳草亭, 시도유형문화재 제46호)은 조선 선조(재위 1567~
1608) 때 상원리 출신의 유학자인 이정복(李廷馥)이 조상들을 추모
하기 위해 지은 2층 누각이다. 몇 차례의 화재와 홍수로 파손된 것을
정조 11년(1787)에 다시 지어 지금까지 전해지고 있다. 앞면 3칸·옆
면 2칸 규모의 2층 다락집으로, 2층 가운데 1칸을 방으로 만들어 꾸

민 것이 특이하다. 많은 시인들이 정자에 올라 주변의 아름다운 경치를 노래한 시가 건물 안에 걸려 있다. 앞에는 커다란 연못이 꾸며져 있으며 그 안에 2개의 섬이 있다. 건물·연못·나무의 배치 등은 우리나라 정원의 양식을 연구하는 데 귀중한 자료가 된다.[159]

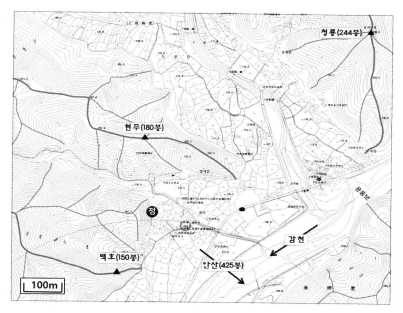

<그림 76> 방초정 일대와 주변의 지형·지세

방초정은 상원마을 입구인 평지에 자리 잡고 있어, 그 풍수적 사신사를 상정하기가 쉽지 않다. 따라서 방초정의 풍수적 사신사는 방초정을 중심으로 사방으로 조망되는 조망적 사신사와 일치한다. 방초정의 현무봉은 그 후방 북서쪽으로 조망되는 180m봉이 된다. 청

---

159) 문화재청 국가문화유산포털, 문화재검색(http://www.heritage.go.kr).

룡은 북동쪽으로 조망되는 244m봉이며, 백호는 상원마을 남서쪽의 150m봉이다. 안산은 감천 너머 마을 동남쪽에 있는 지품 마을 뒷산인 425m봉이다.

수세는 마을 앞을 좌우로 흘러가는 감천에 의해 영향을 받는다. 마을이 감천이 굽어 도는 바깥쪽인 공격사면에 자리하고 있어, 수세적 조건이 길하다고는 볼 수 없다. 방초정은 산줄기로 둘러싸인 영역의 중앙 좌측 지점에 위치하고 있으며, 그 방향은 남동향(亥坐)이다. 방초정의 조망적 사신사는 <표 48>과 같다.

<표 48> 방초정의 조망적 사신사

구분	현무(180봉)	안산(425봉)
사진		
구분	청룡(244봉)	백호(150m봉)
사진		

2.6. 봉화 청암정(靑巖亭)

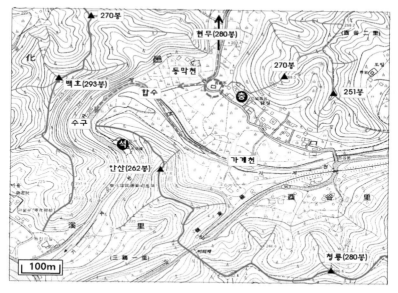

<그림 77> 청암정 일대와 주변의 지형·지세

청암정과 석천계곡 일대(靑巖亭과 石泉溪谷, 명승 제60호)는 조선 중종 때의 문신 충재 권벌(1478~1548) 선생의 유적지이다. 선생은 안동 출신으로 중종 2년(1507) 문과에 급제하고 관직에 있던 중, 중종 15년(1520) 기묘사화에 연루 파직되어 이곳에 와서 농토를 마련하고 14년간 후진을 양성하며 경학에 몰두했다.

이곳에는 선생의 장자 청암 권동보가 선생의 뜻을 기리기 위하여 지은 청암정과 석천정이 보존되어 있으며, 주위는 울창한 송림과 아름다운 수석으로 싸여서 경관이 뛰어나게 수려하다. 조선 중기의 실학자 이중환은 택리지에서 이 지역을 우리나라에서 손꼽는 경승지

로 지적하고 있다.[160]

청암정의 풍수적 현무는 충재종택과 동일하게 270m봉이라 할 수 있다. 청룡은 정자 남동쪽의 280m봉이 되며, 백호는 정자 북서쪽의 270m봉에서 남쪽으로 이어지는 산줄기(293m봉)이다. 안산은 충재 종택과 동일하게 정자의 청룡(280m봉)에서 북서쪽으로 이어지는 산줄기(262m봉)이다. 수구는 안산과 백호 산줄기에 의해 형성된 계곡이 된다. 청암정은 산줄기로 둘러싸인 영역의 중앙 좌측 지점에 위치하고 있으며, 그 방향은 남향(癸坐)이다.

청암정에 영향을 미치는 풍수적 사신사와 실제 정자 마당에서 보

<표 49> 청암정의 조망적 사신사

구분	현무(280봉)	안산(262봉)
사진	현무(280·봉)	안산(262·봉)
구분	청룡(280봉)	백호(293봉)
사진	청룡(280·봉)	백호(293·봉)

160) 인터넷포털 사이트 네이버(http://terms.naver.com), 지식백과.

이는 조망적 사신사 중 일치되지 않는 요소는 현무이다. 풍수적 사신사 중 현무봉은 충재종택과 동일하게 270m봉이지만, 정자 마당에서 실제로 조망되는 현무봉은 정자 북쪽의 280m봉이다. 청암정의 조망적 사신사는 <표 49>와 같다.

2.7. 봉화 석천정(石泉亭)

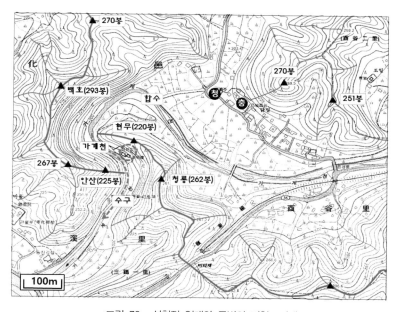

<그림 78> 석천정 일대와 주변의 지형·지세

석천정이 위치한 청암정과 석천계곡(靑巖亭과 石泉溪谷, 명승 제60호)은 조선 중종 때의 문신 충재 권벌(1478~1548) 선생의 유적지이다. 이하 개관적 내용은 앞의 청암정의 내용과 동일하다.

석천정은 닭실마을 영역 수구를 지난 가계천이 크게 휘감아 도는 지점에 위치해 있다. 현무는 정자 북쪽의 220m봉이 되며, 안산은 정자 맞은편의 225m봉이 된다. 청룡은 충재종택 및 청암정의 안산인 262m봉이 되며, 백호는 정자 북서쪽 293m봉이 된다. 수구는 안산과 청룡에서 뻗어 나온 산줄기들에 의해 형성된 계곡이 된다. 석천정은 풍수적 사신사와 실제 정자 마당에서 보이는 조망적 사신사가 동일하다. 석천정의 조망적 사신사는 <표 50>과 같다.

<표 50> 석천정의 조망적 사신사

구분	현무(220봉)	안산(225봉)
사진		
구분	청룡(262봉)	백호(293봉)
사진		

2.8. 봉화 한수정(寒水亭)

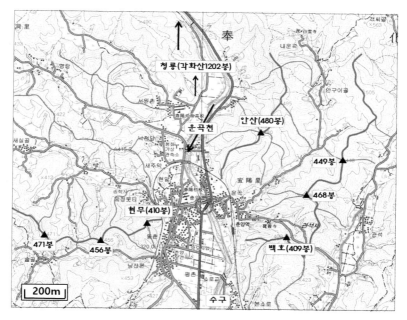

<그림 79> 한수정 일대와 주변의 지형·지세

봉화 한수정(奉化 寒水亭, 시도유형문화재 제147호)은 조선 선조 31년(1608) 동촌마을에 세워진 정자이다. 원래 이 자리에는 충재 권벌(1478~1548) 선생이 세운 거연헌이라는 건물이 있었는데 없어지자 그의 손자인 권래가 이 정자를 세웠다. 권벌은 중종(재위 1505~1544) 때 사람으로 예조판서 등을 지내고 죽은 후에 좌의정에 올랐다.

건물은 T자형 평면으로 앞면 3칸·옆면 2칸의 규모에 지붕 옆모습이 여덟 팔(八)자 모양인 팔작지붕 건물과 바닥을 한 단 높여 온

돌 2칸과 사방에 마루를 둔 건물이 붙어 있다. 찬물과 같이 맑은 정신으로 공부하는 정자라 하여 '한수정'이라 이름 지었다고 하며, 3면에 연못이 둘러져 있고 주위에 수목이 정자와 잘 어우러져 있다.[161]

한수정이 위치하고 있는 춘양면 소재지는 주위 산줄기로 둘러싸여 있는 평지 지형이다. 따라서 한수정 또한 인접해서 풍수적 사신사로 지칭할 만한 산줄기가 없으며, 정자 마당에서 보이는 주위 산줄기들이 사신사가 된다. 한수정의 방향이 북동향(坤坐)이기 때문에, 정자의 현무봉은 남서쪽의 산줄기로 상정해야 한다. 한수정의 현무는 정자 남서쪽의 410m봉이다. 사신사 중 가장 가까운 거리에서 정자의 후방을 시각적으로 받치고 있다.

한수정의 청룡은 정자 북쪽 약 7.2km 떨어진 각화산(1202m)이다. 한수정 좌측(북쪽)으로 각화산보다 가까운 거리에 낮은 산줄기들이 있지만, 시각적으로 뚜렷이 조망되는 것은 각화산이다. 백호는 정자 남동쪽 409m봉이다. 안산은 정자 북동쪽의 480m봉이다. 수구는 북쪽에서 발원한 운곡천이 마을 영역을 지나 백호와 현무 남쪽의 산줄기들 사이로 빠져나가는 지점이다. 수구는 완벽히 관쇄되지 못하고 다소 벌어진 상태이다.[162] 한수정은 주위 산줄기들로 둘러싸여진 마을 영역의 후방 중앙에 위치하고 있으며, 그 방향은 북동향(坤坐)이다. 한수정에 영향을 미치는 풍수적 사신사와 조망적 사신사는 일치

---

161) 문화재청 국가문화유산포털, 문화재검색(http://www.heritage.go.kr).

162) 위의 지도 범위에는 벗어나지만, 운곡천이 춘양면 소재지를 지나 남쪽으로 약 1.5km 흘러내려가는 지점(춘양삼거리 동쪽)에는 작은 독산이 있다. 독산이 면소재지의 기운이 운곡천을 따라 곧장 빠져나가는 것을 방지하는 수구사(한문) 역할을 함으로써, 풍수적으로 길한 봉우리다.

하며, 한수정의 조망적 사신사는 <표 51>과 같다.

<표 51> 한수정의 조망적 사신사

한수정이 있는 봉화군 춘양면 의양리 일대는 백악기代 생성되었을 것으로 추정되는 춘양화강암(Chunyang Granite, gch)이 기반암층을 형성하고 있으며, 운곡천을 따라 제4기 충적층(Qa)으로 덮여 있다. 한수정은 충적층에 자리해 있다.

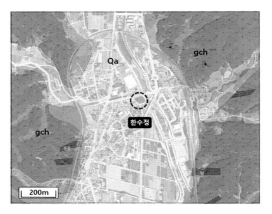

<그림 80> 봉화 한수정 지질도

2.9. 봉화 도암정(陶巖亭)

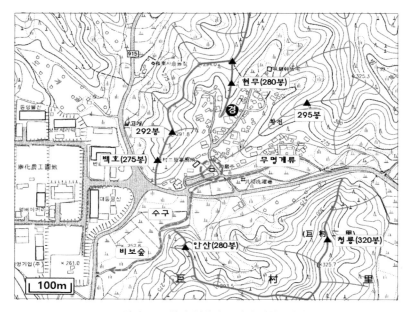

<그림 81> 도암정 일대와 주변의 지형・지세

도암정(陶巖亭, 시도민속문화재 제54호)은 조선시대의 문신 황파 김종걸이 효종 1년(1650) 무렵에 세운 정자로 당대 유림들의 교유, 토론, 풍류를 위해 지었다고 한다. 도암정은 연못, 인공섬, 큰 바위들과 노송 등의 주변 경관과 정자가 잘 어우러져 당시 양반들의 안목을 엿볼 수 있는 곳이다.163)

도암정은 경암헌고택이 있는 황전마을 영역의 수구 지점에 위치하고 있으며, 그 방향은 남향(子坐)이다. 정자의 현무는 경암헌고택의 현무와 동일하며, 정자 북쪽의 280m봉이다. 안산은 정자 남쪽의 280m봉이다. 청룡은 정자의 남동쪽에서 북쪽으로 이어지는 산줄기

<표 52> 도암정의 조망적 사신사

구분	현무(280봉)	안산(280봉)
사진	현무(280봉)	안산(280봉)

구분	청룡(320봉)	백호(275봉)
사진	청룡(320봉)	백호(275봉)

163) 문화재청 국가문화유산포털, 문화재검색(http://www.heritage.go.kr).

(320m봉)이며, 백호는 황전마을의 서쪽을 감싸고도는 산줄기 위의 275m봉이다.

도암정의 수구는 무명계류가 안산과 백호 산줄기 사이로 빠져나가는 지점이다. 도암정의 풍수적 사신사와 조망적 사신사는 동일하며, 도암정의 조망적 사신사는 <표 52>와 같다.

2.10. 봉화 경체정(景棣亭)

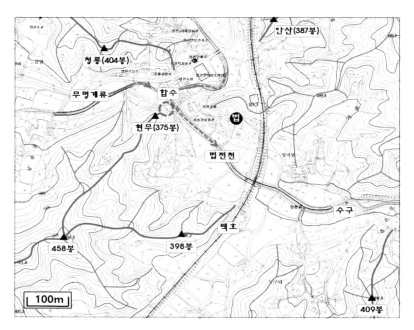

<그림 82> 경체정 일대와 주변의 지형·지세

봉화 경체정(景棣亭, 시도유형문화재 제508호)은 예조좌랑과 승지를 지낸 강윤과 첨지중추부사를 지낸 강완, 그리고 가의대부를 지낸 강한 3형제의 우애와 덕행을 기리기 위해 강윤의 증손자인 강태중(1778~1862)이 철종 9년(1858)에 지은 정자이다.[164) 동쪽으로 약 200m 지점에는 강각(姜恪) 선생이 형인 강흡(姜洽) 선생과 함께 지은 법전강씨종택이 있다.

경체정의 현무는 남서쪽의 458m봉이 북동 방향으로 이어져 와 일으킨 375m봉이며, 안산은 정자 북동쪽의 387m봉이 된다. 청룡은 정자 북서쪽에서 동 방향으로 이어지다가 법전천을 만나는 산줄기(404m봉)이며, 백호는 458m봉에서 398m봉을 거쳐 동쪽으로 이어지는 산줄기가 된다. 경체정은 북동쪽에서 흘러오는 법전천과 서쪽에서 흘러오는 무명계류가 합수하는 마을영역의 수구 지점에 위치하고 있으며, 그 방향은 북동향(坤坐)이다.

경체정에 영향을 미치는 풍수적 사신사와 조망적 사신사 중 일치되지 않는 요소는 백호이다. 경체정 마당에서는 백호 산줄기가 조망되지 않으며, 그 너머 약 910m 떨어져 있는 409m봉이 조망된다. 경체정의 조망적 사신사는 <표 53>과 같다.

---

164) 문화재청 국가문화유산포털, 문화재검색(http://www.heritage.go.kr).

<表 53> 경체정의 조망적 사신사

구분	현무(375봉)	안산(387봉)
사진	현무(375봉)	안산(387봉)

구분	청룡(404봉)	백호(409봉)
사진	청룡(404봉)	백호(409봉)

2.11. 봉화 종선정(種善亭)

종선정(種善亭, 시도유형문화재 제264호)은 금응석 선생(1508～1583)의 선행을 감사하게 여긴 마을 주민들이 세운 정자이다. 당시는 오랫동안 가뭄과 흉년으로 인해 마을 주민들은 굶어 죽어가고 땅에 뿌릴 씨조차 없는 열악한 상황이었다. 그때 금응석 선생이 굶는 사람들에게 음식을 나누어주고 농민에게는 무료로 씨를 주는 등 많은 선행을 베풀었다. 그것을 알게 된 퇴계 이황 선생은 이 정자를 '종선정'이라 부르고 직접 쓴 현판을 달아주었다고 한다. 건물의 구조는 앞면 4칸·옆면 2칸으로 一자형이며, 출입구는 뒤쪽에 있고 온

돌방과 대청마루 시설이 되어 있다.165)

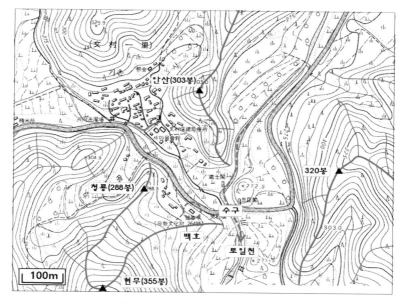

<그림 83> 종선정 일대와 주변의 지형·지세

　종선정의 현무는 정자 남쪽의 355m봉이다. 현무봉과 정자와의 거
리가 약 250m로서, 그 거리가 현무봉 역할을 하기에는 다소 멀다.
그러나 정자 마당에서 보면, 현무봉이 정자의 후방을 시각적으로 뚜
렷이 받치고 있어 조망적 현무의 역할을 하기에는 무리가 없다. 현
무봉은 좌우로 각각 청룡과 백호 산줄기를 뻗어내린다.

　그러나 현무봉에서 뻗어 나오는 청룡과 백호의 모습이 가운데에
자리한 정자를 아늑하게 품기 위한 개장(開帳)의 형태가 아니며, 단

---

165) 문화재청 국가문화유산포털, 문화재검색(http://www.heritage.go.kr).

지 산줄기가 갈라지는 분지(分枝)의 형태이다. 이에 더해 청룡과 백호의 끝이 정자를 향해 유정(有情)하게 감아주지 못하고 둘 다 밖으로 무정(無情)하게 달아나는 형태이다.

종선정의 안산은 무명계류 너머 북쪽의 303m봉이다. 수구는 북쪽에서 흘러온 토일천이 백호와 동쪽의 320m봉에서 남쪽으로 이어지는 산줄기 사이로 빠져나가는 지점이다. 수구가 관쇄되어 있는 것은 아니지만, 백호 산줄기가 가려주고 있어, 정자 마당에서 수구가 개방된 느낌은 받지 않는다. 종선정은 주위 산줄기로 둘러싸여진 내부 영역의 수구 지점에 위치하고 있으며, 그 방향은 북동향(未坐)이다.

<표 54> 종선정의 조망적 사신사

구분	현무(355봉)	안산(303봉)
사진	현무(355봉)	안산(303봉)
구분	청룡(288봉)	백호(320봉)
사진	청룡(288봉)	백호(320봉)

종선정에 영향을 미치는 풍수적 사신사와 조망적 사신사 중 일치되지 않는 요소는 백호이다. 종선정의 풍수적 백호는 현무봉에서 뻗어 내려온 정자 우측(동쪽)의 산줄기이나 상대적 높이가 낮아 시각적 우세함을 보이지 못한다. 그 너머 320m봉이 백호 방향의 시각적 우세함을 지니고 뚜렷이 조망된다. 이에 따라 종선정의 조망적 사신사는 <표 54>와 같다.

종선정이 있는 봉화군 문촌리 일대는 영남육괴 내 선캄브리아기 암석층(PCEw)과 각섬석화강암(Hornblende Granite, hg)이 기반암층을 형성하고 있으며, 토일천과 지류를 따라 제4기 충적층(Qa)으로 덮여 있다. 종선정은 선캄브리아기 암석층과 각섬석화강암층의 경계 지점에 자리해 있다.

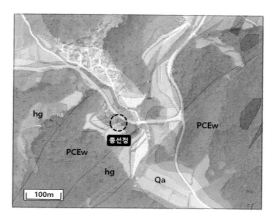

<그림 84> 봉화 종선정 지질도

2.12. 봉화 옥계정(玉溪亭)

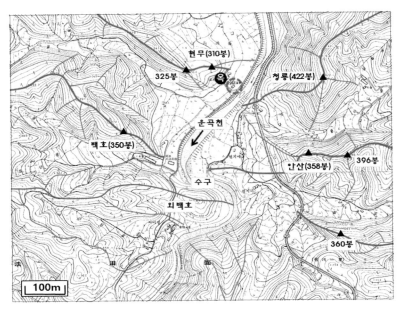

<그림 85> 옥계정 일대와 주변의 지형·지세

옥계정은 경북 봉화군 법전면 소천리에 있는 정자로, 조선 숙종에서 영조代 학자인 옥계(玉溪) 김명흠(金命欽, 1696~1773)의 효행과 학덕을 기리기 위하여 사림과 후손(의성김씨문중)들에 의해 건립되었다.[166] 정자 북서쪽 약 60m 지점에는 옥계의 종택인 옥계종택(玉溪宗宅, 문화재자료 제547호)이 있다.

옥계정이 위치하고 있는 소천리 마을은 산줄기들이 사방을 잘 감싸주고 있어 그 내부에 하나의 영역을 형성하고 있다. 비록 물줄

---

166) 인터넷포털 사이트 네이버(http://terms.naver.com), 지식백과.

기 측면에서 산줄기들이 하나로 연결된 유역분지를 형성하고 있지 못하지만, 산줄기 측면에서 가시적 영역을 형성하고 있다. 영역 밖 북쪽에서 흘러온 운곡천이 S자 곡선을 이루며 마을 영역을 흐르고 있다.

옥계정은 산줄기로 둘러싸여진 내부 영역의 후방 중앙 지점에 남동향(亥坐)으로 자리하고 있다. 그러나 옥계정은 일반적인 정자의 위치인 친수(親水)적 특성에 따라 운곡천과 가까운 곳에 위치함으로써, 옥계종택에 비해 325m봉과의 거리가 더 떨어지게 되었다. 이에 따라 325봉이 정자의 역할을 할 수 없으며, 그 양쪽으로 뻗어내린 산줄기 또한 용호의 기능을 할 수 없다.

옥계정은 현무는 325m봉에서 동쪽으로 뻗어내린 산줄기(310m봉)이다. 안산은 옥계종택과 동일하게 358m봉에서 서쪽으로 뻗어내린 산줄기이다. 청룡과 백호는 옥계종택의 조망적 용호와 동일하며, 청룡은 동쪽의 422m봉이고 백호는 남서쪽의 350m봉이다. 수구는 옥계종택의 그것과 동일하며, 마을 영역을 지나온 운곡천이 안산과 외백호 산줄기 사이로 형성된 계곡으로 빠져나가는 지점이다.

옥계정의 풍수적 사신사와 정자 마당에서 보이는 조망적 사신사는 동일하며, 옥계정의 조망적 사신사는 <표 55>와 같다.

구분	현무(310봉)	안산(358봉)
사진		

구분	청룡(422봉)	백호(350봉)
사진		

2.13. 상주 대산루 부 계정(對山樓 附 溪亭)

대산루 부 계정(對山樓 附 溪亭)은 경상북도 상주시 외서면 우산 리에 있는 조선시대의 누각 및 누정이다. 대산루는 선조 33년(1600) 경 우복(愚伏) 정경세(鄭經世)가 고향에 돌아와 지은 건물이며, 누각 은 그의 7대손이 지었다고 한다. 계정(일명 廳澗亭)은 정경세가 수 학하던 곳으로 입재(立齋) 정종로(鄭宗魯)가 지었다고 한다. 우복선 생의 종택 동쪽 토석담장을 돌린 방형곽 안에 대산루가 있고, 대산 루 앞쪽 방형곽 안에 계정이 각기 남향하여 자리 잡고 있다.[167]

---

167) 문화재청 국가문화유산포털, 문화재검색(http://www.heritage.go.kr), 포털사이트 네이버 지식백과.

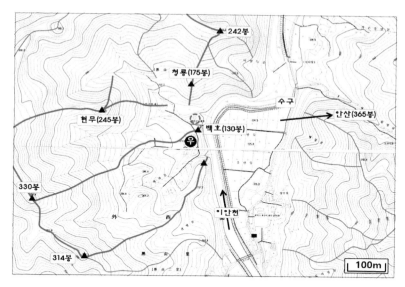

<그림 86> 대산루 부 계정 일대와 주변의 지형·지세

인접한 우복종가가 능선 위에 있는 것과 달리, 대산루 부 계정은 골짜기 사이에 위치해 있다. 따라서 정자에 직접 연결되어 있는 산줄기가 없으며, 현무봉 또한 풍수적 현무 개념보다 정자 후방으로 보이는 조망적 현무라 할 수 있다. 정자의 현무봉은 서쪽의 주된 산줄기 상의 405m봉에서 동쪽으로 뻗어내리다가 일으킨 245m봉이다.

정자의 청룡은 405m봉에서 북동쪽으로 뻗어 나간 산줄기가 이후 남동쪽으로 방향을 바꾸어 242m봉을 일으킨 다음, 남쪽으로 뻗어내린 산줄기이다. 백호는 우복종가의 현무봉인 330m봉에서 북동쪽으로 달려오다가 종가에 연결되기 전 종가 좌측(북쪽)으로 이어지는 작은 산줄기(130m봉)이다. 안산은 정자 동쪽의 이안천 너머로 보이는 365m봉이다.

수세는 우복종가의 그것과 대동소이하며, 이안천이 청룡 산줄기에 의해 크게 방향을 바꾸어 빠져 나가는 수구관쇄(水口關鎖)의 형태로서 풍수적 길격이다. 대산루 부 계정은 산줄기로 둘러싸여진 영역의 후방 우측 지점에 위치하고 있으며, 그 방향은 동향(酉坐)이다.

대산루 부 계정에 영향을 미치는 풍수적 사신사와 실제 정자 마당에서 보이는 조망적 사신사는 동일하며, 대산루 부 계정의 조망적 사신사는 <표 56>과 같다.

<표 56> 대산루 부 계정의 조망적 사신사

구분	현무(245봉)	안산(365봉)
사진		
구분	청룡(175봉)	백호(130봉)
사진		

2.14. 성주 만귀정(晚歸亭)

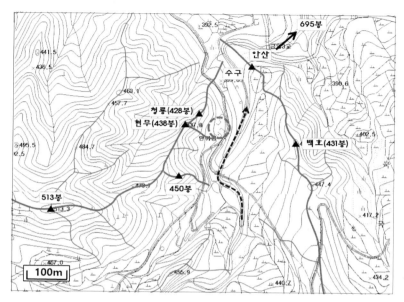

<그림 87> 만귀정 일대와 주변의 지형·지세

　만귀정(晚歸亭, 문화재자료 제462호)은 조선후기에 공조판서를 역임한 응와(凝窩) 이원조(李源祚, 1792~1871)가 만년(1851년)에 귀향하여 독서와 자연을 벗 삼으며 여생을 보낸 곳이다. 이원조는 본관이 성산(星山)이며, 자는 주현(周賢), 호는 응와(凝窩)이다. 그는 입재(立齋) 정종로(鄭宗魯)의 제자로 순조 9년(1809) 증광문과에 을과로 급제 후 여러 관직을 역임하고 벼슬이 대사간을 거쳐 공조판서·판의금에 이르렀다.

　응와는 당시에 유학과 문장에 있어 유림의 으뜸으로 추앙받았으며, 지방관으로서도 많은 치적을 올렸다. 그는 과거급제 후 근 40년간 관직생활에 몸담고 있어 학문과 후학양성에 뜻을 제대로 펴지 못하다가 만년에 이르러서야 비로소 수양과 강학에 전심할 수 있는 기회를 가질 수 있었는데, 건물의 이름을 만귀정이라 한 것도 이에서 연유한다. 건물은 경사지에 북동향하여 정면 4칸, 측면 1칸 반 규모의 만귀정과 평삼문이 안마당을 사이에 두고 이자형(二字形)으로 놓여져 있으며, 평삼문 입구에는 이원조의 학문진흥에 대한 의지를 담은 철제로 된 흥학창선비(興學倡善碑)가 세워져 있다.[168]

만귀정으로 이어지는 산줄기는 좁은 범위에서 정자 남서쪽의 513m봉에서 출발한다. 513m봉을 출발해 북동쪽으로 이어지던 산줄기는 만귀정 서쪽에서 현무봉인 438m봉을 일으킨 다음, 동남쪽으로 방향을 전환하며 만귀정으로 연결된다. 현무봉에서 북쪽으로 뻗어 나온 산줄기는 청룡인 428m봉을 일으킨 다음, 계속 진행해 계곡을 만난다.

만귀정의 백호는 계곡 너머 남쪽에서 북쪽으로 연결되는 산줄기이다. 산줄기는 북쪽으로 진행하며, 만귀정 동쪽에서 431m봉을 일으킨 다음 계속 진행한다. 이때 백호 산줄기의 끝자락이 북서쪽으로 조금씩 방향을 전환하며 나아가다가 계곡을 만나 멈추는데, 이 산줄기가 만귀정의 안산이 된다. 수구는 남쪽에서 북쪽으로 흘러가던 계곡물이 청룡과 안산 산줄기 사이로 빠져나가는 지점이며, 완전히 단속되지는 못했으나 비교적 양호한 상태이다.

만귀정에 영향을 미치는 풍수적 사신사와 실제 정자 마당에서 보이는 조망적 사신사에 일치하지 않는 요소는 현무와 안산이다. 정자의 풍수적 현무인 438m봉은 정자 마당에서 명확히 식별되지 않으며, 정자 남서쪽의 450m봉이 만귀정 건물의 후방을 받치면서 시각

---

168) 문화재청 국가문화유산포털, 문화재검색(http://www.heritage.go.kr).

적으로 뚜렷이 조망된다. 정자의 풍수적 안산인 백호 산줄기의 끝자락은 높이가 낮아 정자 마당에서 전혀 식별되지 않으며, 그 너머 695m봉이 뚜렷이 조망된다. 이에 따라 만귀정의 조망적 사신사는 <표 57>과 같다.

<표 57> 만귀정의 조망적 사신사

구분	현무(450봉)	안산(695봉)
사진		

구분	청룡(428봉)	백호(431봉)
사진		

만귀정이 있는 성주군 가천면 신계리 일대는 선캠브리아기 편마암(Metatectic Gneiss, PCEgnme)과 백악기 경상누층군 불국사관입암군 각섬석-흑운모화강암(Hornblende-Biotite Granite, Khbgr)층이 기반암을 형성하고 있다. 만귀정은 각섬석-흑운모화강암 기반암층에 자리해 있다.

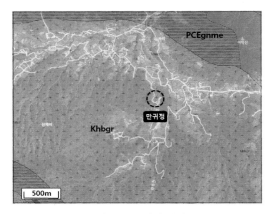

<그림 88> 만귀정 지질도

2.15. 안동 겸암정사(謙菴精舍)

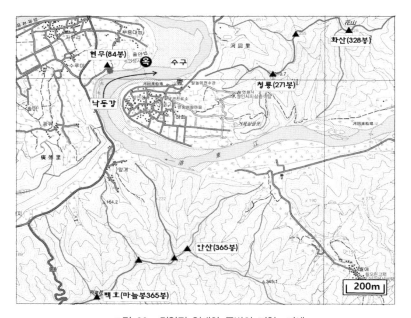

<그림 89> 겸암정 일대와 주변의 지형·지세

겸암정사(謙菴精舍, 국가민속문화재 제89호)은 서애 류성룡(1542 ~1607) 선생의 맏형인 겸암 류운룡(1539~1601) 선생이 학문 연구와 제자를 가르치기 위해 조선 명종 22년(1567)에 세운 것이다. 겸암정은 부용대 서쪽 높은 절벽 위에 자리 잡고 있어, 높은 절벽 아래 굽이도는 강줄기, 자연이 어울려진 진풍경을 느낄 수 있는 곳으로 정사(精舍)다운 지형 요건과 전통이 배어 있어 귀한 자료가 되고 있다.[169)

겸암정은 문화재 지정상 '가옥'으로 분류되어 있으나, 조영 목적 및 입지적 특성상 정자의 특성을 지니고 있다. 특히 겸암정은 일반적인 전통 주택의 입지와 달리 절벽 위에 자리하고 있어 풍수적 사신사 설정이 곤란하며, 조망적 사신사 설정이 적합하다.

겸암정의 현무는 뒤편의 84m봉이 되며, 안산은 남쪽의 365m봉이 된다. 청룡은 화산에서 335m봉을 거쳐 남서쪽으로 이어져 일으킨 271m봉이 되며, 백호는 남쪽의 365m봉(마늘봉)이 된다. 수구는 하회마을의 여타 종택 및 정자와 일치한다. 겸암정은 낙동강과 주변 산줄기로 둘러싸여진 영역의 중앙 우측 지점에 자리하고 있으며, 그 방향은 남동향(亥坐)이다. 겸암정의 조망적 사신사는 <표 58>과 같다.

---

169) 문화재청 국가문화유산포털, 문화재검색(http://www.heritage.go.kr).

<表 58> 겸암정의 조망적 사신사

구분	현무(84봉)	안산(365봉)
사진	현무(84봉)	안산(365봉)

구분	청룡(271봉)	백호(365봉)
사진	청룡(271봉)	백호(365봉)

2.16. 안동 옥연정사(玉淵精舍)

옥연정사(玉淵精舍, 국가민속문화재 제88호)은 서애 류성룡 (1542~1607) 선생이 학문 연구와 제자를 키우기 위해 조선 선조 19년(1586)에 세운 것이다. 옥연정은 하회마을 부용대 동쪽 강가 에 자리 잡고 있는 정사(精舍)다운 지형 요건과 더불어, 류성룡 선 생이 『징비록』(국보 제132호)을 집필한 유서 깊은 곳으로 평가받 고 있다.[170]

---

170) 문화재청 국가문화유산포털, 문화재검색(http://www.heritage.go.kr).

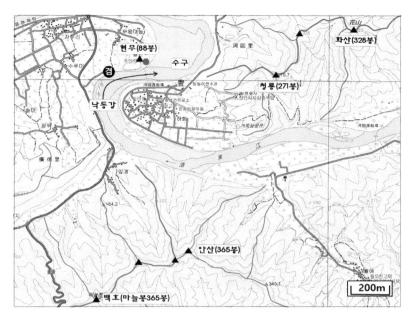

<그림 90> 옥연정 일대와 주변의 지형·지세

옥연정은 문화재 지정상 '가옥'으로 분류되어 있으나, 조영 목적 및 입지적 특성상 일반적인 전통 주택과는 차이가 나며, 정자적 특성을 지니고 있다. 즉 옥연정의 조영 목적이 학문연구와 제자 양성에 있으며, 입지 또한 마을 영역의 수구 및 수경 요소와 가까운 거리에 자리하고 있다. 따라서 옥연정은 일반적 전통 주택처럼 풍수적 사신사 설정이 곤란하며 조망적 사신사 설정이 적합하다.

옥연정의 현무는 뒤편의 88m봉이 되며, 안산은 하회마을 너머로 보이는 365m봉이 된다. 청룡은 화산에서 뻗어 나와 335m봉을 거쳐 남쪽으로 이어져 일으킨 271m봉이 되며, 백호는 남서쪽의 365m봉 (마늘봉)이 된다. 수구는 하회마을의 여타 전통 주택 및 정자와 동일하다. 옥연정은 낙동강과 주변 산줄기로 둘러싸여진 영역의 수구 지점에 자리하고 있으며, 그 방향은 남동향(乾坐)이다. 옥연정의 조망적 사신사는 <표 59>와 같다.

<표 59> 옥연정의 조망적 사신사

구분	현무(88봉)	안산(365봉)
사진		
구분	청룡(271봉)	백호(365봉)
사진		

2.17. 안동 원지정사(遠志精舍)

원지정사(遠志精舍, 국가민속문화재 제85호)는 서애 류성룡 선생(1542~1607)이 아버님이 돌아가시자 고향으로 돌아온 후 조선 선조 6년(1573)에 지은 정자이다. 이곳은 또한 류성룡 선생이 벼슬을 그만두고 은거하거나, 그가 병이 났을 때 요양하던 곳으로 이용되었

다. 원지정사는 정사와 누정이 북촌의 북쪽에 강을 향해 자리 잡고
있다.[171)]

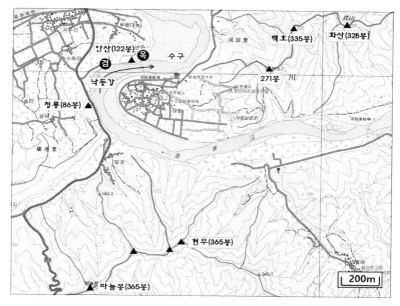

<그림 91> 원지정사 일대와 주변의 지형·지세

원지정사는 마을 영역 내 종택과 마찬가지로 인접해 있는 풍수적
사신사를 찾기가 쉽지 않으며, 마을을 둘러싸고 있는 조망적 사신
사가 풍수적 사신사 역할을 하고 있다. 단 원지정사의 방향이 북향
이기 때문에, 마을 남쪽의 산줄기가 현무가 된다. 현무는 마을 남쪽
의 365m봉(마늘봉)에서 북동 방향으로 이어진 산줄기가 일으킨
365m봉이 된다. 정자 마당에서 보면, 365m봉이 인접한 다른 봉우

---

171) 문화재청 국가문화유산포털, 문화재검색(http://www.heritage.go.kr).

리들보다 두드러지게 조망된다. 안산은 마을 북쪽의 122m봉(부용대)이 된다.

청룡은 마을 서쪽의 122m봉에서 북서쪽으로 나지막하게 이어지던 산줄기가 일으킨 86m봉이다. 백호는 마을의 주산인 화산에서 서쪽으로 뻗어 내려와 일으킨 335m봉이다. 수구의 위치는 마을 내 종택들과 동일하다. 원지정사는 낙동강과 주변 산줄기로 둘러싸여진 영역의 중앙 지점에 자리하고 있으며, 그 방향은 북향(午坐)이다. 원지정사의 조망적 사신사는 <표 60>과 같다.

<표 60> 원지정사의 조망적 사신사

2.18. 안동 석문정(石門亭)

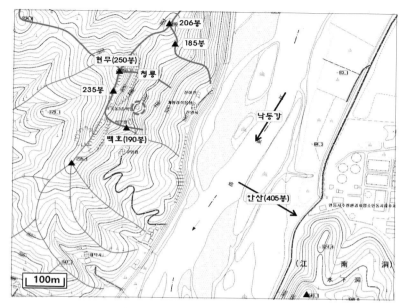

<그림 92> 석문정 일대와 주변의 지형·지세

　석문정(石門亭, 문화재자료 제34호)은 조선 선조 28년(1588)에 지은 김성일(1538~1593)의 정자이다. 김성일은 이곳 청성산 중턱에 정자를 짓고 칠백리 낙동강 맑은 물과 자연의 경관을 벗 삼아 성리학 연구와 제자 양성에 노력했다. 대유학자인 이황의 성리학을 계승하였으며, 선조 1년(1568)에 과거에 급제하여 경상도 관찰사를 지냈다. 규모는 앞면 4칸·옆면 2칸이며, 지붕은 옆에서 볼 때 여덟 팔(八)자 모양인 팔작지붕이다.172)

---

172) 문화재청 국가문화유산포털, 문화재검색(http://www.heritage.go.kr).

석문정은 낙동강이 바라보이는 절벽 위에 형성된 작은 터에 위치하고 있다. 석문정의 현무봉은 북서쪽에서 이어져 와 250m봉을 일으키고, 남쪽으로 진행해 일으킨 235m봉이다. 그러나 현무봉은 산줄기가 멈추지 않고 계속 진행하는 과정에 있다. 그래서 현무봉이 명확한 봉우리 형태를 보이지 않고 밋밋하게 보이는 것은 풍수적 흠결로 지적된다.

석문정의 청룡은 250m봉에서 동쪽으로 뻗어내린 산줄기다. 백호는 현무봉에서 남서쪽으로 이어져 가는 산줄기 상에서 동쪽으로 뻗어내린 산줄기(190m봉)다. 석문정과 같이 높은 곳에 자리한 터는 바람이 많이 불기 때문에 물(水) 조건보다 장풍(藏風)의 조건이 더욱 중요하게 고려된다. 이런 측면에서 이곳의 청룡과 백호는 좌우에서 불어오는 바람을 막아주어 풍수적으로 길하다. 또한 정자 앞(동쪽)에는 바로 절벽이 아니고 땅의 모양이 불룩하게 되어 있다. 이것은 전순(前脣)으로서, 앞에서 불어오는 바람을 막아주는 역할을 한다.

석문정의 안산은 동남쪽의 405m봉이다. 석문정이 높은 절벽 위에 있기 때문에 안산의 시각적 높이 또한 '눈높이'며, 낙동강 조망은 눈높이 아래인 부감의 경치를 느낄 수 있다. 석문정은 낙동강이 바라보이는 절벽 위에 위치하고 있어 일정 영역 내부에 있다고 볼 수 없으며, 그 방향은 남동향(戌坐)이다.

석문정에 영향을 미치는 풍수적 사신사와 조망적 사신사 중 일치되지 않는 요소는 청룡이다. 정자의 풍수적 청룡은 250m봉에서 동쪽으로 뻗어내린 산줄기이나 높이가 낮아 시각적 식별이 어려우며, 그 너머 206m봉에서 뻗어내린 산줄기(185m봉)가 뚜렷이 조망된다. 이에 따라 석문정의 조망적 사신사는 <표 61>과 같다.

<표 61> 석문정의 조망적 사신사

구분	현무(235봉)	안산(405봉)
사진		

구분	청룡(185봉)	백호(190봉)
사진		

석문정이 있는 안동시 막곡리 일대는 영남육괴 내 중생대 쥬라기

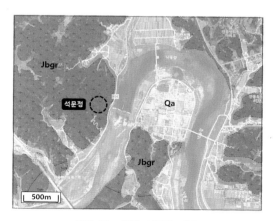

<그림 93> 안동 석문정 지질도

흑운모화강암(Biotite Granite, Jbgr)이 기반암층을 이루고 있으며, 낙동강을 따라 제4기 충적층(Qa)으로 덮여 있다. 석문정은 낙동강의 충적층이 호쾌하게 조망되는 산복지점의 흑운모화강암 기반암층에 자리해 있다.

2.19. 안동 광풍정(光風亭)

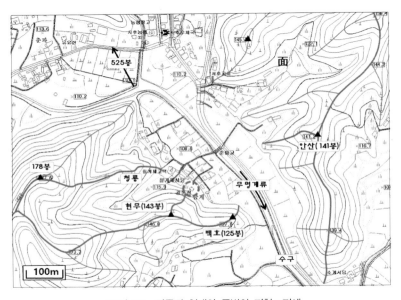

<그림 94> 광풍정 일대와 주변의 지형·지세

광풍정(光風亭, 문화재자료 제322호)은 1630년대에 장흥효(1564 ~1633) 선생이 지은 정자로 300여 문인이 학문을 익히던 곳이다. 선생은 일찍부터 관직에 뜻을 두지 않고 고향에 은거하면서 학문 연구에 몰두하여 영남학파 발전과 후배양성에 힘썼다. 현재 정자의 모

습은 헌종 4년(1838)에 이 지역의 유림들이 고쳐 지은 것이다. 규모는 앞면 3칸·옆면 2칸이며 지붕은 옆면에서 볼 때 여덟 팔(八)자 모양인 팔작지붕으로 꾸몄다. 광풍정은 대각선으로 대칭된 공간 배치를 하여 특이한 평면구조를 이루며, 지형적인 환경 요인뿐 아니라 기후 요인까지 적절히 받아들인 건축물로 건축사적 의의가 크다.173)

광풍정으로 연결되는 산줄기(主龍)는 남서쪽에서 이어져 온다. 주룡은 178m봉에 다다르기 전 동쪽으로 방향을 바꾸어 진행하다가 현무인 143m봉을 일으킨 다음 정자의 후방으로 연결된다. 청룡은 178m봉에서 동쪽으로 뻗어내려 마을의 평지까지 이어지는 산줄기다.

광풍정의 백호는 현무봉에서 동쪽으로 분지(分枝)해 농경지까지 이어지는 산줄기(125m봉)다. 특히 백호는 무명계류가 정자 좌에서 우로 흘러가는 좌선수(左旋水) 조건에서, 정자가 자리한 상류 방향으로 휘어져 있어 역수(逆水)의 기능을 함으로써 풍수적으로 길하다.

광풍정의 안산은 무명계류 너머 동쪽의 141m봉이다. 수구는 북쪽에서 흘러온 무명계류가 마을 영역을 지나 백호와 안산에서 남쪽으로 뻗어내린 산줄기 사이로 빠져 나가는 지점이다. 수구가 완전히 관쇄된 것은 아니지만, 백호 산줄기가 역수의 기능을 하며 수구를 가려주어, 정자 마당에서 수구로 물이 빠져나가는 것이 보이지 않는다. 광풍정은 사신사로 둘러싸여진 마을 영역의 수구 지점에 위치하고 있으며, 그 방향은 북동향(坤坐)이다.

광풍정에 영향을 미치는 풍수적 사신사와 조망적 사신사 중 일치하지 않는 요소는 청룡이다. 광풍정의 풍수적 청룡은 178m봉에서 동쪽으로 뻗어내려 마을의 평지까지 이어지는 산줄기다. 청룡 산줄

---

173) 문화재청 국가문화유산포털, 문화재검색(http://www.heritage.go.kr).

기는 풍수적 장풍을 충분히 수행할 만한 높이지만, 그 너머 525m봉이 보다 시각적으로 우세함을 가진다. 특히 525m봉은 목성(木星)의 형태로서 풍수적 길상이다. 이에 따라 광풍정의 조망적 사신사는 <표 62>와 같다.

<표 62> 광풍정의 조망적 사신사

구분	현무(143봉)	안산(141봉)
사진	현무(143봉)	안산(141봉)
구분	청룡(525봉)	백호(125봉)
사진	청룡(525봉)	백호(125봉)

2.20. 안동 백운정(白雲亭)

백운정(白雲亭, 문화재자료 제175호)은 귀봉 김수일(1528~1583)이 선조 1년(1568)에 지은 정자이다. 김수일은 과거에 합격하였으나 벼슬길에 나가지 않고, 고향에 남아 자연과 더불어 학문 연구와 후

진양성에 힘썼다고 전해진다. 정자는 앞면 3칸·옆면 2칸 규모로 지붕은 옆면에서 볼 때 여덟 팔(八)자 모양인 팔작지붕 형태이다.[174]

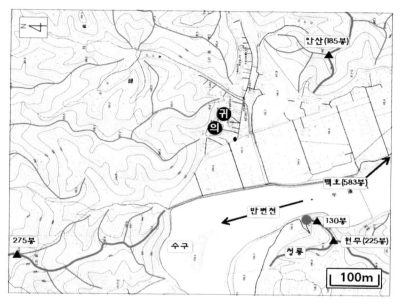

<그림 95> 백운정 일대와 주변의 지형·지세

의성김씨종택과 귀봉종택이 있는 내앞마을은 반변천이 감아도는 안쪽(퇴적사면)에 자리하고 있는 반면, 백운정은 그 반대쪽(공격사면)의 절벽 위에 자리하고 있다. 백운정의 현무는 정자 후방(남서쪽)의 225m봉이며, 안산은 반변천 너머 동쪽의 185m봉이다. 청룡은 현무봉에서 북쪽으로 뻗어 나온 본신청룡이나, 오른쪽에서 흘러오는 반변천을 역수(逆水)해주지 못하고 물과 함께 빠져 나가버리는 형태를 보이

---

174) 문화재청 국가문화유산포털, 문화재검색(http://www.heritage.go.kr).

고 있다. 백호는 반변천 너머 남동쪽의 583m봉이며, 비록 그 거리가 멀지만 단정한 목성(木星)의 형태를 보이는 풍수적 길봉이다. 수구의 위치 및 수구 비보는 의성김씨종택 및 귀봉종택의 내용과 동일하다.

백운정은 산줄기로 둘러싸여진 영역의 중앙 지점에 위치하고 있으며, 그 방향은 동향(酉坐)이다. 백운정의 풍수적 사신사와 조망적 사신사 중 일치하지 않는 요소는 현무와 청룡이다. 풍수적 현무가 225m봉이나 정자 마당에서 보이지 않으며, 정자 바로 후방의 130m봉이 조망된다. 그리고 현무에서 북쪽으로 뻗어내린 청룡이 조망되지 않으며, 반변천 너머 북쪽의 275m봉이 두드러지게 조망된다. 백운정의 조망적 사신사는 <표 63>과 같다.

<표 63> 백운정의 조망적 사신사

구분	현무(130봉)	안산(185봉)
사진	현무(130봉)	안산(185봉)

구분	청룡(275봉)	백호(583봉)
사진	청룡(275봉)	백호(583봉)

2.21. 안동 삼구정(三龜亭)

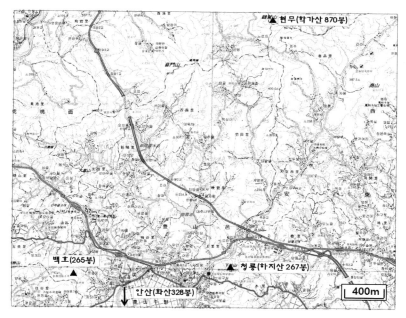

<그림 96> 삼구정 일대와 주변의 지형·지세

삼구정(三龜亭, 경북유형문화재 제213호)은 연산군 2년(1496) 조선 중기의 문신 김영전(金永銓)이 건립한 정자이다. 김영전(1439∼1522)은 안동김씨(安東金氏) 소산(素山) 입향조(入鄉祖)인 혁(革)의 증손으로, 사헌부(司憲府) 감찰(監察)을 지낸 사람이다. 그가 이 정자를 지은 것은 88세 되는 노모 예천 권씨(醴泉權氏)를 즐겁게 해드리기 위해서였다고 한다.

삼구정이란 이름은 십장생(十長生)인 거북과 같이 생긴 3개의 바위가 정자를 등에 진 것 같은 모습으로 정자 뜰에 소반처럼 벌려 있는데, 그 형상이 마치 3마리 거북이 엎드린 것 같다 하여 붙여진 이름이다. 그 밖에도 이렇게 이름을 붙인 데는 노모의 장수(長壽)를 기원하는 효성도 곁들여진 것으로 보인다. 정자 건물은 정면 3칸, 측면 2칸을 모두 우물마루로 깔아 개방한 초익공양식(初翼工樣式) 5량가구(五樑架構)의 팔작집이다. 여러 차례 보수를 하였고, 1947년에는 대대적인 개축 공사를 하여 현재의 모습을 갖추게 되었다.[175]

삼구정은 안동김씨종택이 자리한 소산마을의 입구에 있다. 소산마을은 주위 산줄기들에 의해 둘러싸여 하나의 영역을 형성하고 있으며, 삼구정은 마을 영역의 청룡 산줄기 위를 타고 있다. 이에 따라 삼구정의 풍수적 사신사를 상정하는 것이 쉽지 않으며, 정자 마당에서 사방으로 조망되는 산줄기를 사신사로 상정하는 것이 합리적이다.

삼구정의 현무봉은 정자 북동쪽의 학가산(870m)이다. 학가산은 안동과 예천을 경계하는 산으로서, 안동 지역에서 풍수적으로 중요한 역할을 하는 산이다. 청룡은 동쪽의 하지산(267m봉)이다. 하지산은 형상이 토성(土星)으로 풍수적 길상이다. 백호는 서쪽의 265m봉이다. 안산은 남쪽의 화산(328m)이다. 화산은 하회마을의 배산(背山)으로서, 정자 마당에서 보이는 형상이 목성(木星)으로 풍수적 길상이다.

삼구정은 영역의 내부에 위치하고 있는 것이 아니고, 산줄기들로 둘러싸여 하나의 영역을 형성하고 있는 소산마을의 청룡 산줄기 위에 타고 있으며, 그 방향은 남서향(丑坐)이다. 삼구정에 영향을 미치는 풍수적 사신사와 조망적 사신사는 일치하며, 삼구정의 조망적 사신사는 <표 64>와 같다.

---

175) 인터넷포털 사이트 네이버(http://terms.naver.com), 지식백과.

<표 64> 삼구정의 조망적 사신사

구분	현무(870봉)	안산(328봉)
사진		

구분	청룡(267봉)	백호(265봉)
사진		

2.22. 안동 간재정(簡齋亭)[176]

간재종택 및 간재정(原州邊氏簡齋宗宅 및 簡齋亭, 시도민속문화재 제131호)은 조선 중기의 학자인 간재(簡齋) 변중일(邊中一, 1575~ 1660)의 종택과 정자이다. 종택의 건립 시기는 알 수 없으나 무오사 화 직후 변희예(邊希乂), 변희리(邊希李) 형제가 금계에 입향한 것으 로 보아 그 이후일 것으로 추정된다.

---

176) 간재정의 다음 목록은 안동 노송정이다. 노송정은 퇴계태실과 가택결합형으로, 그 둘 의 풍수적 개관이 동일하다. 이에 따라 노송정에 대한 설명은 생략한다.

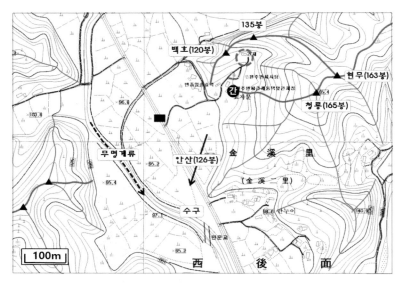

<그림 97> 간재정 일대와 주변의 지형·지세

  정자는 19세기 전후한 시기의 건축양식이 주류를 이루고 있으며 종가의 품위와 규모를 잘 갖추고 있다. 특히 산골짜기에 정침 및 별당, 사당, 정자가 위로부터 자연지형에 순응하면서 각기 기능에 적합한 곳에 자리 잡고 있어 사대부가의 공간영역을 구비한 드문 사례에 해당된다.

  변중일은 어려서부터 효성이 뛰어났으며, 임진왜란 당시 곽재우의 휘하에서 종사하는 등 국난극복에 힘을 쏟았다. 이로 인해 1686년에 나라에서 특별히 정충효각(旌忠孝閣)을 하사했다. 한 사람이 충과 효를 겸비하여 정려를 받은 것은 아주 특별한 경우이다.[177]

  간재정은 간재종택 후방(북쪽)으로 약 100m 지점에 있다. 간재정

---

177) 안동시청 홈페이지, 안동관광, 문화유산(http://www.tourandong.com).

으로 연결되는 산줄기(主龍)는 북동쪽에서 이어져 온다. 주룡은 북동쪽에서 진행해 와 163m봉을 일으키고, 서쪽으로 방향을 전환해 현무인 135m봉을 일으킨다. 현무봉은 산줄기가 계속 진행하는 과정에 있어, 명확한 봉우리 형상을 보이지 못하고 다소 밋밋한 상태이다.

간재정의 청룡은 163m봉에서 남서쪽으로 뻗어내려 165m봉을 일으킨 후, 간재종택으로 이어지는 산줄기다. 백호는 현무봉에서 남서쪽으로 뻗어내려 120m봉을 일으킨 후, 종택 좌측(서쪽) 농경지까지 이어지는 산줄기다. 안산은 무명계류 너머 남서쪽의 126m봉이다. 간재정은 주위 산줄기들로 둘러싸여진 영역 내부의 중앙우측 지점에 위치하고 있으며, 그 방향은 남향(癸坐)이다. 간재정에 영향을 미

<표 65> 간재정의 조망적 사신사

치는 풍수적 사신사와 조망적 사신사는 일치하며, 간재정의 조망적
사신사는 <표 65>와 같다.

2.23. 안동 만휴정(晩休亭)

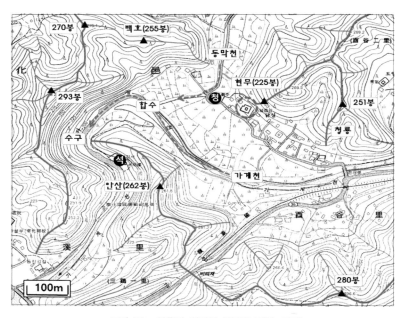

<그림 98> 만휴정 일대와 주변의 지형·지세

만휴정(晩休亭, 문화재자료 제173호)은 보백당 김계행(1431∼
1517)이 말년에 독서와 사색을 위해 지은 정자이다. 김계행은 조선
전기의 청렴결백한 관리로 뽑혔던 분으로, '내 집에 보물이 있다면
오직 맑고 깨끗함뿐이다.'라는 가르침을 남겼다. 규모는 앞면 3칸·
옆면 2칸이며, 앞면을 마루 형식으로 개방하여 자연경관을 감상할

수 있도록 했다. 양쪽에는 온돌방을 두어 학문의 공간으로 활용했다. 16세기 초에 지은 이 정자는 자연과 조화를 이루는 아름다움을 보여주고 있으며, 특히 그 아래 떨어지는 폭포는 장관을 이룬다. 정자 아래 바위에는 '보백당만휴정천석(寶白堂晚休亭泉石)'이란 큰 글씨를 새겨 놓았다.[178]

만휴정으로 연결되는 산줄기(主龍)는 서쪽에서 이어져 온다. 주룡은 328m봉에서 남서쪽으로 뻗어내려 275m봉을 거쳐 정자의 현무인 205m봉을 일으킨다. 현무봉에서 좌우로 갈라진 산줄기가 정자의 청룡과 백호가 된다. 청룡과 백호가 현무봉에서 바로 뻗어 나온 본신용호(本身龍虎)인 점은 풍수적으로 길하다. 그러나 청룡과 백호가 현무봉에서 좌우로 벌어지는 개장(開帳)의 형태가 명확하지 못해, 정자를 유정하게 감싸고 있지 못한 것은 흠결로 지적된다.

만휴정의 안산은 계곡 너머 동쪽의 205m봉이다. 안산은 명확한 봉우리 형태를 보이지 못하고, 산줄기가 계속 진행하는 듯 밋밋한 형태를 보이고 있다. 남서쪽에서 발원한 계곡물이 외청룡과 안산에서 뻗어내린 산줄기 사이로 빠져나가는 지점이다. 대부분의 계곡의 형태가 그렇듯 이곳 또한 좌우측의 산줄기들이 밀착되어 있어, 수구가 벌어졌다고 볼 수는 없다.

만휴정이 위치한 곳은 좌우로 길게 이어진 협소한 계곡 안이기 때문에 일정 영역을 형성했다고 볼 수 없다. 따라서 일정 영역 내의 위치 또한 상정하기가 어렵다. 만휴정의 방향은 남동향(戌坐)이다. 만휴정에 영향을 미치는 풍수적 사신사와 조망적 사신사 중 일치하지 않는 요소는 청룡이다. 만휴정의 풍수적 청룡은 현무봉에서 바로 뻗

---

178) 문화재청 국가문화유산포털, 문화재검색(http://www.heritage.go.kr).

어내려 정자 좌측을 감싸고 있는 산줄기이나, 그 높이가 낮아 시각적으로 명확히 드러나지 않는다. 그 너머 200m봉에서 뻗어내리는 산줄기가 시각적으로 우세함을 지닌다. 이에 따라 만휴정의 조망적 사신사는 <표 66>과 같다.

<표 66> 만휴정의 조망적 사신사

구분	현무(205봉)	안산(205봉)
사진	현무(205봉)	안산(205봉)

구분	청룡(200봉)	백호(185봉)
사진	청룡(200봉)	백호(185봉)

2.24. 안동 삼산정(三山亭)

안동 삼산정(安東 三山亭, 시도유형문화재 제164호)은 조선 영조 26년(1750)경에 유정원(1702~1761)이 지어 학문을 연마하고 후학을 가르치던 정자이다. 지금은 그 후손들이 선생의 덕행을 기리며 자손들을 가르치는 곳으로 쓰고 있다. 유정원은 영조 때의 문신으로 홍문관수찬·사간원교리 등을 거쳐 대사간에 이르렀다.

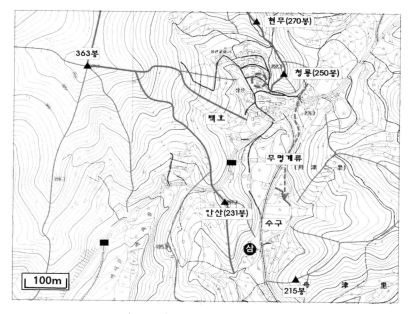

<그림 99> 삼산정 일대와 주변의 지형·지세

　그는 영조의 총애와 채제공의 추천으로 장헌세자에게 강의하기도 했다. 한편 지방관으로 있을 때에는 백성들에게 선정을 베풀어 정약용의『목민심서』에서 그 치적을 다루기도 했다.『역해참고』등 많은 책을 남겼다. 앞면 3칸·옆면 2칸의 규모이며, 지붕의 옆면이 여덟 팔(八)자 모양인 팔작지붕집이다.[179]

　삼산정이 있는 삼산마을은 사신사로 둘러싸여 하나의 영역을 형

<hr />

179) 문화재청 국가문화유산포털, 문화재검색(http://www.heritage.go.kr).

성하고 있다. 그리고 마을의 가구 수가 영역의 규모에 맞게 들어서 있다. 삼산정의 현무는 북쪽에서 이어져 와 일으킨 270m봉이다. 현무봉과 삼산정과의 실제 거리가 다소 멀고 산줄기 또한 직접 연결되어 있지 않지만, 삼산정 마당에서 보면 현무봉이 정자의 후방을 받쳐주고 있는 모습이 뚜렷이 조망된다.

삼산정의 청룡은 현무봉에서 남쪽으로 뻗어 내려온 산줄기가 정자 왼쪽(동쪽)에서 일으킨 250m봉이다. 백호는 마을 서쪽의 363m봉에서 동쪽으로 뻗어내려 마을의 동남쪽을 감싸고 있는 산줄기다. 백호 방향으로 조망되는 363m봉은 형태가 목성(木星)으로 풍수적 길상이다. 또한 마을의 외수(外水)인 무명계류가 왼쪽에서 우측으로 흘러가는 좌선수(左旋水) 조건에서, 백호 산줄기가 역수(逆水)의 역할을 하고 있다.

안산은 363m봉에서 동쪽으로 이어지던 산줄기가 삼산종택이 있는 남쪽으로 뻗어내려 일으킨 231m봉이다. 수구는 북동쪽에서 흘러온 무명계류가 외수(外水)가 되어 마을 영역을 지나친 다음 외청룡과 안산의 사이로 빠져나가는 지점이다. 수구가 비교적 관쇄되어 있고 백호 또한 역수의 역할을 하고 있어, 삼산정 마당에서 보이는 수구는 개방되어 있는 느낌이 들지 않는다.

삼산정은 사신사로 둘러싸여 영역을 형성하고 있는 삼산마을의 중앙 지점에 위치하고 있으며, 그 방향은 남향(子坐)이다. 삼산정에 영향을 미치는 풍수적 사신사와 조망적 사신사 중 일치되지 않는 요소는 백호이다. 삼산정의 풍수적 백호는 마을의 동남쪽을 감싸고 있는 산줄기나, 그 높이가 다소 낮아 시각적 우세함을 지니지 못한다. 오히려 그 너머 363m봉이 풍수적 길상의 형태와 높이를 지니며 뚜렷하게 조망된다. 이에 따라 삼산정의 조망적 사신사는 <표 67>과 같다.

<표 67> 삼산정의 조망적 사신사

구분	현무(270봉)	안산(231봉)
사진	현무(270봉)	안산(231봉)

구분	청룡(250봉)	백호(363봉)
사진	청룡(250봉)	백호(363봉)

2.25. 안동 체화정(棣華亭)

체화정(棣華亭, 시도유형문화재 제200호)은 조선 영조 37년(1761)에 진사 만포 이민적이 세운 정자로 학문을 닦던 곳이다. 그 후 순조(재위 1800~1834) 때 국가에서 충신, 효자, 열녀를 기리기 위해 마을에 정문을 세우는 정려를 받은 이한오 선생이 늙은 어머니를 모시고 효도하던 곳이기도 하다. 이곳은 이민적 선생이 그의 형인 옥봉

이민정 선생과 함께 살면서 우애를 다지던 장소로 유명한데, 이로
보아 정자 앞 연못의 이름을 '체화지'라 지은 것으로 보인다. '체화'
란 형제간의 화목과 우애를 상징하는 것으로 『시경』에서 그 의미를
따왔다. 연못에는 삼신산을 상징하는 세 개의 인공섬인 방장, 봉래,
영주가 있다. 건물구조는 앞면 3칸·옆면 3칸의 2층 건물로 지붕 옆
모습이 여덟 팔(八)자 모양인 팔작지붕으로 되어 있다. 1층은 지면
과 떨어져 있으며 온돌방 1칸을 만들었다. 현판 '담락제'의 글씨는
조선 제일의 화가였던 단원 김홍도가 썼다.[180]

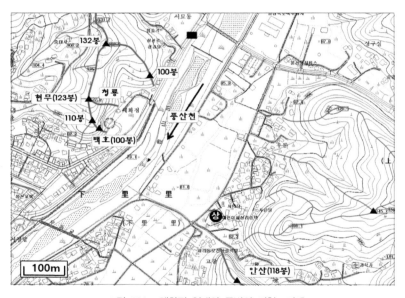

<그림 100> 체화정 일대와 주변의 지형·지세

---

180) 문화재청 국가문화유산포털, 문화재검색(http://www.heritage.go.kr).

체화정으로 연결되는 산줄기(主龍)는 북쪽에서 이어져 온다. 주룡은 남쪽으로 진행하며 132m봉을 일으키고, 이어서 체화정의 현무인 123m봉을 일으킨다. 현무봉은 좌우로 청룡과 백호 산줄기를 분지(分枝)한다. 청룡과 백호가 현무봉에서 직접 뻗어내린 본신용호(本身龍虎)인 점은 풍수적으로 길하다. 그러나 현무봉이 청룡과 백호를 좌우로 분지하는 모습이 풍수의 개장(開帳)의 조건에 미치지 못한다. 이에 청룡과 백호가 정자를 유정하게 감싸 안고 있지 못하다.

안산은 풍산천 너머 동남쪽의 118m봉이다. 118m봉은 상리종택의 청룡이기도 하며, 그 형태가 목성(木星)인 점은 길하나, 다소 비뚤어진 점이 흠결로 지적된다. 수구는 북동쪽에서 흘러온 풍산천이 남서쪽 방향으로 흘러가며 정자 마당에서 백호 산줄기에 의해 보이지 않는 지점이 된다. 체화정은 주위 산줄기들로 둘러싸여진 영역의 수구 지점에 위치하고 있으며, 그 방향은 남동향(乾坐)이다.

체화정에 영향을 미치는 풍수적 사신사와 조망적 사신사 중 일치되지 않는 요소는 현무이다. 체화정의 풍수적 현무는 132m봉이 남쪽으로 이어져 온 123m봉이나, 정자 마당에서 시각적으로 식별되지 않는다. 체화정 마당에서 보면, 110m봉이 정자의 후방을 받치고 있는 모습이 뚜렷이 조망된다. 이에 따라 체화정의 조망적 사신사는 <표 68>과 같다.

<表 68> 체화정의 조망적 사신사

구분	현무(110봉)	안산(118봉)
사진	현무(110봉)	안산(118봉)
구분	청룡(100봉)	백호(100봉)
사진	청룡(100봉)	백호(100봉)

2.26. 안동 곡강정(曲江亭)

곡강정(曲江亭)은 경상북도 안동시(安東市) 풍산읍(豊山邑) 하리리(下里里)에 있는 정자로 조선 후기의 건축물이다. 건물은 정면 3칸, 측면 1.5칸 규모의 팔작지붕 건물로 중앙에 마루를 깔고 좌우 협간에는 방을 들였다. 대청의 전면에는 궁판이 있는 세살문의 사분합문을 달아 말굽형의 걸쇠에 걸어 들어 올릴 수 있도록 하였으며, 양쪽의 방에는 전면에 머름(바람을 막거나 모양을 내기 위해 미달이 문지방 아래나 벽 아래 중방에 대는 널조각)을 올리고 세살문의 쌍여달이문을 달았다. 건물의 좌우에는 쪽마루를 달고 계자난간(鷄子

欄干)을 둘렀으며, 뒷면에도 쪽마루가 있으나 난간을 두르지는 않았다. 왼편 협간에는 퇴(물림간)를 달아 벽장을 설치했다.181)

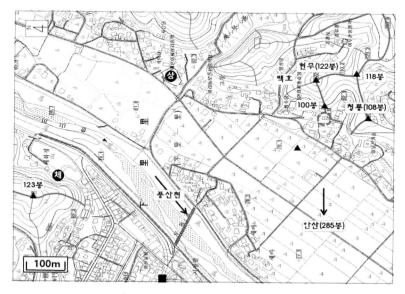

<그림 101> 곡강정 일대와 주변의 지형·지세

곡강정으로 연결되는 산줄기(主龍)는 동남쪽에서 이어져 온다. 주룡은 118m봉을 거쳐 북서쪽으로 진행해 현무인 122m봉을 일으킨 다음, 서쪽으로 뻗어내려 정자의 후방으로 연결된다. 곡강정의 청룡은 118m봉에서 서쪽으로 뻗어내려 108m봉을 일으키고 북서쪽으로 진행함으로써, 정자를 유정(有情)하게 감아주고 있다. 청룡의 길이가 조금 짧은 측면이 있으나, 우선수(右旋水)인 풍산천에 대해 역수(逆水)의 역할을 하고 있다.

181) 인터넷포털 사이트 네이버(http://terms.naver.com), 지식백과.

곡강정의 백호는 현무봉에서 북서쪽으로 뻗어내린 산줄기다. 안산은 서쪽 약 4.5km 지점의 285m봉이다. 많은 정자의 입지에서 보는 바와 같이, 곡강정 또한 앞이 확 트인 전망을 유지하고 있다. 이에 안산 또한 정자와 바로 인접해 있지 않고 비교적 먼 거리에 떨어져 있고, 시각적 높이 또한 '눈높이'로 낮은 편이다. 곡강정은 주위 산줄기들로 둘러싸인 영역의 후방 측면에 위치하고 있으며, 그 방향은 서향(卯坐)이다.

곡강정에 영향을 미치는 풍수적 사신사와 조망적 사신사 중 일치하지 않는 요소는 현무와 백호이다. 곡강정의 풍수적 현무는 122m봉이나 거리가 다소 멀어 정자 마당에서 보이지 않는다. 100m봉이

<표 69> 곡강정의 조망적 사신사

구분	현무(100봉)	안산(285봉)
사진	현무(100봉)	안산(285봉)

구분	청룡(108봉)	백호(123봉)
사진	청룡(108봉)	백호(123봉)

곡강정 바로 뒤에서 건물을 받치고 있어 조망적 현무봉이 된다. 곡강정의 풍수적 백호는 현무봉에서 북서쪽으로 뻗어내린 산줄기이나, 길이 및 높이가 다소 부족해 시각적 식별이 어렵다. 정자 북서쪽의 체화정의 현무봉인 123m봉이 백호 방향에서 시각적 우세함을 보인다. 이에 따라 곡강정의 조망적 사신사는 <표 69>와 같다.

2.27. 안동 고산정(孤山亭)

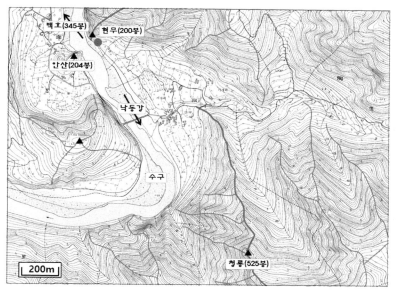

<그림 102> 고산정 일대와 주변의 지형·지세

고산정(孤山亭, 시도유형문화재 제274호)은 조선 중기의 학자로 퇴계 선생의 제자인 금난수(1530~1599) 선생의 정자이다. 선생은 명종 19년(1564)에 이미 예안에서 '성재'라는 정자를 짓고 학문에

전념하였으며, 이어서 당시 선성(예안현)의 명승지 가운데 한 곳인 가송협에 고산정을 짓고 '일동정자'라 했다. 고산정은 앞면 3칸·옆면 2칸이며 지붕 옆면이 여덟 팔(八)자 모양인 팔작지붕 건물이다. 가운데 칸의 우물마루를 중심으로 좌우에 온돌방을 두었다. 이곳은 경치가 빼어나서 퇴계 선생을 비롯하여 많은 선비들의 왕래가 끊이지 않던 곳으로 퇴계 선생의 시와 금난수 선생의 시 등이 남아 있다.[182)]

고산정은 많은 정자의 입지가 그렇듯이, 높고 육중한 산줄기와 기암절벽 등 경치가 좋은 낙동강 수변에 위치하고 있다. 이에 주위 사신사를 풍수적 개념으로 상정하기가 쉽지 않으며, 정자 마당에서 사방으로 보이는 조망적 사신사를 상정하는 것이 타당할 것이다. 고산정의 현무는 정자 후방으로 보이는 200m봉이다. 200m봉은 종택의 일반적인 현무봉과 달리 경사가 급한 절벽 지형으로 되어 있다.

고산정의 청룡은 낙동강 너머 동남쪽의 525m봉이다. 청룡 산줄기는 기복(起伏)의 변화가 질서 있고 자연스럽지 못하고 변화가 심한 편이며, 경사 또한 급하다. 백호는 북서쪽의 345m봉이다. 안산은 정자 앞쪽 낙동강 건너로 보이는 204m봉이다. 204m봉은 형태가 거칠고 불규칙적인 기암절벽으로 이루어져 있다. 고산정의 안산 및 청룡이 단정하지 않고, 불규칙적이고 변화가 심한 것은 이곳의 조영 목적인 학문 수양 및 휴양의 개념에 어울린다고 할 수 있다.

고산정의 수구는 북쪽에서 흘러온 낙동강이 안산 남쪽의 조산(朝山)과 청룡 산줄기 사이로 빠져 나가는 지점이다. 고산정은 주위 산줄기로 둘러싸인 영역의 후방 중앙에 위치하고 있으며, 그 방향은

---

182) 문화재청 국가문화유산포털, 문화재검색(http://www.heritage.go.kr).

남서향(艮坐)이다. 고산정의 풍수적 사신사와 조망적 사신사는 일치하며, 고산정의 조망적 사신사는 <표 70>과 같다.

<표 70> 고산정의 조망적 사신사

구분	현무(200봉)	안산(204봉)
사진		
구분	청룡(525봉)	백호(345봉)
사진		

고산정이 있는 안동시 도산면 가송리 일대는 백악기 경상누층군 가송동층(Gasongdong Formation, Mg/Kg)이 기반암층을 형성하고 있으며, 낙동강을 따라 제4기 충적층(Qa)으로 덮여 있다. 고산정은 낙동강 충적층을 호쾌하게 조망되는 가송동층 기반암층에 자리해 있다.

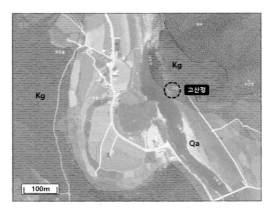

<그림 103> 안동 고산정 지질도

2.28. 안동 수운정(水雲亭)

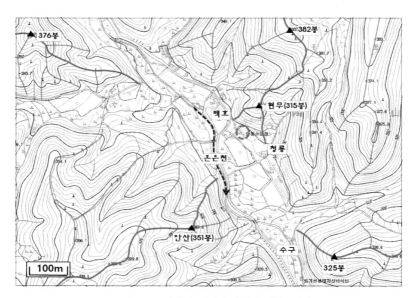

<그림 104> 수운정 일대와 주변의 지형·지세

안동 수운정(安東 水雲亭, 문화재자료 제433호)은 16세기에 퇴계 이황 문하에서 학문을 닦은 학자 매헌(梅軒) 금보(琴輔, 1521~1586)가 60세 때 처음 지은 건물로, 후손들이 금보의 학덕을 기리기 위하여 1933년에 중수했다. '수운정'이라는 정자 이름은 물과 구름을 벗하며 학문을 닦고 후학을 양성한다는 뜻으로 금보가 지었다 한다.

정자는 송림이 우거진 태자산(太子山) 아래 남서향으로 자리 잡고 있다. 이 집터는 원래 신라시대에 창건된 태자사(太子寺)가 있던 자리이다. 건물 주위에 네모난 담장을 둘렀는데 담장 앞쪽 가운데와 왼쪽 측면에 일각문을 내어 출입문으로 사용하고 있다. 현재 정자 앞쪽에 신라시대 때 쌓은 석축이 일부 남아 있고, 오른쪽으로 조금 떨어진 곳에는 태자사지 귀부 및 이수(경북문화재자료 68)가 남아 있다.[183)

수운정으로 연결되는 산줄기(主龍)는 북쪽에서 이어져 온다. 주룡은 382m봉을 일으킨 다음 남쪽으로 진행해 정자의 현무인 315m봉을 일으킨다. 현무봉은 다시 정자 좌우측으로 청룡과 백호 산줄기를 뻗어내린다. 청룡과 백호는 현무봉에서 바로 뻗어내린 본신용호(本身龍虎)로서 풍수적으로 길하다. 그러나 현무봉에서 청룡백호 산줄기가 뻗어 나오는 모습이 풍수의 개장(開帳)의 형태에는 미치지 못한다.

수운정의 안산은 온은천 건너 남서쪽의 351m봉이다. 안산의 형태가 목성(木星)으로 풍수적 길상이나, 그 얼굴(面)의 방향이 정자 방향이 아닌 물이 빠져나가는 쪽(남쪽)으로 보고 있는 것이 흠결로 지적된다. 수운정은 주위 산줄기로 둘러싸여진 영역 내부의 중앙에 위치하고 있으며, 그 방향은 남서향(艮坐)이다.

---

183) 인터넷포털 사이트 네이버(http://terms.naver.com), 지식백과.

수운정에 영향을 미치는 풍수적 사신사와 조망적 사신사 중 일치되지 않는 요소는 청룡과 백호이다. 수운정의 풍수적 용호는 현무봉에서 좌우로 뻗어내린 산줄기이나 그 높이 및 길이 면에서 시각적으로 우세함을 보이지 못한다. 반면 청룡 및 백호 방향에는 325m봉 및 376m봉이 각각 뚜렷이 조망되며 시각적 우세함을 지니고 있다. 이에 따라 수운정의 조망적 사신사는 <표 71>과 같다.

<표 71> 수운정의 조망적 사신사

구분	현무(315봉)	안산(351봉)
사진	현무(315봉)	안산(351봉)
구분	청룡(325봉)	백호(376봉)
사진	청룡(325봉)	백호(376봉)

수운정이 있는 안동시 태자리 일대는 영남육괴 내 중생대 쥬라기 흑운모화강암(Biotite Granite, Jbg)이 기반암을 형성하고 있으며, 수운정 또한 기반암층에 자리해 있다.

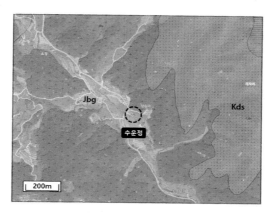

<그림 105> 안동 수운정 지질도

2.29. 영덕 우헌정(于軒亭)

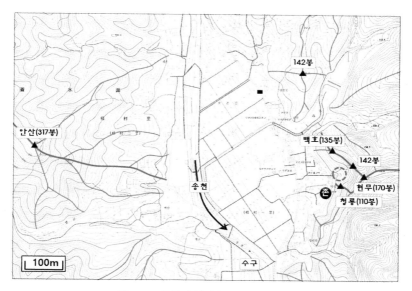

<그림 106> 우헌정 일대와 주변의 지형·지세

우헌정(于軒亭, 문화재자료 제293호)은 이휘일의 8대손 이수악의 생가인 존재종택의 북동쪽 약 100m 지점에 있다. 우헌정은 의병장으로 유명한 이수악이 1800년대 후반에 세운 정자 건물이다. 앞면 3칸·옆면 1칸 반 건물로, 지붕은 팔작지붕이고 이수악이 말년을 보낸 곳이다. 관리사는 명서암 왼쪽에 있으며 앞면 4칸·옆면 4칸 건물이다. 보존 상태가 양호해서 역사적으로 가치 있는 곳이다.[184]

동쪽에서 이어져 온 우헌정의 주룡(主龍)은 현무인 170m봉을 일으킨다. 청룡은 현무봉에서 남서쪽으로 뻗어내려 다시 북서쪽으로 방향을 전환해 농경지까지 이어지는 산줄기다. 백호는 현무봉에서 북서쪽으로 뻗어 142m봉을 거쳐 진행한 다음 일으킨 135m봉이다. 우헌정의 위치가 골짜기 내부임에 따라, 그 좌우측 청룡백호의 시각적 높이 또한 일반적인 정자의 그것보다 높다.

우헌정의 안산은 송천 너머 서쪽의 317m봉이다. 안산은 존재종택의 안산과 동일한 것으로, 그 형태 및 방향 등에서 일부 흠결을 지니고 있으나, 개장(開帳)과 천심(穿心)의 형태를 지닌 풍수에서 길격이다. 수구는 북쪽에서 발원한 송천이 마을 영역을 지나 외청룡과 안산 남쪽의 여러 산줄기들 사이로 빠져 나가는 지점이다. 수구가 명확히 관쇄되어 있지는 않지만, 정자 마당에서 보면 수구가 벌어져 있다는 느낌을 받지 않는다. 그 이유는 정자의 입지가 골짜기 내부에 자리하고 있으며, 수구 지점에 비보수로 보이는 몇 그루의 나무들이 식재되어 있기 때문이다.

우헌정은 사신사로 둘러싸인 마을 영역의 중앙 우측 지점에 위치하고 있으며, 그 방향은 서향(甲坐)이다. 우헌정에 영향을 미치는 풍

---

184) 문화재청 국가문화유산포털, 문화재검색(http://www.heritage.go.kr).

수적 사신사와 조망적 사신사 중 일치되지 않는 요소는 현무이다. 우헌정의 풍수적 현무는 정자 동쪽의 170m봉이나, 정자 마당에서 시각적 식별이 어렵다. 우헌정 후방에는 142m봉이 받치고 있다. 그러나 142m봉은 사실상 산줄기가 기(起)한 봉우리가 아니며, 양 옆으로 골짜기가 시작되는 복(伏) 지점이다. 결과적으로 우헌정은 산봉우리에 기대고 있는 것이 아닌 골짜기에 기대고 있는 것이다. 우헌정의 조망적 사신사는 <표 72>와 같다.

<표 72> 우헌정의 조망적 사신사

구분	현무(142봉)	안산(317봉)
사진	현무(142봉)	안산(317봉)

구분	청룡(110봉)	백호(135봉)
사진	청룡(110봉)	백호(135봉)

2.30. 영양 숙운정(宿雲亭)

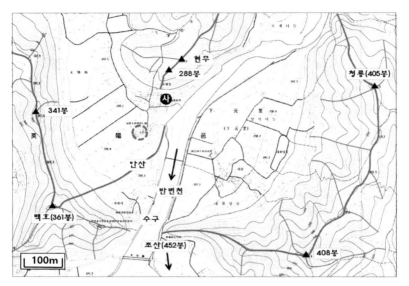

<그림 107> 숙운정 일대와 주변의 지형·지세

숙운정(宿雲亭, 경북문화재자료 제490호)은 경상북도 영양군 영양읍 하원리 사월종택에서 남서쪽으로 약 150m 지점에 있다. 정자는 자헌대부 지중추부사(知中樞府事)를 지낸 사월(沙月) 조임(趙任) 선생이 세웠다. 조임은 영양 지역에서 활동했던 조선시대의 문인이며 임진왜란 때에는 곽재우와 함께 의병활동을 했다.

조임이 월담헌(月潭軒)을 세워 거처했다가 도정절(陶靖節)의 뜻을 취해 정자를 지었다고 한다. 앞에는 반변천(半邊川)이 흐르고 뒤로는 영혈사(靈穴寺)가 있다. 숙운정은 4칸 규모의 겹집이고 당실이 반반이며 앞에 난간이 있다. 중건 후 여러 차례에 걸쳐 자손들이 중

수하였고 벽에는 조임의 숙운정기와 중건기가 걸려 있다.[185]

숙운정은 사월종택 남서쪽의 평지인 농경지 지대에 자리하고 있다. 지형학적 관점에서, 숙운정의 위치는 현재의 수구 지점인 곡류목(cutoff point)이 절단되어 반변천이 곧장 남쪽으로 흘러가게 됨으로써, 유수가 거의 흐르지 않는 구하도가 시작되는 지점이다. 이에 따라 숙운정의 풍수적 사신사를 상정하는 것이 쉽지 않으며, 정자 마당에서 사방으로 보이는 조망적 사신사를 상정하는 것이 타당할 것이다.

숙운정의 현무는 정자 후방(북쪽)으로 보이는 288m봉이다. 288m봉은 사월종택의 현무봉이기도 하다. 청룡은 반변천 건너 동쪽의 산줄기(405m봉)가 남쪽으로 진행하다가 408m봉을 일으킨 후, 서쪽으로 방향을 전환해 반변천까지 이어지는 산줄기이다. 백호는 정자 남서쪽 361m봉에서 북쪽으로 진행해 341m봉을 일으키고 북쪽의 구하도까지 진행하는 산줄기이다. 백호의 산줄기 흐름을 일반적인 것과 반대로 보는 이유는 비록 수구 지점에서 절단되었다고 하더라도, 최초 산줄기의 흐름을 따르는 것이 타당하다고 보았기 때문이다.

숙운정의 안산은 361m봉에서 북동쪽으로 뻗어내려 반변천까지 이어지는 산줄기다. 안산은 백호 산줄기가 연장된 백호 안산으로서, 그 높이가 다소 낮지만 좌선수(左旋水)인 반변천의 역수 역할을 하는 풍수적으로 길한 산줄기다. 수구는 북동쪽에서 득수한 반변천이 청룡과 백호 산줄기들 사이로 빠져 나가는 지점이다. 수구는 비교적 관쇄되어 있는 편이며, 특히 백호 안산 산줄기가 정자 앞을 가로막고 있어, 정자 마당에서 수구가 보이지 않는다.

---

185) 포털사이트 네이버 지식백과(http://terms.naver.com).

숙운정은 사신사로 둘러싸인 내부 영역의 중앙 지점에 위치하고 있으며, 그 방향은 남향(壬坐)이다. 숙운정에 영향을 미치는 풍수적 사신사와 조망적 사신사 중 일치하지 않는 요소는 안산이다. 숙운정의 풍수적 안산은 361m봉에서 북동쪽으로 뻗어내려 반변천까지 이어지는 산줄기이나, 높이가 다소 낮다. 그 너머 조산인 452m봉이 시각적 우세함을 보인다. 특히 452m봉은 형태가 목성(木星)으로서 풍수적 길상이다. 숙운정의 조망적 사신사는 <표 73>과 같다.

<표 73> 숙운정의 조망적 사신사

구분	현무(288봉)	안산(452봉)
사진		
구분	청룡(405봉)	백호(361봉)
사진		

2.31. 영양 주강정(柱江亭)

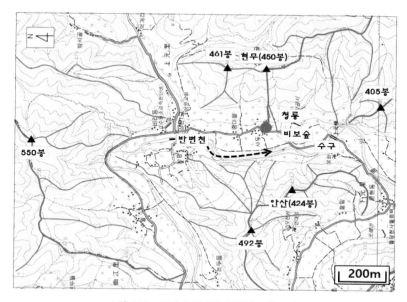

<그림 108> 주강정 일대와 주변의 지형·지세

주강정 및 사고종택(柱江亭 및 沙皐宗宅, 문화재자료 499호)은 경상북도 영양군 영양읍 상원리에 있는 사고종택의 북동쪽에 있다. 주강정은 영양 지역에서 활동하던 문인이며 학문 연구와 후학 양성에 전념한 인물인 주강(柱江) 조시광(趙是光)이 지은 정자이다. 정자는 가운데 1칸 대청을 중심으로 양옆에 방 2칸을 두었고 팔작지붕을 갖추고 있다.[186]

주강정은 사고종택과 바로 인접해 있기 때문에 사신사 설정에 있어 일치되는 점이 많다. 주강정으로 연결되는 산줄기(主龍)는 동남

---

186) 인터넷포털 사이트 네이버(http://terms.naver.com), 지식백과.

쪽에서 이어져 온다. 주룡은 북쪽으로 이어져 와 현무인 450m봉을 일으킨 후, 서쪽으로 뻗어내려 정자 후방으로 이어진다. 청룡은 현무에서 뻗어내린 산줄기가 정자의 후방에 다다르기 전 남서쪽으로 분지(分枝)한 작은 산줄기다. 청룡 산줄기는 작은 둔덕의 높이로 장풍의 개념에서 낮은 측면이 있으나, 득수의 개념에서 우선수(右旋水)인 반변천을 역수(逆水)해주는 길상의 산줄기다.

주강정의 백호가 될 수 있는 산줄기는 우선 461m봉에서 서쪽으로 뻗어내린 산줄기다. 그러나 그 길이가 정자 인근까지 오지 못하고 과도하게 짧기 때문에 백호로 상정하기에 무리이다. 따라서 백호는 정자 우측(북쪽)으로 멀리 보이는 550m봉이 된다. 안산은 반변천 너머 서쪽의 424m봉이다. 수구는 북쪽에서 발원한 반변천이 사두마을을 지나 안산과 외청룡 산줄기 사이로 빠져나가는 지점이다. 수구가 명확히 관쇄되어 있지는 않지만, 청룡 산줄기와 그 너머 405m봉에 의해 수구가 벌어져 있다는 느낌이 들지 않는다. 또한 수구 지점인 마을 입구에는 비보숲으로 여겨지는 나무숲이 조성되어 있다. 주강정은 주위 산줄기들에 의해 형성된 영역 내부의 후방 중앙에 위치하고 있으며, 방향은 서향(卯坐)이다.

주강정에 영향을 미치는 풍수적 사신사와 조망적 사신사 중 일치되지 않는 요소는 청룡이다. 주강정의 풍수적 청룡은 앞서 설명한 바와 같이 역수(逆水)의 기능을 하는 풍수적으로 중요한 산줄기이나 그 높이가 낮아 시각적으로 우세함을 갖지 못한다. 그 너머 405m봉이 시각적으로 뚜렷이 조망되어 조망적 청룡이 된다. 이에 따라 주강정의 조망적 사신사는 <표 74>와 같다.

<표 74> 주강정의 조망적 사신사

구분	현무(450봉)	안산(424봉)
사진		

구분	청룡(405봉)	백호(550봉)
사진		

2.32. 영주 일우정(逸愚亭)

　일우정(逸愚亭, 문화재자료 제540호)은 우엄고택과 가택결합형으로 고택건물 바로 앞에 위치하고 있는 정자이다. 일우정은 1868년에 건립한 정자로 우엄 전규병(愚广 全圭炳, 1840~1905)이 1866년에 연못을 파고 그 옆에 있는 바위에 "일우대(逸愚臺)"를 새기고, 1868년에 정자를 짓고 계당 유주목(溪堂 柳疇睦)에게 청하여 "일우정"이라 이름 지었다는 문헌기록이 남아 있다. 정자와 연못, 금석문과 편액 등 현존하는 유적을 통하여 조선시대 말기에 선비가 꾸민 유적을 연구하는 데 필요한 문헌자료가 함께 보존되어 있어 문화재로 보존할 가치가 있다.[187]

---

187) 인터넷포털 사이트 네이버(http://terms.naver.com), 위키백과.

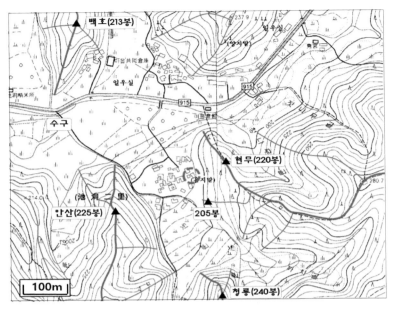

<그림 109> 일우정 일대와 주변의 지형·지세

일우정은 우엄고택과 가택결합형으로 바로 인접해 위치하고 있어, 그 둘의 사신사 설정이 거의 일치한다. 우선 현무가 고택의 현무인 220m봉으로 동일하며, 정자의 후방을 시각적으로 받치고 있다. 백호는 무명계류 너머 북서쪽의 213m봉으로 역시 고택의 백호와 일치한다. 안산 또한 정자 서쪽의 225m봉으로서 서로 동일하다.

우엄고택과 일치하지 않는 유일한 사신사는 청룡이다. 우엄고택의 청룡은 고택의 주룡(主龍)이 현무봉을 일으키기 전 서쪽으로 분지(分枝)한 산줄기(205m봉)다. 그러나 일우정은 고택의 위치보다 좀 더 앞쪽(서쪽)으로 나와 있기 때문에, 205m봉으로 이어지는 산줄기가 청룡이 되기에는 짧은 측면이 있다. 따라서 일우정의 청룡은 그 너머 남쪽으로 보이는 240m봉이 된다.

수구는 북동쪽에서 발원한 무명계류가 마을 영역을 지나 백호와 안산산줄기 사이로 빠져나가는 지점으로, 고택의 그것과 일치한다. 수구가 명확히 관쇄되어 있지 못해 수구 지점에는 안산의 산줄기와 연결해서 비보숲이 조성되어 있다. 일우정은 산줄기로 둘러싸여진 영역 내부의 중앙우측 지점에 위치하고 있으며, 그 방향은 남서향(艮坐)이다. 우엄고택에 영향을 미치는 풍수적 사신사와 조망적 사신사는 일치하며, 이에 따라 고택의 조망적 사신사는 <표 75>와 같다.

<표 75> 일우정의 조망적 사신사

구분	현무(220봉)	안산(225봉)
사진	현무(220봉) ↓	안산(225봉) ↓

구분	청룡(240봉)	백호(213봉)
사진	청룡(240봉) ↓	백호(213봉) ↓

2.33. 영천 산수정(山水亭)

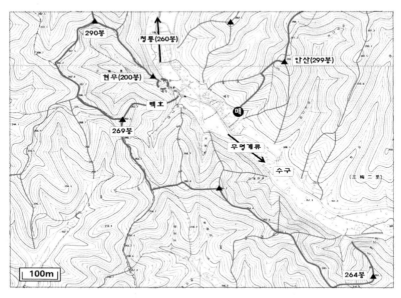

<그림 110> 산수정 일대와 주변의 지형·지세

　산수정(山水亭, 중요민속문화재 제24호)은 매산고택을 창건하기 시작한 매산 정중기가 창건한 정자로, 매산고택의 서북쪽 골짜기 암벽 위에 세워져 있다. 규모는 정면 3칸, 측면 1.5칸인데 좌우 양쪽 칸은 온돌방이며 가운데칸과 앞퇴에는 마루를 깔았다. 원래는 아랫사랑, 고방채 등 여러 부속채도 있었다고 하는데 현재는 안채, 사랑채, 사당, 그리고 산수정만 남아 있다. 지정당시 명칭은 '영천 정재영씨 가옥 및 산수정'이었으나, 2007년 1월 29일 정중기의 호를 따서 '영천 매산고택 및 산수정'으로 변경되었고, 2017년 2월 28일 '영천 매산고택과 산수정'으로 바뀌었다.[188]

산수정으로 연결되는 산줄기(主龍)는 북쪽에서 이어져 와, 290m 봉을 일으킨 다음 남동쪽으로 계속 진행해 현무인 200m봉을 일으킨다. 산수정의 입지 자체가 산줄기가 끝나고 평지가 시작되는 경사 변환점이 아니고 산줄기 자체를 타고 있기 때문에, 그 현무봉 또한 정자를 아늑하게 품고 있지 못하고 경사 급한 절벽에 가깝다.

산수정의 청룡은 바로 인접한 산줄기가 없어, 북쪽 방향으로 보이는 260m봉이 된다. 백호는 290m봉이 남쪽으로 이어져 269m봉을 일으킨 다음 동쪽으로 방향 전환해 뻗어내린 산줄기다. 무명계류가 좌선수(左旋水)인 조건에서 백호가 역수의 형태를 보이는 것은 풍수적으로 길하다. 안산은 무명계류 너머 동쪽의 299m봉이다. 매산고택의 풍수적 주산(主山)이 될 수도 있는 299m봉은 형태가 단정한 목성(木星)으로 풍수적 길상이다.

수구는 북쪽에서 발원한 무명계류가 마을 영역을 지나 안산과 외백호 산줄기 사이로 빠져나가는 지점이다. 수구가 명확히 관쇄되어 있지는 않지만, 백호 및 외백호 산줄기들이 물이 빠져나가는 것을 가려주고 있어, 정자 마당에서 수구가 벌어져 있다는 느낌은 들지 않는다. 산수정은 주위 산줄기로 둘러싸인 영역 내부의 후방좌측 지점에 위치하고 있으며, 그 방향은 동향(辛坐)이다.

산수정에 영향을 미치는 풍수적 사신사와 조망적 사신사 중 일치되지 않는 요소는 백호이다. 산수정의 풍수적 백호는 269m봉에서 동쪽으로 뻗어내린 산줄기나 정자보다 상대적 높이가 낮아 시각적 우세함을 보이지 못하며, 그 너머 264m봉이 뚜렷이 조망된다. 이에 따라 산수정의 조망적 사신사는 <표 76>과 같다.

---

188) 인터넷포털 사이트 네이버(http://terms.naver.com), 지식백과.

구분	현무(200봉)	안산(299봉)
사진		

구분	청룡(260봉)	백호(264봉)
사진		

2.34. 예천 초간정(草澗亭)

예천 초간정(醴泉 草澗亭, 시도유형문화재 제475호)은 우리나라 최초의 백과사전『대동운부군옥』을 지은 초간 권문해(1534~1591)가 세운 것으로 심신을 수양하던 정자이다. 정자는 조선 선조 15년(1582)에 처음 지었고, 선조 25년(1592) 일어난 임진왜란 때 불타 없어졌다. 광해군 4년(1612)에 고쳐 지었지만 인조 14년(1636) 병자호란으로 다시 불타버렸다. 지금 있는 건물은 선생의 원고 등을 보관하기 위해 고종 7년(1870) 후손들이 기와집으로 새로 고쳐 지은 것이다. 앞면 3칸·옆면 2칸 규모로, 지붕은 옆면에서 볼 때 여덟 팔

(八)자 모양을 한 팔작지붕이다. 초간정은 기암괴석과 주변의 경관
이 조화를 이루어 관광지로도 각광을 받고 있다.189)

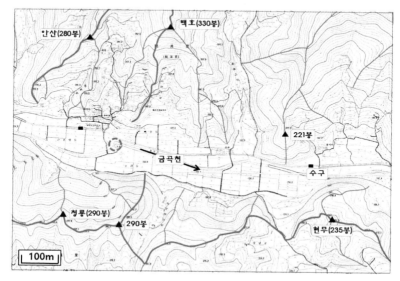

<그림 111> 초간정 일대와 주변의 지형·지세

초간정은 주위 산줄기들이 옆으로 늘어선 계곡 지형 내 금곡천과
인접해 자리하고 있다. 이에 따라 초간정과 바로 인접하는 주위 산
줄기들이 없어 풍수적 사신사를 상정하는 것이 어렵고, 정자 마당에
서 사방으로 보이는 조망적 사신사를 상정해야 한다. 초간정은 금곡
천 조망을 위해 자연스럽게 서향(乙坐)을 취하고 있다. 따라서 현무
봉 또한 초간정 후방으로 보이는 서쪽의 235m봉이 된다.

초간정의 청룡은 남서쪽의 290m봉이 되며, 백호는 북쪽의 330m

---

189) 문화재청 국가문화유산포털, 문화재검색(http://www.heritage.go.kr).

봉이 된다. 초간정의 입지가 금곡천과 인접해 계곡 지형 내에 있기 때문에, 청룡백호의 시각적 높이가 일반적인 정자의 그것에 비해 다소 높은 편이다. 안산은 북서쪽의 280m봉이다. 수구는 서쪽에서 흘러 온 금곡천이 현무와 외백호 산줄기 사이로 빠져나가는 지점이다. 수구가 잘 관쇄되어 있는 것은 아니지만, 초간정의 입지가 계곡 내 평지이기 때문에 수구가 보이지 않는다.

초간정은 주위 사신사로 둘러싸여진 내부 영역의 후방중앙 지점에 위치하고 있으며, 그 방향은 서향(乙坐)이다. 초간정에 영향을 미치는 풍수적 사신사와 조망적 사신사는 일치하며, 초간정의 조망적 사신사는 <표 77>과 같다.

<표 77> 초간정의 조망적 사신사

구분	현무(235봉)	안산(280봉)
사진		

구분	청룡(290봉)	백호(330봉)
사진		

2.35. 청도 만화정(萬和亭)

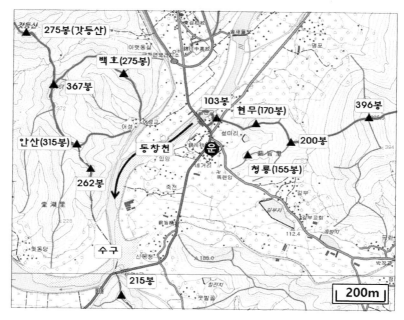

<그림 112> 만화정 일대와 주변의 지형·지세

청도 만화정(萬和亭, 중요민속문화재 제106호)은 운강고택(雲岡
故宅)의 별당으로 조선 철종 7년(1856)에 건립되었으며 박시묵이
강학(講學) 수양(修養)하던 곳이다. 안방에는 찬방과 찬마루를 따로
두었고 대청에도 여름철을 위한 찬광이 따로 마련되어 있다. 안행
랑에는 방앗간과 주인과 하인들이 따로 쓰던 변소가 있어 설계에
완벽함을 보인다. 또한 내외의 구별이 엄격하던 그 당시에 여자들
이 사랑채 앞을 피해서 드나들 수 있도록, 뒷사랑과 안 곳간이 연
결된 곳을 터서 작은 문을 만드는 세심함을 보였다. 중사랑채에는

책방과 마루방·온돌방이 있어 서당의 규모를 잘 갖추고 있다.[190)]

만화정은 동창천이 흘러가는 공격사면에 형성된 작은 바위절벽 위에 자리하고 있다. 남쪽으로 약 300m 지점의 신지리 마을에 운강고택이 있다. 만화정으로 이어지는 산줄기(主龍)은 동쪽의 396m봉에서 뻗어내려 200m봉과 170m봉을 거쳐 현무인 103m봉을 일으킨다. 현무봉은 그리 높지는 않지만 만화정의 후방을 단정히 받치고 있다.

만화정의 청룡은 200m봉에서 남서쪽으로 뻗어내려 일으킨 155m 봉이다. 백호는 동창천 너머 북서쪽의 275m봉이다. 백호의 형상이 다소 위압적이고 거친 면이 있지만 정자의 조영 목적에 비추어 오히려 어울린다고 할 수 있다. 안산은 남서쪽의 315m봉이다. 수구는 북쪽에서 발원한 동창천을 마을 영역을 지나 외청룡과 안산이 남쪽으로 뻗어간 산줄기 사이로 빠져나가는 지점으로 비교적 관쇄되어 있다.

만화정은 주위 사신사로 둘러싸여진 영역 내부의 중앙 지점에 위치하고 있으며, 그 방향은 남서향(艮坐)이다. 만화정에 영향을 미치는 풍수적 사신사와 조망적 사신사는 일치하며, 만화정의 조망적 사신사는 <표 78>과 같다.

---

190) 문화재청 국가문화유산포털, 문화재검색(http://www.heritage.go.kr).

<表 78> 만화정의 조망적 사신사

구분	현무(103봉)	안산(315봉)
사진		
구분	청룡(155봉)	백호(275봉)
사진		

IV

종택 및 정자의 입지적 특성과 경관 조망

풍수의 전통적 구성 체계는 크게 택지론(擇地論), 적지론(適地論), 비보론(裨補論)으로 대별된다. 택지론은 길지(吉地)를 찾는 논리체계로서 현대의 입지론과 상통하며, 간룡법, 장풍법, 득수법의 체계가 이에 해당된다. 적지론은 주어진 입지에서 최적의 지점을 선정하는 논리체계로서 현대의 적지론과 상통하며, 정혈법과 좌향법의 체계가 이에 해당된다. 비보론은 지리적 조건의 흠결(欠缺)을 보완하고 적지(適地)로 조성하는 논리체계로서 경관 보완론으로 환언될 수 있다.191)

사람이 살아갈 만한 장소인지를 지리적 측면에서 분석할 경우에는 풍수적 이론을 떠나 산줄기와 물줄기 조건을 보는 것은 당연하다. 그 단계는 먼저 산줄기와 물줄기를 보고 사람이 살 만한 곳인지를 대략적으로 파악한다. 그리고 산줄기 물줄기에 의해 그러한 조건을 갖춘 장소일 경우, 해당 영역에서 가장 살기 좋은 지점을 찾는다.

이러한 일반적인 입지 및 적지 분석 과정을 풍수 논리와 비교해보면, 산줄기를 분석하는 과정이 풍수 이론의 간룡법과 장풍법에 해당

---

191) 이도원, 『한국의 전통생태학』, 사이언스북스, 2004, p.80.

된다. 단 산줄기를 동일한 대상으로 바라보되, 간룡법은 산줄기 자체를 평가하는 반면, 장풍법은 산줄기와 산줄기로 둘러싸인 내부 사이의 관계에 더 주목한다. 또한 간룡법은 산줄기 중에도 중요 지점으로 이어지는 영역 후방의 산줄기에 중점을 두지만, 장풍법은 사방의 산줄기에 전부 주목한다.

입지 분석을 위한 두 번째 단계는 물줄기 분석이다. 산줄기와 산줄기가 있으면 그 사이 계곡을 통해 여러 물줄기가 형성된다. 물줄기는 동일 유역의 내부에서 발생된 것도 있고, 외부에서 흘러들어온 것도 있다. 또한 물줄기가 구불구불하게 흐르는 것도 있으며, 직선형으로 곧게 흘러가는 것도 있다. 이러한 물줄기의 특성, 즉 물줄기의 근원, 형태, 속도 등을 파악하여 사람이 살 만한 곳인지 판단한다.

세 번째 단계는 산줄기와 물줄기 분석을 통해 사람이 살 만한 장소라 생각되면, 영역 속에서 가장 살기 좋은 지점을 선택한다. 이때의 '살기 좋은'의 의미는 반드시 '집'의 기능인 안전과 보호의 의미만이 아닌 종교나 휴양 등 각자의 목적에 맞는 지점을 선택하는 것이다. 그리고 최적의 지점을 찾은 후에는 건물의 방향 선택을 하게 된다. 이러한 일반적인 입지 분석 과정과 풍수 이론과의 관계를 정리하면 <표 79>와 같다.

<표 79> 일반적 입지 분석 과정과 풍수 이론의 관계

구 분	일반적 입지 분석 과정	풍수 이론	종택 및 정자 입지적 특성
택지론	산줄기 자체	간룡법	지형 유형
	산줄기와 내부 영역과의 관계	장풍법	수평적/수직적 경관 조망
	물줄기	득수법	수경관
적지론	최적 지점 선정/방향 결정	정혈법, 좌향법	영역 내 위치와 경관 조망

1. 종택 및 정자 입지의 지형 유형

종택 및 정자 입지의 지형 유형은 산복형(山腹型), 언덕정상형(丘上型), 산록형(山麓型), 평지형(平地型), 계곡형(溪谷型)으로 분류되었다. 계곡형은 다시 계곡(횡)형과 계곡(종)형으로 구분되어 전체 6가지 유형으로 분류되었다(<표 80>). '산복형'은 산의 능선 위에 입지한 종택과 정자, '언덕정상형'은 평평한 지형 위에 솟아오른 지형에 입지한 것, '산록형'은 산줄기가 끝나고 평지와 만나는 지형에 입지한 것, '평지형'은 평평한 지형에 입지한 것이다. 그리고 '계곡(횡)형'은 계곡의 어느 한쪽에서 계류(溪流)가 옆으로 흐르는 방향을 보고 입지한 것, '계곡(종)형'은 계곡의 방향이 앞뒤로 형성되도록 입지한 것이다. 이러한 분류원칙에 따라 종택과 정자 입지의 지형 유형을 도표와 그래프로 나타내면 <표 81> 및 <표 82>와 같다.

<표 80> 종택 및 정자 입지의 지형 유형 분류

구분	산복형	언덕정상형	산록형
그림			
구분	평지형	계곡(횡)형	계곡(종)형
그림			

<표 81> 종택 및 정자 입지의 지형 유형

구분	종택 명칭	개소 (비율)	정자 명칭	개소 (비율)
산록형	법전강씨, 군위공, 성성재, 충재, 우복, 수암, 응와, 귀봉, 의성김씨, 충효당, 안동김씨, 학봉, 간재, 존재, 사월, 초간, 퇴계, 삼산, 사직공파, 우엄, 경암헌, 정양공, 매산, 옥계	24 (70.6%)	경체정, 고산정, 삼산정, 체화정, 노송정, 수운정(안동), 곡강정, 청암정	8 (22.2%)
산복형	무첨당, 서백당, 수졸당, 향단, 낙선당	5 (14.7%)	수운정(경주), 심수정, 관가정, 종선정, 석문정, 백운정, 겸암정, 옥연정, 광풍정, 간재정, 산수정	11 (30.6%)
언덕 정상형	묵계	1 (2.9%)	삼구정, 만화정, 한수정	3 (8.3%)
평지형	양진당, 상리, 사고, 운강	4 (11.8%)	방초정, 도암정, 원지정사, 주강정, 옥계정, 숙운정	6 (16.7%)
계곡 (횡)형	.	.	계정, 만귀정, 초간정, 만휴정, 석천정	5 (13.9%)
계곡 (종)형	.	.	우헌정, 일우정, 부계정	3 (8.3%)
합계		34 (100%)		36 (100%)

<표 82> 종택 및 정자 입지의 지형 유형

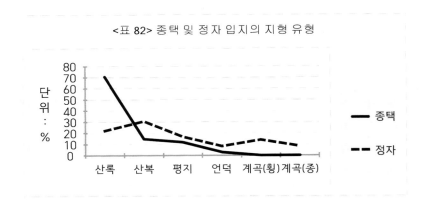

지형에 의해 입지 유형을 분류한 결과, 전체 34개소의 종택 중 '산록형' 24개소(70.6%), '산복형' 5개소(14.7%), '언덕정상형' 1개소 (2.9%), '평지형' 4개소(11.8%)였으며, '계곡(횡)형'과 '계곡(종)형'은 없었다. 그리고 전체 36개소의 정자 중 '산록형' 8개소(22.2%), '산 복형' 11개소(30.6%), '언덕정상형' 3개소(8.3%), '평지형' 6개소 (16.7%), '계곡(횡)형' 5개소(13.9%), '계곡(종)형' 3개소(8.3%)였다.

입지 유형 분류 결과 특징적인 점은 우선 전체 34개소의 종택 중 산록형이 24개소(70.6%)로 단연 우세하다는 것이다. 산록형은 우리 나라 전통마을의 전형적인 입지 형태이다. 산록은 산과 평지가 만나 는 지점으로 건축물을 짓기 위해 산이 훼손되는 것을 최대한 줄일 수 있는 곳이며, 앞에 들판이 펼쳐져 있어 지표면의 경사가 완만하 여 물길의 유속이 느려지는 곳이다. 그래서 우리나라 대부분의 전통 마을이 산록에 배산임수로 자리 잡았던 것이다.

그러나 정자의 입지 유형에서는 산복형이 11개소(30.6%)로 산록 형(8개소, 22.2%)보다 우세했다. 특히 산복형과 언덕정상형을 합치 면 전체 14개소(38.9%)가 된다. 이것은 종택의 입지 유형에서 산록 형과 평지형을 합친 개소가 28개소(82.4%)로 우세한 것과 대비된다. 즉 산록형과 평지형은 대체로 낮은 위치인 반면, 산복형과 언덕정상 형은 상대적으로 높은 위치이다. 따라서 종택의 입지는 낮은 위치의 입지가 선호되고, 정자의 입지는 높은 위치의 입지가 선호되었음을 알 수 있다.

2. 종택 및 정자 입지의 수평적 경관 조망

종택 및 정자에서의 수평적 경관 조망 측정을 통해 수평적 환포감을 비교할 수 있다. 수평적 경관 조망은 종택 및 정자를 기준으로 수평적 경관 조망 범위를 각도에 따른 유형으로 분류한 것으로서, '환포형', '1면 개방형', '2면 개방형', '3면 개방형', '전면 개방형', '폐쇄형'으로 총 6가지 유형으로 분류했다. 분류 기준은 종택의 마당과 정자에서 사방을 둘러보아 시각적으로 조망되는 사신사의 높이로 정했다.

풍수 이론에서는 각 지점에서 시각적으로 조망되는 산줄기[192]의 적절한 높이를 측정자의 가슴에서 이마 정도의 높이로 밝히고 있다.[193] 이는 가슴 높이 아래의 산줄기는 외부에서 불어오는 바람의 막아주는 역할에 있어 한계가 있음과 동시에 환포감을 느낄 수 없는 높이일 것이다. 그리고 이마 높이를 넘어서는 산줄기는 적절한 환포감을 넘어서 심리적으로 압박감을 주는 높이가 될 것이다.

이러한 기준에 따라, 측정자의 '눈높이' 이하로 조망되는 사신사의 개수에 따라 '-면 개방형'으로 지정했다. '눈높이'는 위로 쳐다보는 앙감(仰瞰)과 아래로 내려다보는 부감(俯瞰)을 나누는 기준이 되기 때문이다. 이에 따라 사방의 사신사가 모두 '눈높이' 위로 조망되면 '환포형'이며, '눈높이' 이하로 조망되는 사신사의 개수에 따라 '1면

---

192) 풍수 이론에서 구체적인 높이의 길흉에 대해 밝히고 있는 것은 혈장에서 정면으로 보이는 가장 가까운 산의 의미인 '안산'이다. 그러나 각 터에서 느껴지는 '환포감'의 형성은 정면의 산줄기뿐만 아니라 주위 사방의 산줄기들이 모두 영향을 미칠 것이다. 따라서 본 연구에서는 종택과 정자를 둘러싼 사방의 산줄기를 대상으로 안산과 동일한 높이 규정을 적용했다.

193) 김두규 저, 앞의 책, p.319.

개방형', '2면 개방형', '3면 개방형', '전면 개방형'이 된다. 그리고 '현무'를 제외한 사신사 중 2개 이상의 높이가 '이마'를 넘어설 경우 '폐쇄형'으로 지정했다. 종택 34개소와 정자 36개소의 경관 조망 범위를 도식화하면 <표 83>과 <표 84>와 같다.

<표 83> 종택 34개소의 수평적 경관 조망

종택	서백당	낙선당	무첨당	향단
그림				
유형	2면 개방형	2면 개방형	1면 개방형	환포형
종택	수졸당	정양공종가	충재종택	경암헌고택
그림				
유형	1면 개방형	환포형	환포형	환포형
종택	법전강씨종택	군위공종택	옥계종택	우복종가
그림				
유형	환포형	환포형	환포형	폐쇄형
종택	수암종택	응와종택	양진당	충효당
그림				
유형	환포형	환포형	2면 개방형	1면 개방형

종택	의성김씨종택	학봉종택	귀봉종택	안동김씨종택
그림				
유형	환포형	환포형	1면 개방형	1면 개방형
종택	간재종택	퇴계태실	묵계종택	삼산종택
그림				
유형	환포형	환포형	환포형	환포형
종택	상리종택	사직공파구택	성성재종택	존재종택
그림				
유형	1면 개방형	환포형	환포형	폐쇄형
종택	사월종택	사고종택	우엄고택	매산고택
그림				
유형	환포형	환포형	환포형	환포형
종택	초간종택	운강고택		
그림				
유형	1면 개방형	1면 개방형		

정자	관가정	수운정(경주)	계정	심수정
그림				
유형	2면 개방형	2면 개방형	환포형	2면 개방형
정자	방초정	청암정	석천정	한수정
그림				
유형	2면 개방형	1면 개방형	폐쇄형	환포형
정자	도암정	경체정	종선정	옥계정
그림				
유형	1면 개방형	2면 개방형	환포형	환포형
정자	대산루 부 계정	만귀정	겸암정	옥연정
그림				
유형	환포형	환포형	전면 개방형	1면 개방형
정자	원지정사	석문정	광풍정	백운정
그림				
유형	2면 개방형	3면 개방형	3면 개방형	2면 개방형

정자	삼구정	간재정	노송정	만휴정
그림				
유형	전면 개방형	2면 개방형	환포형	폐쇄형
정자	삼산정	체화정	곡강정	고산정
그림				
유형	1면 개방형	3면 개방형	2면 개방형	폐쇄형
정자	수운정(안동)	우헌정	숙운정	주강정
그림				
유형	환포형	폐쇄형	1면 개방형	환포형
정자	일우정	산수정	초간정	만화정
그림				
유형	환포형	1면 개방형	2면 개방형	3면 개방형

종택 34개소와 정자 36개소의 수평적 경관 조망 범위를 표와 도식으로 나타내면 각각 <표 85>와 <표 86>과 같다.

구분	종택	개소 (비율%)	정자	개소 (비율%)
환포형	향단, 의성김씨, 학봉, 간재, 퇴계, 묵계, 삼산, 사직공파, 성성재, 충재, 경암헌, 법전강씨, 군위공, 옥계, 정양공, 수암, 웅와, 사월, 사고, 우엄, 매산	21 (61.8%)	계정, 노송정, 수운정, 한수정, 종선정, 옥계정, 부계정, 만귀정, 주강정, 일우정	10 (27.8%)
1면 개방형	무첨당, 수졸당, 충효당, 귀봉, 안동김씨, 상리, 초간, 운강	8 (23.5%)	옥연정, 삼산정, 청암정, 도암정, 숙운정, 산수정	6 (16.7%)
2면 개방형	서백당, 낙선당, 양진당	3 (8.8%)	원지정사, 관가정, 수운정, 심수정, 백운정, 간재정, 곡강정, 경체정, 방초정, 초간정	10 (27.8%)
3면 개방형	.	.	석문정, 광풍정, 체화정, 만화정	4 (11.1%)
전면 개방형	.	.	겸암정, 삼구정	2 (5.6%)
폐쇄형	우복, 존재	2 (5.9%)	만휴정, 고산정, 석천정, 우헌정	4 (11.1%)
합계		34		잘못된 계산식

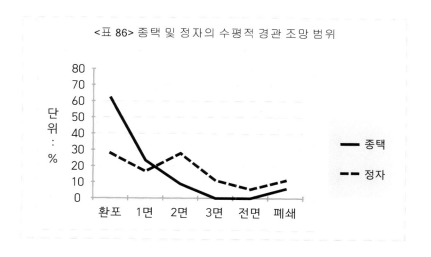

<표 86> 종택 및 정자의 수평적 경관 조망 범위

분석 결과 종택의 경우 환포형과 1면 개방형을 합친 개소는 29개소(85.3%)에 달했다. 반면 2면 개방형은 3개소(8.8%)였으며, 3면 개방형과 전면 개방형은 없었다. 이와 달리 정자의 경우 환포형과 1면 개방형을 합친 개소가 16개소(44.4%)로서 종택 비율의 절반에 그쳤다. 반면 2면·3면·전면 개방형을 합친 개소가 16개소(44.4%)로 종택보다 상대적으로 높은 비율을 차지했다. 결과적으로 종택은 환포된 경관이 선호되는 입지에, 정자는 개방형 경관이 선호되는 입지에 위치함을 알 수 있다.

<표 87> 종택 및 정자의 수평적 평균 경관 조망 범위

구분	수평적 경관 조망 유형	열린각도 지수	개소	열린각도 ×개소	평균 경관 조망 범위(°)
종택	환포형	0	21	0	37.06
	1면 개방형	90	8	720	
	2면 개방형	180	3	540	
	3면 개방형	270	0	0	
	전면 개방형	360	0	0	
	폐쇄형	0	2	0	
정자	환포형	0	10	0	100
	1면 개방형	90	6	540	
	2면 개방형	180	10	1800	
	3면 개방형	270	4	540	
	전면 개방형	360	2	720	
	폐쇄형	0	4	0	

종택 34개소 및 정자 36개소의 수평적 경관의 열린 각도를 의미하는 평균 경관 조망 범위 값 또한 이를 뒷받침한다(<표 87>). 평균 경관 조망 범위를 구하기 위해, 우선 경관 조망 유형별로 열린 각도 지수를 산정한다. 그래서 환포형과 폐쇄형은 0도, 1면 개방형은 90

도, 2면 개방형은 180도, 3면 개방형은 270도, 전면 개방형은 360도로 산정했다.

둘째, 열린 각도 지수에 경관 조망 유형별 개소를 곱한다. 마지막으로 두 번째 단계에서 구해진 전체 합산 수치를 종택 및 정자 개소인 34와 36으로 각각 나누어 종택 및 정자의 평균 경관 조망 범위를 구한다. 계산 결과, 종택은 약 37.06°, 정자는 약 100°로서, 정자의 평균 경관 조망 범위가 종택의 그것에 비해 약 2.7배 열린 경관이 보장되었다.

3. 종택 및 정자 입지의 수직적 경관 조망

종택과 정자에서의 환포감과 바람의 세기는 수평적 경관 조망 범위뿐만 아니라 수직적인 요소인 사신사의 시각적인 높이에 의해서도 영향을 받는다. 종택과 정자에서 측정되는 시각적인 높이는 D/H와 앙각을 측정함으로써 가능하다. 종택과 정자 각각의 장소감을 형성하는 데 큰 영향을 미치는 것 중의 하나가 환포감인데, 이러한 환포감에 관한 지금까지의 연구는 가로폭(D)과 대상물의 높이(H)인 D/H 이론과, 시선의 쳐다보는 각도인 앙각에 의해 이루어졌다.[194] 이러한 D/H 이론은 대상 안에서 주체가 느끼는 환경지각적 인식을 잘 보여준다. 즉 여러 산들이 연결되어 마을을 감싸고 도는 수평적 인식과, 가깝고 먼 거리에 따라 느껴지는 수직적 인식이 합쳐져 있

---

194) 형성은, 「도시공간에 있어서 둘러싸인감의 적용방법에 대한 연구」, 감성과학 9(3), 2006, p.278.

는 개념인 것이다.

3.1. D/H 이론과 앙부각

인간은 어떤 대상을 바라볼 경우, 고개를 들어 위를 쳐다봐야 할 때도 있고, 그 반대로 아래를 내려다볼 때도 있다. 평지에서 산 위나 빌딩을 바라볼 때는 고개를 들어 위로 쳐다봐야 하며, 언덕이나 산 위에 있는 전망대에서 경치를 즐길 때에는 아래를 내려다본다. 이때 위를 쳐다볼 때 수평 방향에서 위쪽으로 열린 각도를 '앙각(仰角)'이라 하고, 그 반대로 아래로 내려다 볼 때 수평 방향에서 아래쪽으로 열린 각도를 '부각(俯角)'이라고 한다.

앙각과 부각은 인간과 대상 건물간의 수평 거리(Distance)와 그 건물의 높이(Height)의 비례를 나타내는 D/H 이론과 더불어 조경학 등 여러 분야에서 경관평가 방법의 하나로 이용되어 왔다. 이를 위해 앙부각 및 D/H값과 인간의 시각적 심리에 어떤 연관이 있는지 여러 연구가 진행되어 왔다. 이에 많은 연구들은 인간이 머리를 편안히 움직일 수 있는 각도의 범위는 아래쪽으로 30°(부각)에서부터 위쪽으로 25°(앙각) 사이임을 밝혔으며,[195] D/H값은 기준 수치를 D/H 1~4의 범위로 잡고 있다.[196]

즉 D/H=1(앙각 45°)은 대상물 전체를 인지하기 힘들고, 위요감을 넘어 마치 밀실에 들어온 듯 폐쇄감을 느끼게 된다. D/H=2(앙각 27°)는 대상물 전체가 인지됨과 동시에 대상물의 적당한 상세 부분

---

195) 황기원, 『경관의 해석』, 서울대학교출판문화원, 2011, p.317.

196) 형성은, 앞의 논문, pp.278~279, 정춘국·김기환, 「가로경관의 정량적 분석틀 제공을 위한 입면지도 적용에 관한 연구」, 한국생태환경건축학회논문집 8(5), 2008, p.44.

도 인지 가능한 비례로서, 환
포감을 느낄 수 있는 임계치이
다. D/H=3(앙각 18°)은 대상
물이 원경으로 인지되기 시작
하며, 환포감을 느낄 수 있는
최저치이다. D/H=4(앙각 14°)
는 대상물이 원경에 포함되어
느껴지며, 환포감이 소실되는
비례이다.

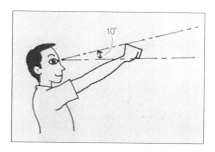

출처: 나카무라 요시오 저, 강영조 옮김, 『풍경의 쾌
락』, p.26.

<그림 113> 주먹의 시각크기 범위

그러나 기존의 많은 연구들의 측정 대상물은 건축물이었으며, 이
에 따른 인간의 시각적 느낌 또한 인간과 건축물 사이의 거리 및 높
이를 따져 구해진 결과였다. 그러나 본 연구의 환포감을 측정하고자
하는 대상물은 건축물이 아니며 종택 및 정자 주위의 산줄기이다.
인간이 일정한 측정 대상물群인 건축물에 가까이 다가가서 쳐다보
며 느끼는 시각적 심리와 사방을 둘러싸고 있는 산과 언덕과 같은
자연경관을 통해 느끼는 시각적 심리에는 차이가 있을 것이다.

실제로 자연경관과 앙부각에 대한 연구는 앙각 10° 정도가 인간이
편안함을 느낄 수 있는 한계 시각의 기준치로 밝히고 있다. 이 수치는
앞의 건축물과 앙각에 대한 연구에서 인간이 환포감을 느낄 수 있는
최저치인 앙각 18°에 비해 현저히 작은 수치이지만, 실제로 대상이 산
일 경우 현장에 서서 보면 예상 외로 크게 느껴진다.[197] 좀 더 세분하
면, 산을 조금 작게 볼 때는 5°, 크게 볼 때는 10°까지가 '보기 쉬운'
시각 크기다. 현장에서 쉽게 확인하는 방법은 팔을 쭉 뻗었을 때 눈높

197) 나카무라 요시오 저, 김재호 옮김, 『풍경학 입문』, 도서출판 문중, 2008, p.67.

이에서 주먹의 시각 크기가 약 10° 범위에 해당한다(<그림 113>).[198]

부각 또한 인간이 머리를 편안히 아래로 내려다볼 수 있는 각도는 부각 30°까지이나, 실제로 자연을 대상으로 할 경우 부각 10° 이내가 시각적으로 편안함을 느끼게 되어 풍경 감상에 적절하다.[199] 이것은 드레이퍼스(H. Dreyfus)가 직립자세를 취한 인간에게 자연스러운 시선이 부각 10°라고 지적했던 것과 유사한 수치이다.

풍수에서는 혈장 정면에 가장 가까이 있는 산을 안산(案山)이라 하며, 안산 뒤로 있는 산들을 모두 조산(朝山)이라 한다. 풍수 술법에서는 안산을 재물과 부(富)에 연결시켜, 안산이 단정하고 귀한 형상이면 집안에 부가 쌓인다고 해석한다. 그래서 전통가옥들의 대문이나 건물의 좌향(坐向)을 주변에서 반듯한 산을 향해 배치한 사례를 많이 볼 수 있다.

풍수에서 안산을 해석할 때, 또 하나 중요하게 보는 것이 그 높이다. 안산의 높이는 너무 높아서도 안 되며, 반대로 너무 낮아서도 안 된다. 풍수 고전 『인자수지(人子須知)』는 안산의 형상이 비록 귀하더라도 그 거리가 너무 가까워 혈장을 핍박(逼迫)하면 사람이 흉하게 되고 어리석은 자가 나온다고 했으며,[200] 고탁장로(辜託長老)의 『입지안전서(入地眼全書)』에서도 안산이 너무 높을 경우 핍착(逼岌)하고, 반대로 너무 낮을 경우 공허할 우려가 있다고 했다.[201]

풍수는 안산의 적절한 높이는 혈장에 있는 사람을 기준으로 가슴

---

198) 나카무라 요시오 저, 강영조 옮김, 『풍경의 쾌락』, 효형출판, 2007, p.26.

199) 나카무라 요시오 저, 김재호 옮김, 앞의 책, p.73.

200) 서선계·서선술 저, 김동규 역, 앞의 책, p.54. "楊公云, 案山逼迫人凶頑."

201) 辜託長老 著, 萬樹華 編, 淸湖仙師 譯註, 앞의 책, p.168, "案山宜近太近則逼 朝山宜遠太遠則空曠."

에서 이마 정도의 높이로 밝히고 있다.202) 이때 안산의 높이는 그 절대적인 높이(標高)만을 뜻하는 것이 아니라 혈장에서 안산까지의 거리를 고려한 안산의 상대적인 높이를 가리킨다. 그래서 안산이 너무 높으면 혈장을 위압하고, 반대로 너무 낮으면 앞에서 불어오는 바람을 막아주는 장풍의 역할을 제대로 할 수 없게 되는 것이다.

안산의 적절한 높이를 산정함에 있어 혈장에서 안산까지의 거리를 고려한 안산의 상대적인 높이를 고려한다는 것은 D/H와 연결이 된다는 의미이다. 즉 혈장에서 안산까지의 거리가 D가 되며, 안산과 혈장과의 표고차가 H가 된다. 그래서 D/H값이 작을수록 안산이 혈장과의 거리에 비해 그 높이가 높아 혈장을 위압하는 것이며, 반대로 D/H값이 클수록 안산이 혈장과의 거리에 비해 그 높이가 낮아 안산의 역할을 제대로 못 한다는 의미가 된다.

또한 D/H를 적용함에 있어 안산에만 국한해서는 안 되며, 주산과 청룡백호에도 적용할 필요가 있다. D/H값이 작아 혈장을 위압하는 심리적인 문제나 반대로 D/H값이 커서 장풍의 역할을 제대로 못한 다는 논리는 안산에만 국한되지 않고 혈장을 둘러싸고 있는 사신사에 모두 적용되기 때문이다.

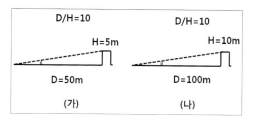

<그림 114> 동일한 D/H에서의 거리와 높이의 차이

---

202) 김두규 저, 앞의 책, p.319.

D/H를 청룡·백호에 적용시키기 위해서는 한 가지 고려사항이 있다. 즉 동일한 D/H라 해서 비교 대상인 두 개 산 능선의 풍수적 길흉이 동일하다고는 할 수 없다. <그림 114>의 (가)와 (나)는 D/H가 동일하게 10이다. 이는 혈장에서 두 대상물(산)을 바라보았을 때, 느껴지는 높이 및 폐쇄감은 비슷하나 실제 거리 및 높이가 2배 차이 남을 의미한다.

풍수에서는 거리가 가까울수록 산이 터에 미치는 영향력이 크다고 본다. 그래서 청룡·백호를 포함한 사신사가 동일한 D/H값이라 하더라도, 그 거리가 가까이 있는 것이 좋은 방향이든 나쁜 방향이든 더 큰 영향력을 미치게 된다.

한편 조망점을 기준으로 한 양택 개념에서는 <그림 114>의 (가)가 풍수적 길격으로 볼 수 있으나, 조망점을 포함한 양기적인 개념에서는 (나)가 보다 풍수적 길격으로 볼 수 있다. 동일한 D/H에서 조망점과 산과의 거리 및 상대표고가 높다는 것은 그만큼 영역이 크다는 것을 의미하기 때문이다. 그리고 혈장에서 위로 바라보는 앙각은 '앙각(θ)=tan^{-1}(H/D)' 식을 통해 측정된다.

3.2. 종택 및 정자 사신사의 D/H와 앙각 측정

본 연구에서 종택 및 정자의 사신사의 D/H 및 앙각을 측정하는 목적은 사신사의 풍수적 길흉을 따지는 것보다 두 종류의 각 장소에서 느낄 수 있는 장소감의 차이를 알아보는 것이다. 따라서 몇 가지 원칙을 정하여 측정했다.

첫째, 풍수 이론에서의 현무는 혈
장 뒤에서 혈을 받치고 있는 산을 의
미한다. 여기서 '혈장의 뒤'라는 의미
는 단순한 앞과 뒤의 개념이 아니고,
현무와 혈장 사이에 산줄기가 연결이
되어 있어야 하는 전제가 있다. 단지
혈장의 후방에 있다고 모두 현무가
되는 것은 아니라는 뜻이다. 그래서

<그림 115> 조망적 사신사의 설정

풍수 이론은 사신사 중에서 현무를 가장 우선적인 고려사항에 두며,
터의 길흉을 판단할 때 현무에서 혈장으로 이어지는 산줄기의 상태
부터 살피게 된다.

그러나 본 연구의 목적은 앞서 설명했듯이 경관심리학적 관점에
서의 장소감 측정이다. 그래서 본 연구는 각 장소에서 생활하고, 그
장소를 이용하는 내부자의 시선을 강조하여 종택 및 정자의 전방을
우선적으로 고려했다. 특히 정자는 풍경의 감상이 그 장소감을 형성
하는 큰 목적의 하나임에 따라 후방보다는 전방을 중요시하는 것이
더욱 합리적이라 판단된다.

이러한 개념에 따라 먼저 종택(정자)을 중심으로 한 사방을 90°도
씩 네 구역으로 나누었다(<그림 115>). 그리고 종택(정자)이 바라보
고 있는 정면 90°를 '안산' 구역으로 지정한 다음, 그 후방을 현무 구
역, 좌측을 청룡 구역, 우측을 백호 구역으로 지정했다. 사신사의 측
정은 각 구역에서 시각적으로 가장 높은 산봉우리를 중심으로 이루
어졌다. 이때 풍수적으로 지칭할 수 있는 각 사신사보다 시각적으로

높은 외사신사가 있을 경우, 외사신사를 기준으로 측정했다. 풍수이론에서는 혈장에서 멀리 떨어진 사신사보다 가까운 사신사의 영향력을 더욱 높게 평가한다. 그러나 앞의 산줄기보다 시각적으로 더 높은 산줄기가 뒤에 있다면, 그 뒤의 산줄기가 내부자의 앙부감 형성에 더 큰 영향을 미치게 된다. 따라서 측정 또한 시각적으로 더 높은 산줄기를 기준으로 했다.

둘째, 측정 지점은 종택은 마당을, 정자는 정자 내부를 기준으로 정했다. 종택의 경우 본채의 마루가 그 속에서 생활하는 거주자의 입장에서 보다 객관적인 기준점으로 판단되었으나, 출입 제한 등의 사유로 마당의 중앙을 기준점으로 정했다. 정자는 정자 내부를 기준점으로 정했으나, 출입이 제한된 곳은 종택과 동일하게 마당을 기준점으로 정했다. 또한 측정 높이는 측정 지점의 표고에서 1.5m를 더한 값을 기준으로 했다. 수치 1.5m는 2013년 현재 한국인의 남성 성인 평균 신장인 170.5cm[203]의 눈높이에 해당되는 높이로서, 측정자가 종택 및 정자의 마당에 서 있는 상태에서의 눈높이와 일치한다. 따라서 종택 건물의 평균 마루높이와 마루에 앉은 거주인의 앉은키를 고려하면, 마루에 앉아 있는 거주인의 눈높이는 마당에 서 있는 상태에서의 눈높이와 비슷하다고 할 수 있다. 이러한 원칙에 따라 종택 34개소와 정자 36개소 사신사의 D/H와 앙각을 측정한 평균값이 <표 88>이며, 이를 도식화한 것이 <그림 116>이다.

---

203) 통계청 통계설명자료, 평균신장분포현황.

<표 88> 사신사의 D/H 및 앙각의 평균값

구 분		종택	정자	정자 28개소 (계곡형 제외)	정자 8개소 (계곡형)
평균 표고(m)		139.79	168.64	162.50	181.50
현 무	표고(m)	197.12	251.71	236.64	285.88
	거리(m)	262.53	590.83	608.61	461.75
	D/H	5.06	4.95	5.41	4.74
	앙각(。)	14.31	16.04	14.98	18.19
안 산	표고(m)	276.97	278.66	274.86	296.50
	거리(m)	1,660.88	1,229.69	1,396.21	663.13
	D/H	10.20	13.52	15.63	5.23
	앙각(。)	7.57	7.38	6.26	11.48
청 룡	표고(m)	225.59	279.44	294.82	225.63
	거리(m)	640.06	896.56	1,092.11	212.13
	D/H	6.85	12.66	14.65	5.69
	앙각(。)	9.74	9.13	8.25	12.21
백 호	표고(m)	200.38	294.11	312.54	229.63
	거리(m)	477.65	1,352.14	1,653.29	298.13
	D/H	8.51	10.43	9.90	12.29
	앙각(。)	8.32	7.88	7.13	10.51

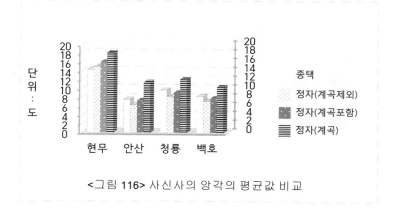

<그림 116> 사신사의 앙각의 평균값 비교

정자는 지형 유형 분류상 계곡형인 8개소와 그 외 28개소를 구분하여 결과를 도출했다. 계곡형 정자의 건축 목적은 원거리 조망보다 수경의 즐김에 있다고 여겨진다. 실제로 조망경관 분류상 폐쇄형에 속하는 4개소가 모두 계곡형에 속했다.[204] 그래서 연구는 계곡형 정자 8개소를 포함한 정자 36개소의 평균값, 계곡형 정자 8개소를 제외한 정자 28개소의 평균값, 계곡형 정자 8개소의 평균값으로 구분해서 결과를 도출함으로써 앙부감 측정의 객관성을 높였다.

종택 및 정자 사신사의 앙각 평균값을 비교한 결과는 다음과 같다. 첫째, 현무의 앙각 평균값이 다른 사신사의 그것에 비해 높은 공통점이 있었다. 이것은 종택 및 정자의 입지 둘 다 배산임수에 따른 후고전저(後高前低) 지형이 선호되었음을 의미한다. 특이한 점은 다른 사신사와 달리 현무의 경우, 정자의 앙각 평균값이 종택의 그것보다 1.73° 크다는 것이다. 이것은 종택 및 정자의 입지 유형의 차이에 기인한다.

종택의 입지 유형은 산록형과 평지형을 합친 개소가 28개소(82.4%)로 단연 압도적이다. 산록형은 산과 평지가 만나는 지점으로 종택 후방의 현무가 대부분 낮고 아담하며, 평지 또한 현무가 낮고 아담하거나 종택과 거리가 떨어져 있다. 반면 정자의 입지 유형은 산복형의 비율이 상대적으로 높다(11개소, 30.6%). 산복형은 대체로 높은 위치인 반면 배후의 산에 밀착한 경우가 많기 때문에, 오히려 현무의 앙각 평균값이 커지는 것이다.

둘째, 현무를 제외한 종택 사신사의 앙각 평균값이 정자의 그것에 비해 더 컸다. 그 차이는 안산이 0.18°, 청룡 0.61°, 백호 0.48°로서,

---

204) 수평적 경관 조망 유형 중 '폐쇄형'에 속하는 4개 정자(만휴정·석천정·우헌정·고산정) 중 고산정을 제외한 3개 정자의 입지유형이 계곡형이다.

종택 사신사의 앙각 평균값이 근소하게 컸다. 그러나 계곡형을 제외한 정자 28개와 비교하면 그 차이는 안산이 1.3°, 청룡 1.49°, 백호 1.19°로 더욱 차이가 벌어지게 된다. 이로써 종택은 정자보다 상대적으로 앙감을 느낄 수 있는 입지를 선호함을 알 수 있다. 이것은 또한 앞서 살펴본 수평적 경관 조망 범위에서, 종택이 정자에 비해 닫힌 경관적 장소를 선호하는 것과 같은 맥락이다.

안산의 경우는 다른 사신사와 구별해 좀 더 구체적으로 살펴볼 필요가 있다. 사신사 중에서 안산은 시각적 노출이 가장 많은 산으로서, 그 시각적 높이는 종택과 정자 거주자의 심리에 많은 영향을 미칠 수 있기 때문이다. 이에 종택 및 정자의 안산 앙각의 평균값 범위를 5°씩 구분해보았다. 그 결과가 <표 89>이며, 이를 다시 도식화한 것이 <그림 117>이다.

<표 89> 종택 및 정자 안산의 앙각 범위

구 분	종택(34개소)		정자(계곡형 제외한 28개소)	
	명칭	개소 (%)	명칭	개소 (%)
0도이하	·	·	·	·
0°초과~ 5°이하	서백당, 낙선당, 충효당, 의성김씨, 귀봉, 안동김씨, 상리, 경암헌, 수암, 초간, 운강	11 (32.4%)	수운정(경), 심수정, 석문정, 광풍정, 백운정, 삼구정, 간재정, 삼산정, 체화정, 곡강정, 도암정, 경체정, 숙운정	13 (46.4%)
5°초과~ 10°이하	향단, 수졸당, 양진당, 학봉, 간재, 삼산, 사직공파, 충재, 법전강씨, 옥계, 정양공, 응와, 사월, 존재	14 (41.2%)	관가정, 겸암정, 옥연정, 원지정사, 노송정,고산정, 청암정, 한수정, 종선정, 방초정, 만화정	11 (39.3%)
10°초과~ 15°이하	무첨당, 퇴계, 묵계, 성성재, 군위공, 우복, 우엄	7 (20.6%)	수운정(안), 옥계정, 주강정, 산수정	4 (14.3%)
15°초과	사고, 매산	2 (5.9%)	·	·
합계	34개소(100%)		28개소(100%)	

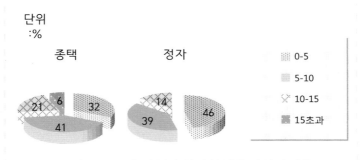

단위
:%

종택　　　　정자

0-5
5-10
10-15
15초과

종택: 6, 32, 41, 21
정자: 14, 46, 39

<그림 117> 종택 및 정자 안산의 앙각 범위별 비율

　구분 결과, 종택과 정자의 공통점은 종택의 73.5%, 정자의 85.7%
라는 절대적 비율이 앙각 0～10° 범위 내에 있다는 것이다. 과거 종
택 및 정자의 입지 선정 과정 간 고려되는 여러 조건들 중에는 정면
으로 보이는 앞산의 높이가 시각적 편안함을 주어야 한다는 항목 또
한 포함되어 있었을 것이다. 이 가정을 받아들인다면, 절대적 비율
을 차지하는 앙각 0～10° 범위는 인간에게 본능적으로 시각적 편안
함을 느끼게 하는 높이라고 할 수 있다.

　높은 비율의 종택 및 정자가 가진 안산의 앙각 0～10° 범위는 풍
수 이론에서 설명하는 안산의 시각적 높이와도 유의미한 관련이 있
다. 풍수에서는 안산의 적절한 시각적 높이를 가슴에서 이마까지의
높이로 규정하고 있다. 그래서 산의 시각적 높이가 가슴 아래일 경
우 앞에서 불어오는 바람에 그대로 노출되며, 사람은 본능적으로 공
허감을 느끼게 된다. 반대로 산의 시각적 높이가 이마를 넘어선다면,
사람은 본능적으로 위압감을 느끼게 된다.

　가슴에서 이마까지의 높이에는 앙각과 부각의 개념이 둘 다 포함

되어 있다. 즉 가슴에서 눈높이까지는 부각이며, 눈에서 이마 높이는 앙각이 된다. 그런데 0~5°와 5~10° 범위에서, 종택은 5~10° 범위가 우세한 반면, 정자는 0~5° 범위가 우세하다. 이것은 인간에게 시각적 편안한 느낌을 주는 앙각 0~10° 범위 내에서도, 종택은 앙감을 느낄 수 있는 입지가 선호되는 반면, 정자는 좀 더 부감에 가까운 조망감을 느낄 수 있는 입지가 선호되었음을 의미한다.

종택 및 정자의 안산의 앙각과 시각적 높이 사이의 관계를 분석하기 위해, 종택 및 정자에서 보이는 조망적 사신사의 시각적 높이를 측정했다. 이를 위해 다음 <표 90>과 같은 기준을 정했다. 먼저 '눈높이'는 앙감(仰瞰)과 부감(俯瞰)을 나누는 기준으로 '시각지수 0'으로 설정했다. 그리고 앙감은 이마, 정수리, 정수리 초과 높이의 단계별로 시각지수가 1단계 올라가도록 설정했다. 반대로 부감은 턱, 가슴, 가슴 아래 높이의 단계별로 시각지수가 마이너스(-)값으로 하향하도록 설정했다.

<표 90> 조망적 사신사의 시각적 높이 측정 기준

구 분	가슴높이 미만	가슴 높이	턱 높이	눈 높이	이마	정수리	정수리 초과
시각지수	-3	-2	-1	0	1	2	3
앙부감	내려다보는 느낌(부감)			기준치	위로 쳐다보는 느낌(앙감)		
풍수이론	공허	길격의 높이				압박	

이러한 기준에 따라 측정한 종택 및 정자의 조망적 사신사의 시각지수 평균값이 <표 91>이다. 결과를 보면, 현무를 제외한 종택의 사신사의 시각지수 평균값이 정자의 그것보다 높다. 그중 안산의 경우,

종택은 시각지수 1로서, 이것은 실제 현장에서 이마 정도의 높이로 조망되는 값이다. 정자는 계곡지형을 포함한 36개소는 시각지수 0.81, 계곡지형을 제외한 28개소는 시각지수 0.57로서, 이것은 눈과 이마 높이의 중간 정도로 조망되는 값이다. 이로써 종택 및 정자의 안산의 시각적 평균 높이는 풍수에서 길격으로 여겨지는 눈에서 이마 높이까지임을 알 수 있다. 또한 종택의 평균 높이 값이 정자의 그것보다 더 크다는 것을 알 수 있다.

<표 91> 조망적 사신사의 시각지수 평균값[205]

구 분	현 무	안 산	청 룡	백 호
종 택	1.94	1.00	1.18	1.03
정자(계곡지형포함 36개소)	1.86	0.81	1.00	0.81
정자(계곡지형제외 28개소)	1.79	0.57	0.86	0.61

<표 92> 종택 및 정자 62개소 안산의 앙각과 시각지수 비교

안산의 앙각			시각지수		
앙각 범위	개소 (종택+정자)	비율(%)	비율(%)	개소 (종택+정자)	시각지수
0°~5°	24(11+13)	38.7	33.9	21(6+15)	시각지수 0
5°~10°	25(14+11)	40.3	53.2	33(23+10)	시각지수 1
10°~15°	11(7+4)	17.7	11.3	7(4+3)	시각지수 2
15° 초과	2(2+0)	3.2	1.6	1(1+0)	시각지수 3
62개소(100%)			62개소(100%)		

좀 더 구체적으로, <표 92>와 같이 종택 및 정자 안산의 시각지수를 앙각 범위와 비교해보았다. 그 결과 앙각 범위는 49개소(79%)가

---

205) 종택 및 정자의 조망적 사신사의 시각적 높이 측정값은 <부표>에 있다.

0~10° 범위, 시각지수는 54개소(87.1%)가 0~1 범위 내에서 절대적 비율을 차지했다. 이것은 앙각 0~10° 범위와 시각지수 0~1 범위 사이에 유의미한 관계가 있음을 보여준다. 즉 안산의 시각적 높이가 눈높이(시각지수 0)보다 낮거나 그 반대로 이마높이(시각지수 1)를 초과한다면, 그 안산은 종택 및 정자의 안산으로서 풍수적 격이 떨어지게 되는 것이다.

4. 종택 및 정자의 영역 내 위치와 경관 조망

4.1. 종택 및 정자의 영역 내 위치

일상생활을 위한 종택이나 일정 기간의 학문 및 유식을 위한 정자는 각자의 조영 목적에 맞는 장소감을 얻을 수 있는 자리에 위치하고 있다고 가정할 수 있다. 이에 따라 종택 및 정자는 이를 둘러싸고 있는 영역 내에서의 입지적 특성 또한 구별될 것으로 예상할 수 있다. 이에 대한 확인을 위해, 종택 및 정자를 둘러싸고 있는 산줄기가 하나의 '영역을 형성'하고 있는 곳을 조사했다.

이때 '영역 형성'의 기본적 범위는 산줄기 개념에서 하나의 연결된 산줄기가 둘러싸 외부와 구획된 내부 영역을 형성하고 있는 곳이다. 그리고 '영역 형성'의 기준에 근원이 서로 다른 산줄기들이 둘러싸고 있더라도 가시 범위에서 산줄기들로 둘러싸여 있는 경우도 포함시켰다. 이러한 곳은 비록 물줄기 개념에서 유역분지 개념에는 어긋나지만, 산줄기 개념에서 환포감을 느낄 수 있는 하나의 영역을

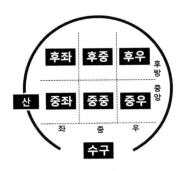

<그림 118> 종택/정자의 영역 분류

형성하고 있기 때문이다. 단 종택 및 정자가 계곡 속이나 산지 정상부에 자리하고 있어 영역을 형성하고 있다고 하기에 무리가 있는 곳[206]은 분석대상에 제외했다. 이러한 기준에 따라 일정 영역을 형성하고 있는 곳이 종택이 34개소, 정자가 31개소였다.

　종택 및 정자를 둘러싸고 있는 일정 영역을 <그림 118>과 같이 8개 영역으로 분류했다. 영역 분류 방법은 우선 영역의 수구 지점을 기준으로 한다. 그리고 수구지점에서 절대방향(동서남북)을 고려하여 수구의 반대방향을 영역의 주산(현무) 방향으로 배정한다. 예를 들어, 수구가 남쪽에 있을 경우 북쪽이 주산 방향이 되며, 수구가 동쪽에 있을 경우는 서쪽이 주산 방향이 된다.

　그리고 영역의 수구에서 주산(현무) 방향으로 들어갈수록 '중앙', '후방'으로 구분했다. 그리고 이를 다시 '좌측', '중앙', '우측'으로 구분함으로써, '후방좌측형', '후방중앙형', '후방우측형', '중앙좌측형', '중앙중앙형', '중앙우측형'의 6개 영역으로 구분했다. 영역의 전면은 '수구형'으로 지정했다. 영역의 전면을 좌·중·우로 세분하지 않고 '수구형'으로 단일화시킨 것은 수구지점은 좌우 구분 없이 환포감을 상대적으로 느낄 수 없는 지점이기 때문이다. 또한 종택 및 정자가

---

206) 연구대상 정자 36개소 중 5개소가 입지위치의 비교 분석에서 제외되었다. 계정·석천정·만귀정·만휴정은 지형 유형상 계곡형으로 조망보다 수경환경을 강조한 정자로 분석 대상에서 제외되었고, 석문정은 산지형 정상부에 위치하고 있어 일정 영역을 형성하고 있지 못해 분석 대상에서 제외되었다.

영역을 둘러싸고 있는 산줄기 위에 위치하고 있을 경우 '산줄기형'으로 지정했다. 이러한 기준에 따라 종택 및 정자의 영역 내 위치를 나타낸 것이 <표 93>과 <표 94>다.

<표 93> 종택 34개소의 영역 내 위치

종택	서백당	낙선당	무첨당	향단
그림				
유형	후방좌측형	후방좌측형	중앙좌측형	수구형
종택	수졸당	정양공종가	충재 종택	경암헌고택
그림				
유형	중앙중앙형	중앙좌측형	중앙좌측형	중앙중앙형
종택	법전강씨종택	군위공종택	옥계종택	우복종가
그림				
유형	후방우측형	중앙좌측형	후방중앙형	후방중앙형
종택	수암종택	응외종택	양진당	충효당
그림				
유형	후방중앙형	후방중앙형	중앙중앙형	중앙중앙형

종택	의성김씨종택	학봉종택	귀봉종택	안동김씨종택
그림				
유형	중앙좌측형	중앙우측형	중앙좌측형	후방중앙형
종택	간재종택	퇴계태실	묵계종택	삼산종택
그림				
유형	중앙우측형	후방좌측형	후방중앙형	후방우측형
종택	상리종택	사직공파구택	성성재종택	존재종택
그림				
유형	후방우측형	중앙좌측형	후방우측형	중앙우측형
종택	사월종택	사고종택	우엄고택	매산고택
그림				
유형	후방중앙형	후방중앙형	중앙우측형	중앙우측형
종택	초간종택	운강고택		
그림				
유형	후방좌측형	중앙중앙형		

정자	관가정	수운정(경주)	심수정	방초정
그림				
유형	수구형	산줄기형	중앙중앙형	중앙좌측형
정자	청암정	한수정	도암정	경체정
그림				
유형	중앙좌측형	후방중앙형	수구형	수구형
정자	종선정	옥계정	대산루 부 계정	겸암정
그림				
유형	수구형	후방중앙형	후방우측형	중앙우측형
정자	옥연정	원지정사	광풍정	백운정
그림				
유형	수구형	중앙중앙형	수구형	중앙중앙형
정자	삼구정	간재정	노송정	삼산정
그림				
유형	산줄기형	중앙우측형	후방좌측형	수구형

정자	체화정	곡강정	고산정	수운정(안동)
그림				
유형	수구형	후방우측형	후방중앙형	중앙중앙형
정자	우헌정	숙운정	주강정	일우정
그림				
유형	중앙우측형	중앙중앙형	후방중앙형	중앙우측형
정자	산수정	초간정	만화정	
그림				
유형	후방좌측형	후방중앙형	중앙중앙형	

<표 95> 종택 및 정자의 영역 내 위치

구분		종택(34개소)		정자(31개소)	
		명칭	개소 (%)	명칭	개소 (%)
후방	좌측	서백당, 낙선당, 초간 퇴계태실	4 (11.8%)	노송정, 산수정	2 (6.5%)
	중앙	옥계, 우복, 수암, 응와, 안동김씨, 묵계, 사월, 사고	8 (23.5%)	한수정, 옥계정, 고산정, 주강정, 초간정	5 (16.1%)
	우측	법전강씨, 삼산, 상리, 성성재	4 (11.8%)	부계정, 곡강정	2 (6.5%)
중앙	좌측	사직공파, 무첨당, 충재, 정양공, 군위공, 귀봉, 의성김씨	7 (20.6%)	방초정, 청암정	2 (6.5%)

	중앙	수졸당, 양진당, 충효당, 운강, 경암헌	5 (14.7%)	심수정, 원지정사, 백운정, 삼산정, 수운정(안동), 숙운정, 만화정	7 (22.6%)
	우측	학봉, 간재, 존재, 우엄, 매산	5 (14.7%)	겸암정, 간재정, 우헌정, 일우정	4 (12.9%)
수구		향단	1 (2.9%)	관가정, 도암정, 경체정, 종선정, 옥연정, 광풍정, 체화정	7 (22.6%)
산줄기		·	·	수운정(경주), 삼구정	2 (6.5%)

영역 내 종택의 위치는 '후방/좌측형'이 4개소(11.8%), '후방/중앙형'이 8개소(23.5%), '후방/우측형'이 4개소(11.8%)였다. 그리고 '중앙/좌측형'이 7개소(20.6%), '중앙/중앙형' 및 '중앙/우측형' 각각 5개소(각 14.7%)였으며, '수구형'이 1개소(2.9%)였다. 정자의 위치는 '후방/좌측형'이 2개소(6.5%), '후방/중앙형'이 5개소(16.1%), '후방/우측형'이 2개소(6.5%)였다. 그리고 '중앙/좌측형'이 2개소(6.5%), '중앙/중앙형'이 7개소(22.6%), '중앙/우측형'이 4개소(12.9%)였다. 또한 '수구형'이 7개소(22.6%)였으며, '산줄기형'이 2개소(6.5%)였다.

종택의 위치에서 가장 특징적인 것은 영역의 전면인 '수구형'이 1개소에 불과하며, 나머지 33개소가 후방(16개소) 및 중앙(17개소)에 분포되어 있다는 것이다. 또한 영역의 후방은 중앙에 위치한 곳이 8개소로 좌우측의 각각 4개소에 비해 가장 높은 비율을 차지하고 있음에 비해, 영역에서 좀 더 전면과 가까운 중앙으로 나올수록 중앙보다는 좌우측의 비율이 상대적으로 높음을 알 수 있다.

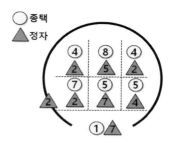

<그림 119>
종택/정자의 영역 내 위치

정자의 위치는 종택의 그것과는 상반된 결과를 보여주었다. 정자의 위치가 보여주는 가장 특징적인 점은 '수구형'이 7개소로서, 종택의 1개소에 비해 많은 차이를 보이는 것이다. 그리고 종택에서 볼 수 없는 '산줄기형'이 2개소 있었다. 또한 종택에서는 후방(16개소) 및 중앙(17개소)의 분포 비율이 비슷했지만, 정자에서는 후방(9개소)에 비해 중앙(13개소)의 비율이 상대적으로 높다. 그리고 영역의 중앙에서도 좌우측보다 중앙이 차지하는 비율이 여전히 높다.

4.2. 종택 및 정자의 영역 내 위치와 경관 조망 관계

종택 및 정자의 영역 내 위치와 경관 조망 관계를 비교하면 <표 96>과 같다. <표 97>의 영역 내 위치에 따른 조망도를 쉽게 파악하기 위해 구획별 평균 조망도를 산정했다. 평균 조망도를 구하는 방법은 우선 종택(정자)의 수평적 경관 조망 유형에 따라 조망지수를 산정한다. 즉 폐쇄형 및 환포형은 개방감이 없으므로 조망지수를 0, 1면 개방형은 조망지수 1, 2면 개방형은 조망지수 2, 3면 개방형은 조망지수 3, 전면 개방형은 조망지수 4로 산정한다. 그다음 구획 내 각 조망지수와 이에 해당되는 종택(정자)의 수를 곱한 값으로 모두 더한다. 마지막으로, 산정된 값을 구획 내 종택(정자)의 개수로 나눈다. 이를 공식화하면 다음과 같다.

$$영역구획별 \ 평균 \ 조망도 \ 산정 \ 공식 = \frac{(조망지수1 \times 개수) + (조망지수2 \times 개수) + (조망지수3 \times 개수) + (조망지수4 \times 개수)}{종택 + 정자의 \ 개수}$$

<표 96> 종택(34개소) 및 정자(31개소)의 입지 위치와 경관 조망 비교

구분		폐쇄형	환포형	1면 개방형	2면 개방형	3면 개방형	전면 개방형	합계
후방	좌		퇴계, 노송정	초간, 산수정	서백당, 낙선당			6
	중	우복 고산정	옥계, 수암, 응와, 묵계, 사월, 사고, 한수정, 옥계정, 주강정	안동김씨	초간정			13
	우		법전강씨, 삼산, 성성재, 부계정	상리	곡강정			6
중앙	좌		사직공파, 정양공, 충재, 군위공, 의성김씨	무첨당, 귀봉, 청암정	방초정			9
	중		경암헌, 수운정(안동)	수졸당, 충효당, 운강, 삼산정, 숙운정	양진당, 심수정, 원지정사, 백운정	만화정		12
	우	존재 우헌정	학봉, 간재, 우엄, 매산, 일우정		간재정		겸암정	9
수구			향단, 종선정	도암정, 옥연정	관가정, 경체정	광풍정, 체화정		8
산줄기					수운정 (경주)	삼구정		2
합계		4	29	14	13	4	1	65

이러한 개념에 따라 구획별 평균 조망도를 나타낸 것이 <표 97> 이다. <그림 120>을 보면, 후방 세 구획(좌/중/우)의 평균 조망도가 0.65, 중앙 세 구획의 평균 조망도가 0.85, 수구 및 산줄기형의 평균 조망도가 각각 1.5, 2.5이다. 이것은 영역 내 후방으로 갈수록 닫힌 경관이 되고, 그 반대로 후방에서 전면으로 나올수록 열린 경관이 됨을 의미한다. 이로써 종택의 위치로 영역의 후방, 그리고 정자의 위치로 전면이나 산줄기 위가 선호되는 이유가 조망과 관련 있음을 알 수 있다.

<표 97> 영역 내 구획별 평균 조망도

구분		조망지수×개수 (가)	종택/정자 수 (나)	평균조망지수 (가÷나)
후방	좌	(0×2)+(1×2)+(2×2)=6	6	1
	중	(0×11)+(1×1)+(2×1)=3	13	0.23
	우	(0×4)+(1×1)+(2×1)=3	6	0.5
중앙	좌	(0×5)+(1×3)+(2×1)=5	9	0.56
	중	(0×2)+(1×5)+(2×4)+(3×1)=16	12	1.33
	우	(0×7)+(2×1)+(4×1)=6	9	0.67
수구형		(0×2)+(1×2)+(2×2)+(3×2)=12	8	1.5
산줄기형		(2×1)+(3×1)=5	2	2.5

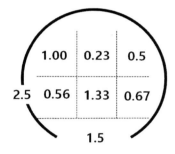

<그림 120>
구획별 평균 조망도 도표

즉 종택은 닫힌 경관(환포감)이 보장되는 영역의 후방, 정자는 열린 경관(개방감)이 보장되는 영역의 전면이나 산줄기 위가 선호되는 것이다. 실제로 우리나라 전통마을의 경우, 대부분의 종택 및 주요 주택의 위치가 마을 영역의 후면이나 중앙에 자리 잡고 있는 반면, 위계가 낮은 일반 상민들의 기타 주택들은 마을 영역의 전면으로 밀려나 수구에 가까운 곳에 위치했다.[207]

또한 영역의 후방은 좌우측에 비해 중앙의 평균 조망도가 낮음에 비해, 영역의 중앙은 좌우측보다 중앙 구역의 평균 조망도가 높다. 이것은 종택의 위치로 닫힌 경관이 선호됨에 따라 영역의 후방은 중앙 구획에, 영역의 중앙은 좌우측 구획이 선호되는 이유를 설명해준다.

---

207) 신진동, 「조선시대 전통마을의 입지와 공간 특성에 관한 연구」, 경원대학교 대학원 박사학위 논문, 2008, p.135.

5. 종택 및 정자 입지의 수경관

5.1. 수경 유형

수경 유형에 의한 분류는 두 개의 원칙을 수립하여 시행했다. 먼저 위성지도 조사 방법으로 사방의 산줄기가 일정 영역을 형성하고 있을 경우, 종택 및 정자와 동일 영역 내에 위치하고 있는 수경환경을 조사했다. 그리고 일정 영역을 형성하고 있지 못한 곳에서는 현지 조사를 통해 종택 및 정자에서 가시권 안의 수경환경을 확인했다.

<표 98> 수경 유형 분류 기준

구분	수경 유형 1	수경 유형 2
임수형	완전 내부 영역 임수형	불완전 내부 영역 임수형
구분	수경 유형 3	수경 유형 4
비임수형	내부 영역 비임수 외부 영역 임수형	내부·외부 영역 비임수형

먼저 수경 유형을 <표 98>과 같이 내부 영역 내에 계류(溪流) 이

상의 물길 여부에 따라 임수형(臨水形)과 비임수형(非臨水形)으로 구분했다. 그리고 임수형을 다시 '완전 내부 영역 임수형', '불완전 내부 영역 임수형'으로, 비임수형을 '내부 영역 비임수 외부 영역 임수형', '내부·외부 영역 비임수형' 등 4가지로 세분했다.

'수경 유형 1(완전 내부 영역 임수형)'은 종택 및 정자가 위치한 내부 영역 내의 계류 이상의 물길이 그 영역 밖을 빠져나온 후 차수 및 규모 면에서 동일하거나 상급의 물길과 합수하는 형태이다. '내부 영역'은 산줄기 개념에서 하나의 연결된 산줄기에 의해 직접적으로 둘러싸여진 영역으로, 물줄기 개념의 유역분지와 동일하다.

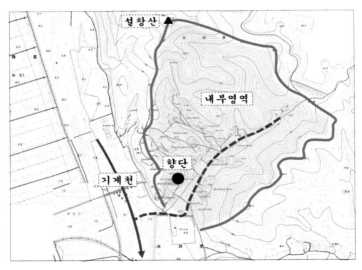

<그림 121> 완전 내부 영역 임수형 사례지(경주 향단)

<그림 121>은 '완전 내부 영역 임수형'의 사례인 경주 향단이다. 향단이 위치한 양동마을은 주산인 설창산에서 뻗어내린 산줄기가

마을을 크게 감싸고돌며 전체적인 마을 영역(내부 영역)을 형성하고 있다. 그리고 큰 산줄기에서 뻗어 나온 작은 산줄기들이 마을을 다시 작은 영역으로 세분하고 있다. 마을의 물줄기는 먼저 작은 산줄기들 사이에 형성된 골짜기에서부터 시작된다. 각 골짜기에서 흘러내린 물줄기가 모여 작은 개천을 이루어 마을 영역을 가로 질러 흐른다. 이후 개천은 마을 영역을 빠져 나가 차수 및 규모 면에서 상급인 기계천에 합수된다.

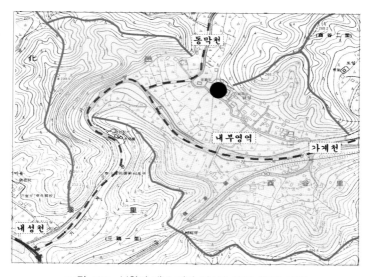

<그림 122> 불완전 내부 영역 임수형 사례지(충재 종택)

수경 유형 2는 '불완전 내부 영역 임수형'이다. 실제 현장에서 종택 및 정자를 둘러싸고 있는 산줄기가 하나로 연결되어 있어 유역분지를 이루고 있는 형태는 드물다. 비록 가시역 범위에서 환포감을

느낄 수 있는 장소라 하더라도 근원이 다른 서로 다른 산줄기들이 둘러싸고 있는 경우가 많다. 이 경우 내부 영역의 물줄기는 그 수원이 내부 영역 내에 있지 않고 외부 영역에서 흘러 들어온 것이며, 이는 유역분지 개념에 어긋난다. 또한 '완전 내부 영역 임수형'의 물길은 내부 영역을 빠져나간 후 차수 및 규모 면에서 동일하거나 상급의 물길과 합수하는 반면, '불완전 내부 영역 임수형'의 물길은 내부 영역을 빠져나간 후에도 그 차수 및 규모에 변동이 없는 경우가 대부분이다.

<그림 122>는 봉화 충재 종택이다. 이곳은 종택을 중심으로 세 방향(북동, 북서, 남)에서 근원이 서로 다른 산줄기들이 내부 영역을 형성하고 있다. 이에 따라 가계천과 동막천이 외부 영역에서 흘러들어와 내부 영역 내에서 합수하고, 영역을 빠져 나간 다음 차수 및 규모 면에서 상급인 내성천에 합수된다. 물줄기 측면에서 이곳은 하나의 연결된 산줄기에 의한 유역분지를 형성하지 못한다. 그러나 산줄기 측면에서 이곳은 '수평적 경관 조망'의 '환포형'에 해당되며, 시각적으로 하나의 산줄기에 의해 환포된 듯한 느낌을 제공한다.

수경 유형 3은 '내부 영역 비임수·외부 영역 임수형'이다. 이 유형은 내부 영역이 유역분지 형태, 또는 불완전 유역 분지 형태를 갖추고 있음에도, 계류 이상의 실질적 물길을 형성하지 못하고 있는 경우이다. 그래서 물길은 외부 영역에서 형성되어 있다. <그림 123>은 봉화 경암헌고택이다. 경암헌고택이 위치한 황전마을은 북쪽의 주산에서 뻗어 나온 산줄기들에 의해 전체적인 내부 영역을 형성하고 있다. 그러나 마을은 그 유역 규모가 작아 계류 이

상의 실질적인 물길을 형성하지 못하고 있다. 실질적인 물길이라 할 만한 계류는 마을 영역 밖의 동쪽에서 흘러와 남쪽으로 흘러가고 있다.

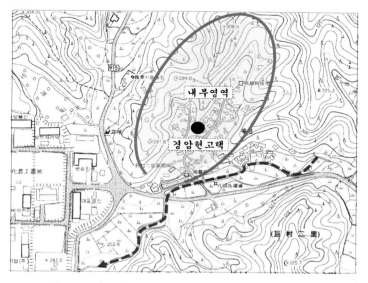

<그림 123> 내부 영역 비임수 외부 영역 임수형 사례지(경암헌고택)

수경 유형 4는 '내부·외부 영역 비임수형'이다. 이 유형은 내부 영역과 외부 영역 모두 실질적인 물길이 형성되지 못한 경우이다. 그러나 조사 결과 이 유형에 해당하는 종택 및 정자는 없었다. 이러한 기준에 따라 종택 및 정자의 수경 유형을 분류한 것이 <표 99>다.

<표 99> 수경 유형 분류

구분	종택		정자	
	명칭	개소(%)	명칭	개소(%)
완전 내부영역 임수형	향단	1 (2.9%)	관가정, 심수정	2 (5.6%)
불완전 내부영역 임수형	양진당, 충효당, 의성 김씨, 학봉, 귀봉, 퇴 계태실, 묵계, 삼산, 상리, 충재, 법전강씨, 옥계, 정양공, 우복, 존재, 사월, 사고, 우 엄, 매산, 운강	20 (58.8%)	수운정(경주), 계정, 겸암정, 옥 연정, 원지정사, 석문정, 광풍정, 백운정, 삼구정, 노송정, 만휴정, 체화정, 곡강정, 고산정, 수운정 (안동), 청암정, 석천정, 한수정, 도암정, 경체정, 종선정, 옥계정, 방초정, 부계정, 만귀정, 우헌정, 숙운정, 주강정, 일우정, 초간정, 산수정, 만화정	32 (88.9%)
내부영역 비임수 외부영역 임수형	무첨당, 낙선당, 서백 당, 수졸당, 안동김씨, 간재, 사직공파, 경암 헌, 군위공, 응와, 초 간, 수암, 성성재	13 (38.2%)	간재정, 삼산정	2 (5.6%)
내부·외부 영역 비임수형	·	0	·	0
합계	34개소(100%)		36개소(100%)	

 수경 유형을 분류한 결과, 종택은 '완전 내부 영역 임수형'이 1개
소(2.9%), '불완전 내부 영역 임수형'이 20개소(58.8%), '내부 영역
비임수 외부 영역 임수형'이 13개소(38.2%), '내부·외부 영역 비임
수형'이 0개소(0%)였으며, 정자는 '완전 내부 영역 임수형'이 2개소
(5.6%), '불완전 내부 영역 임수형'이 32개소(88.9%), '내부 영역 비
임수 외부 영역 임수형'이 2개소(5.6%), '내부·내부 영역 비임수형'
이 0개소(0%)였다. 이러한 결과를 바탕으로 다음의 몇 가지 사항을
알 수 있었다.

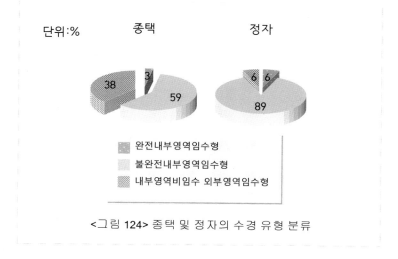

<그림 124> 종택 및 정자의 수경 유형 분류

첫째, 종택과 정자 모두 '불완전 내부 영역 임수형'이 각각 58.8%, 88.9%로 가장 높은 비율을 차지하는 반면, 유형 4(내부·외부 영역 비임수형)는 둘 다 없다는 것이 주목된다. 유형 2(불완전 내부 영역 임수형)가 높은 비율을 차지하는 것은 종택 및 정자의 입지 선정 간 산줄기와 물줄기 측면에서 완전한 영역을 갖춘 곳을 찾는 것이 어렵다는 것을 보여준다. 그리고 유형 4가 없다는 것은 사람이 살아가는 건축물은 그 목적 여부를 떠나 일정 거리 내에 수경 요소가 필요함을 보여준다.

둘째, 정자의 임수형의 비율이 종택의 그것보다 상대적으로 높았다. 즉 임수형(유형1+유형2)과 비임수형(유형3+유형4)의 구분에서, 종택은 임수형이 21개소(61.8%), 비임수형이 13개소(38.2%)였으며, 정자는 임수형이 34개소(94.4%), 비임수형이 2개소(5.6%)로, 정자의 임수 비율이 32.6%가 더 높았다. 이는 정자의 입지가 종택의 입지에 비해 상대적으로 수경환경이 더 필요함을 단적으로 보여주는 수치이다.

5.2. 수경 규모

네 가지의 수경 유형을 바탕으로 종택 및 정자가 위치한 내부 영역 내 수경환경의 규모를 '강형(江型)', '천형(川型)', '계류형(溪流型)'의 세 가지로 분류했다. 분류 기준은 지도상 부여된 수경환경의 명칭에 따랐다. 즉 수경환경에 '-강' 명칭이 붙은 것을 '강형(江型)', '천' 명칭이 붙은 것을 '천형(川型)'으로 분류했으며, 공식 명칭이 없이 골짜기나 들판에 흐르는 작은 규모의 물줄기를 '계류'로 분류했다. 그리고 앞의 수경 유형 분류에서 수경 유형 3과 4에 해당되는 곳은 내부 영역이 비임수로 분류되었기 때문에, 외부 영역의 수경 형태를 분류에 포함시켰다. 이러한 기준에 따라 종택 및 정자의 수경 규모를 분류한 것이 <표 100>이다.

<표 100> 종택 및 정자의 수경 규모

구분	종 택(34개소)		정 자(36개소)	
	명 칭	개소 (%)	명 칭	개소 (%)
강	양진당, 충효당, 성성재, 수암	4 (11.8%)	겸암정, 옥연정, 원지정사, 석문정, 고산정	5 (13.9%)
천	법전강씨, 옥계, 충재, 의성김씨, 귀봉, 묵계, 상리, 사월, 사고, 우복, 존재, 정양공, 운강, 안동김씨, 사직공파, 응와, 초간, 퇴계태실	18 (52.9%)	수운정(경주), 계정, 백운정, 삼구정, 노송정, 체화정, 곡강정, 수운정(안동), 청암정, 석천정, 한수정, 경체정, 종선정, 옥계정, 방초정, 부계정, 우헌정, 숙운정, 주강정, 초간정, 만화정, 만귀정	22 (61.1%)
계류	학봉, 향단, 삼산, 우엄, 매산, 무첨당, 낙선당, 서백당, 수졸당, 경암헌, 간재, 군위공	12 (35.3%)	관가정, 심수정, 광풍정, 간재정, 만휴정, 삼산정, 도암정, 일우정, 산수정	9 (25%)

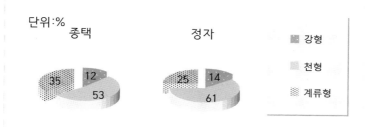

<그림 125> 종택 및 정자의 수경 규모 분류

　　종택의 수경 규모는 '강'이 4개소(11.8%), '천'이 18개소(52.9%), '계류'가 12개소(35.3%)이며, 정자의 수경 규모는 '강'이 5개소 (13.9%), '천'이 22개소(61.1%), '계류'가 9개소(25%)이다. 이 중 주목할 점은 종택 및 정자 모두 '천'의 비율이 가장 높다는 것이다. 특히 '천'과 '계류'를 합친 비율이 종택이 88.2%, 정자가 86.1%로 '강'에 비해 절대적인 비율을 보인다. 이는 종택 및 정자의 입지 선정 간 수경 규모의 고려 사항에 '천'과 '계류'가 선호되었음을 의미한다.

　　조선시대 대표적 지리서인 이중환의 『택리지』에서도 '천'과 '계류' 인근이 가장 이상적인 가거지(可居地) 촌락의 입지 형태로 선호되었다. 이중환은 책에서 '바닷가에 사는 것이 강가에 사는 것보다 못하고, 강가에 사는 것이 시냇가에 사는 것보다 못하다.'라고 주장했다. 즉 강가에 사는 것(江居)은 물자 운송이나 생선 및 소금을 얻는 이로움만 좋을 뿐, 시냇가에 사는 것(溪居)[208]이 평온한 아름다움과 시원스러운 운치가 있으며, 물을 대어 농사를 짓는 이로움이 있다고

---

208) 『택리지』에서 언급된 '시냇가(溪)'는 본 연구의 수경 규모 중 '천'과 '계류'를 합한 개념이다.

강조했다.

이는 당시의 경제적인 농업 생산력과 농경 조건을 결부하여 이해할 수 있다. 당시의 농업생산력의 수준에 기초할 때 지형적으로 종택의 최적 입지 조건은 농지와 산맥·하천·계곡이 서로 교착하여 관개시설 축조에 편리한 곳이었다. 그리고 이러한 지형 조건이 풍수상의 명당 조건과 맞았기에 풍수적 입지론은 종택과 사족촌의 최적 입지를 뒷받침해주는 공간논리로 활용되었다.[209]

5.3. 수경환경과의 거리

'종택 및 정자와 수경환경과의 거리'는 앞서 분류한 <표 100> 종택 및 정자의 수경 규모를 바탕으로, 조망점에서 수경환경의 가장자리까지의 최단거리를 측정했다. 지형상의 강폭이 측정 당시 실제 물길의 폭과 다를 경우, 지형상의 강폭을 기준으로 거리를 측정했다. 하천은 물길이기도 하지만 동시에 바람길이기도 하며, 이는 수경환경 분석에서 무시될 수 없는 요소이기 때문이다.

특히, 정자의 건립 목적상 여름철 이용이 두드러지며, 이때는 하천의 물이 여타 계절에 비해 강폭을 많이 채우는 시기이며, 동시에 시원한 바람이 필요한 시기이기도 하기 때문이다. 측정 방법은 '다음지도'의 거리측정 기능을 활용했다. 이런 원칙에 따라 종택 및 정자와 수경환경과의 거리의 측정한 것이 <표 101>이며, 이를 다시 도표화한 것이 <그림 126>이다.

---

209) 최원석, 앞의 논문, p.269.

종택(34개소)				정자(36개소)			
수경형태	수경명칭	종택	거리(m)	수경형태	수경명칭	정자	거리(m)
강	낙동강	양진당	140	강	낙동강	겸암정	25
	낙동강	충효당	160		낙동강	옥연정	50
	낙동강	수암	350		낙동강	원지정사	150
	낙동강	성성재	450		낙동강	석문정	172
	평균		275		낙동강	고산정	36
천	법전천	법전강씨	102		평균		86.6
	운곡천	옥계	88	천	기계천	수운정(경주)	158
	가계천	충재	112		옥산천	계정	5
	반변천	의성김씨	340		반변천	백운정	32
	반변천	귀봉	370		신역천	삼구정	20
	길안천	묵계	302		온혜천	노송정	196
	풍산천	상리	186		풍산천	체화정	76
	반변천	사월	45		풍산천	곡강정	406
	반변천	사고	230		온은천	수운정(안동)	78
	이안천	우복	85		가계천	청암정	23
	송천	존재	404		가계천	석천정	5
	감천	정양공	388		운곡천	한수정	38
	동창천	운강	255		법전천	경체정	16
	신역천	안동김씨	403		토일천	종선정	60
	풍산천	사직공파	456		운곡천	옥계정	22
	백천	응와	650		감천	방초정	230
	금곡천	초간	553		이안천	부계정	54
	온혜천	퇴계태실	196		송천	우헌정	504
	평균		286.9		반변천	숙운정	30
계류	무명계류	학봉	80		반변천	주강정	230
	무명계류	향단	100		금곡천	초간정	5
	무명계류	삼산	25		동창천	만화정	20
	무명계류	우엄	170		화죽천	만귀정	20
	무명계류	매산	60		평균		101.3
	무명계류	무첨당	210	계류	무명계류	관가정	74
	무명계류	낙선당	376		무명계류	심수정	50
	무명계류	서백당	288		무명계류	광풍정	110
	무명계류	수졸당	131		무명계류	간재정	326
	무명계류	경암헌	130		무명계류	만휴정	5
	무명계류	간재	276		무명계류	삼산정	132
	무명계류	군위공	234		무명계류	도암정	16
	평균		173.3		무명계류	일우정	170
					무명계류	산수정	10
					평균		99.2

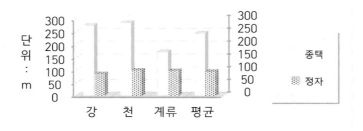

<그림 126> 수경 규모별 종택 및 정자와의 평균 거리

각 수경 규모별 종택 및 정자와의 평균 거리를 분석한 결과 모든 수경 규모와의 거리에 있어서, 정자가 종택보다 상대적으로 거리가 가까웠다. 전체적 평균 거리 또한 종택이 245.1m, 정자가 95.7m로서, 종택과 수경환경과의 거리가 정자보다 약 2.56배 멀었다. 이러한 결과가 나타난 것은 앞의 '수경환경의 유형 및 규모'에서 서술한 종택 및 정자의 수경환경 선호도와 같은 맥락이다. 즉 입지 선정 과정에서 정자가 종택보다 상대적으로 수경환경의 필요성이 더 강조되며, 이에 따라 수경환경과의 거리 또한 상대적으로 더 가까운 곳에 입지하고 있음을 알 수 있다.

5.4. 수경의 형태

종택 및 정자에 영향을 미치는 수경환경의 형태를 분석하기 위해 물줄기의 형태를 '퇴적사면형', '공격사면형', '직선(횡)형', '직선(종)형'의 4가지로 분류했다. 종택 및 정자 주위의 물줄기가 곡선형으로 흐를 경우, 종택 및 정자가 물길이 감아 도는 안쪽에 위치하면 퇴적

사면형, 그 바깥쪽에 위치하면 공격사면형으로 분류했다. 종택 및 정자 주위의 물줄기가 직선형으로 흐를 경우, 종택 및 정자가 물길을 횡으로 보고 있으면 직선(횡)형, 상류나 하류를 보고 있을 경우 직선(종)형으로 분류했다.

단 앞의 <표 99> 수경 유형의 유형 3(내부 영역 비임수・외부 영역 임수형)에 해당되는 종택 13개소, 정자 2개소는 분석 대상에서 제외했다. 수경 유형 3은 수경환경이 내부 영역, 즉 종택 및 정자를 인접해서 둘러싸고 있는 산줄기 내부에 없으며, 그 밖 외부 영역에 있다. 따라서 외부 영역의 물길은 내부 영역의 물줄기에 비해 종택 및 정자 거주자에 미치는 풍수적・심리적 영향이 미미할 것으로 판단되어, 분석 대상에서 제외했다. 이러한 기준에 따라 종택 22개소와 정자 31개소에 대해 수경환경의 물줄기의 형태를 분류한 것이 <표 102>와 <그림 127>이다.

<표 102> 수경환경의 물줄기의 형태

물길의 형태	종택(21개소)		정자(34개소)	
	명칭	개소(%)	명칭	개소(%)
퇴적 사면형	향단, 충효당, 양진당, 의성김씨, 귀봉, 묵계, 충재, 옥계, 존재	9 (42.9%)	관가정, 곡강정, 옥계정, 우헌정, 초간정, 원지정사	6 (17.6%)
공격 사면형	학봉, 정양공	2 (9.5%)	백운정, 청암정, 방초정, 부계정, 숙운정, 겸암정, 삼구정	7 (20.6%)
직선 (횡)형	퇴계태실, 삼산, 상리, 법전강씨, 우복, 사고, 우엄, 매산, 운강	9 (42.9%)	심수정, 광풍정, 노송정, 만휴정, 체화정, 석천정, 경체정, 주강정, 일우정, 산수정, 만화정, 계정, 옥연정, 석문정, 고산정, 수운정(안동), 한수정, 도암정, 만귀정	19 (55.9%)
직선 (종)형	사월	1 (4.8%)	수운정(경주), 종선정	2 (5.9%)

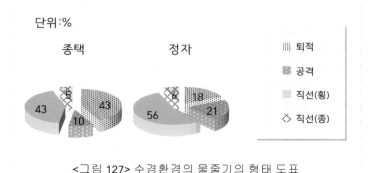

<그림 127> 수경환경의 물줄기의 형태 도표

수경환경의 물줄기 형태의 분류를 통해 알 수 있는 내용은 다음과
같다. 첫째, 종택의 물줄기의 형태는 '퇴적사면형'과 '직선(횡)형'이
각각 9개소(42.9%)로 동일한 비율한 차지하나, 정자의 경우에는 '직
선(횡)형'이 19개소(61.3%)로 단연 우세하다. 이는 종택의 입지 선정
시 홍수 피해 방지와 더불어 풍수적 조건을 고려한 '퇴적사면형' 입
지가 선호된 것으로 여겨진다. 그리고 정자의 입지는 바람이 많이
부는 '직선(횡)형'이 선호된 것으로 판단된다. 또한 물길이 곧고 길게
뻗어 있는 곳은 조망 측면에서도 물길이 구불구불하고 산줄기로 가
린 곳보다 원근 조망이 가능하여 선호된 것으로 여겨진다.

<표 103> 물줄기의 형태에 따른 수변환경과의 평균 거리

구분	퇴적사면형		직선형		공격사면형	
	개소	평균거리(m)	개소	평균거리(m)	개소	평균거리(m)
종택	9	224	10	135.4	2	234
정자	6	193.5	21	72.4	7	59.1

둘째, <표 103>과 같이, 물줄기의 형태에 따른 수변환경과의 평균 거리에 있어, 종택과 정자가 상반되는 결과를 보여주었다. 종택은 '퇴적사면형'의 평균거리가 224m이고 '공격사면형'의 평균거리는 234m로서 공격사면형의 평균거리 값이 더 크다. 반면 정자는 '퇴적사면형'의 평균거리가 193.5m이고 '공격사면형'의 평균거리는 59.1m 로서 공격사면형의 평균거리 값이 오히려 더 작다.

이는 종택 및 정자의 입지 조건의 선호도의 차이에서 비롯된 것으로 보인다. 먼저 종택은 생활 및 농경을 위해 일정 거리에 수변환경이 있는 곳, 그리고 가능한 퇴적사면에 입지를 선정했다. 그러나 종택이 불가피하게 공격사면에 자리를 잡을 경우, 수해 방지 등을 위해 수변환경과의 거리를 상대적으로 멀게 한 것으로 보인다.

반면 정자는 '공격사면형' 입지를 회피하지 않았으며, 오히려 선호하는 면도 있었다고 보여진다. 지형상 공격사면의 자연적 여건이 정자의 입지 목적에 부합한 요소가 많았기 때문이다. 실제로 '공격사면형'인 7개소의 정자는 지형 유형 분류상 '산복형'과 '언덕정상형'을 합해 3개소로 전체 42.9%를 차지했고, 경관 조망 분류상 '2면 개방형' 이상이 4개소로 전체 57.1%를 차지했다. 이러한 결과는 '공격사면형'인 정자의 입지가 원근조망과 호쾌한 전망이 가능함을 보여준다. 그리고 수경 형태 또한 7개소 모두 '강' 또는 '천'으로서, 이는 풍부한 바람 요건을 가능하게 해주는 입지이다.

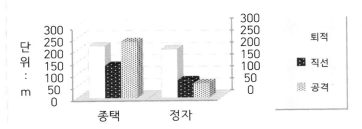

<그림 128> 물줄기의 형태에 따른 수변환경과의 평균 거리 도표

5.5. 수경환경의 가시도

종택 및 정자에서 수경환경의 가시 여부를 측정했다. 측정 기준은 가시도 1에서 가시도 3까지 세 등급으로 구분했다. 종택이나 정자에서 물줄기가 직접적으로 보일 경우 가시도 3, 물줄기가 직접 보이지는 않지만 수목 등의 수변 지형물로 그 위치를 인식할 수 있을 경우 가시도 2, 전혀 식별이 되지 않을 경우 가시도 1로 지정했다. 즉 가시도 1에서 가시도 3으로 갈수록 수변 환경의 식별이 명확한 것이다. 이러한 기준으로 종택 및 정자의 수경환경의 가시도를 측정한 것이 <표 104>이다.

<그림 129> 수경환경의 가시도 도표에서 가장 주목되는 점은 종택 및 정자의 수경환경 가시도의 비율 순서가 반대인 것이다. 종택은 가시도 1이 21개소, 가시도 2가 10개소, 가시도 3이 3개소이며, 정자는 가시도 1이 6개소, 가시도 2가 9개소, 가시도 3이 21개소로서 거의 정확히 반대 현상을 보인다. 이러한 상반된 결과가 나오는 이유는 앞서 설명한 '수변환경과의 평균거리'와 '지형 유형'과 관련성이 높다.

<표 104> 수경환경의 가시도

구 분	종택(34개소)		정자(36개소)	
	명칭	개소(%)	명칭	개소(%)
가시도 1	무첨당, 서백당, 낙선당, 수졸당, 충효당, 양진당, 의성김씨, 귀봉, 안동김씨, 묵계, 삼산, 사직공파, 성성재, 경암헌, 군위공, 정양공, 수암, 응와, 우엄, 초간, 운강	21 (61.8)	삼산정, 일우정, 간재정, 곡강정, 우헌정, 원지정사	6 (16.7)
가시도 2	간재, 퇴계태실, 상리, 충재, 법전강씨, 옥계, 우복, 존재, 사고, 매산	10 (28.6)	방초정, 부계정, 주강정, 만화정, 심수정, 노송정, 수운정(안동), 한수정, 만귀정	9 (25.7)
가시도 3	향단, 학봉, 사월	3 (8.6)	백운정, 만휴정, 청암정, 석천정, 도암정, 경체정, 옥계정, 숙운정, 초간정, 산수정, 관가정, 수운정(경주), 계정, 겸암정, 옥연정, 석문정, 광풍정, 삼구정, 체화정, 고산정, 종선정	21 (60)
평균 가시도	1.46		2.54	

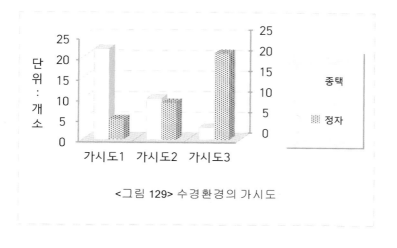

<그림 129> 수경환경의 가시도

먼저 '수변환경과의 평균거리' 측면에서, 종택이 정자보다 수변환경과의 평균거리가 더 멀다. <그림 126>에서 보는 바와 같이 종택이 245.1m, 정자가 95.7m로서 2.5배 이상 차이가 난다. 따라서 종택은 수경환경과의 거리가 상대적으로 멀기 때문에 수경환경의 가시도가 떨어질 것이며, 반대로 정자는 수경환경과의 거리가 가깝기 때문에 그 가시도가 높은 것이다.

또한 '지형 유형'의 경우도 종택이 정자에 비해 원거리 조망이 상대적으로 불리한 유형을 많이 차지한다. <표 81>에서 보는 바와 같이, 종택은 전체 35개소 중 원거리 조망이 상대적으로 유리한 지형인 '산복형'과 '언덕정상형'을 합친 곳이 6개소(17.1%)에 그쳤으나, 원거리 조망이 불리한 '산록형'과 '평지형'을 합친 곳이 27개소(77.1%)의 높은 비율을 차지했다. 반면 정자는 전체 35개소 중 '산복형'과 '언덕정상형'을 합친 비율이 13개소(37.1%)로 종택보다 상대적으로 높은 비율을 차지하고 있으며, '산록형'과 '평지형'을 합친 곳이 13개소(37.1%)로서 종택보다 상대적으로 낮은 비율을 보인다.

결과적으로 종택 입지에서의 수경환경은 농업 및 생활용수로서의 역할이 컸기 때문에 가시역에서 벗어나는 것도 가능하지만, 정자 입지에서 수경환경은 원거리 조망과 바람 등 직접적인 유희를 위한 요건임으로 거리가 가깝고 가시역 범위에 있어야 했던 것이다.

풍수와 힐링 장소의 상관성*

힐링(Healing)이 대세다. 2000년대 초 몸과 마음의 건강을 내세운 '웰빙' 문화가 확산되었으나, 곧 '힐링'이 건강에 대한 패러다임의 중심으로 자리매김했다. 이후 여행이나 음식뿐만 아니라 댄스, 뮤직 등 일상생활의 스트레스를 해소하고 지친 몸과 마음을 치유할 수 있는 모든 방법에 '힐링'이라는 용어가 사용되고 있다. 힐링의 어원은 '완전하여진다' 의미인 앵글로색슨어 'haelon'에서 기원하며 육체(body), 마음(mind), 정신(spirit)의 조화의 의미를 담고 있다.[211] 결과적으로 힐링은 총체적 치유를 뜻하며 그 방법은 사람마다 다양하나, 공간심리학적 관점에서 힐링과 공간의 관계가 주목된다.

공간은 관점에 따라 조금씩 다르게 해석되지만, 힐링과의 관계에서 보면 자연적 공간(natural space)과 인공적 공간(built space)으로 나눌 수 있다. 자연적 공간은 자연 지형 및 경관으로 이루어진 공간을 의미하며, 힐링의 관점에서 자연 지형 및 경관과 인간 치유의 관

---

* 박성대, 「힐링 장소와 풍수의 관계에 대한 시론」, 문화역사지리 29(3), 2017 참고.

211) Zborowsky, T. & Kreizer, M. J., 「Creating optimal healing environments in a health care setting」, Minn Med 91(3), 2008, pp.35~38.

계가 따져진다. 인공적 공간은 인공 건축물의 내·외부 공간을 의미하며 건축물의 구조와 배치, 내부 디자인과 인간 치유와의 관계가 따져진다.

힐링과 공간에 관한 지금까지의 연구 또한, 크게 두 가지 주제로 대별되어 이루어져왔다. 국내의 경우는 거의 대다수가 인공적 공간과 치유의 관계에 주목해, 병원 및 노인 요양 시설의 기본 설계나 내부 디자인 등의 인공적 치유환경 조성 연구에 집중되었다. 일부 자연적 공간 관련 연구도 있었지만, 숲 체험이나 스파 등의 단순한 소개 및 사례 연구 등에 그쳤으며, 자연환경과 치유의 관계에 대한 총체적인 접근과 이론적 정립이 이루어지지 못하고 있는 실정이다.

힐링에 대해 좀 더 일찍 주목해온 해외 또한 환경심리학 주도로 인공적 공간과 치유의 관계에 대한 연구를 시작으로, 이후 병원 디자인과 환자 치유의 관계에 대한 연구도 뒤따랐다. 그러나 국내와 달리 해외의 경우 자연적 공간과 치유의 관계에 대해서도 관심을 보였다. 그리고 주목할 점은 자연 공간적 치유 연구에서 '공간(space)'의 용어 대신에 '장소(place)'라는 용어를 사용해 인공 공간적 치유와 구별했다는 것이다. 즉 자연적 공간과 치유에 관한 연구에서는 '힐링 장소(healing place)', 그리고 인공적 공간과 치유에 관한 연구에서는 '힐링 공간(healing space)'이라는 표현을 사용했다.

힐링을 장소와의 관계로 바라보면, 한국의 전통 공간관인 풍수가 그 관계의 실마리를 푸는 단초가 될 수 있다. 풍수에서는 산줄기로 둘러싸인 지형을 일반 주택지로, 바닷가나 계곡 위 절벽을 사찰이나 신당 터, 또는 일시 머무르며 즐기는 장소로 구별하고 있다. 이러한 풍수에 담겨 있는 땅의 특성에 따른 활용 논리가 자연 공간적 특성이 인간 치유에 미치는 영향의 분석에 시사하는 바가 크기 때문이다. 이런 맥락에서, 본 장에서는 앞에서 분석한 종택 및 정자의 입지적 특성을 바탕으로, 인간의 나이와 건강, 심리 상태 등의 개인적 상황에 맞는 힐링 장소를 고찰해본다. 구체적으로 다음과 같이 세 단계로 나누어 살펴보고자 한다.

첫째, 연구는 먼저 힐링의 관점에서 인간의 치유에 영향을 미칠 수 있는 자연 공간적 요소 세 가지, 즉 햇빛, 바람, 물이 인간의 육체적 건강과 심리에 어떤 영향을 미치는지를 문헌연구를 통해 살펴보았다. 그리고 이러한 자연 공간적 요소들이 체험공간 속에서 살아가는 인간에게 개인의 나이와 건강, 심리 상태에 따라 달리 받아들여짐을 살펴보았다. 연구는 그 대표적 공간심리로 공간적 확장감과 수축감을 제시했다.

둘째, 연구는 힐링과 장소(place)가 어떻게 관계맺음을 하는지 살펴보았다. 인간이 살아가는 일상적 공간은 그 속 내부자로서의 인간이 생활하고 체험하는 장소적 공간이기 때문에, 그 공간의 특성이 인간에 영향을 미칠 수밖에 없다. 그리고 인간의 공간적 경험은 시각에만 국한된 것이 아닌 오관을 이용한 통합적 경험이기 때문에, 힐링의 관점에서 '공간의 경험'이 아닌 '장소의 경험'으로 읽혀짐을 살펴보았다.

그리고 마지막으로 연구는 앞의 두 가지 논의를 바탕으로, 연구의 핵심 주제인 힐링 장소와 풍수의 관계에 대해 살펴보았다. 이를 위해, 연구는 인간의 상황에 따른 장소경험의 차이를 풍수의 땅의 활용 논리에 접목시켜, 힐링 장소를 휴양적 힐링 장소와 요양적 힐링 장소로 구별해 살펴보았다. 구체적으로, 공간적 확장감을 즐기는 건강하고 젊은 사람들은 탁 트인 전망과 바람이 많은 바닷가나 계곡 위 절벽 등의 휴양적 힐링 장소가, 공간적 수축감을 받아들여야 하는 노인이나 환자들은 부드러운 산줄기로 둘러싸인 분지형 지형인 요양적 힐링 장소가 적합함을 제시했다.

1. 힐링을 위한 자연공간적 요소

1.1. 힐링과 햇빛

인간은 시지각을 통해 빛에 의해 드러난 사물의 외형과 색채를 본다. 이렇게 지각된 빛은 인간에게 다시 다양한 측면으로 영향을 미치게 된다. 빛은 기후 및 자연 조건, 시간의 변화에 따라 사람의 심리와 정서에 영향을 준다. 이것은 단지 자연광으로서의 햇빛뿐만 아니라 인공적 빛도 마찬가지다. 실제로 인공 빛의 세기가 실내 작업장 근로자의 작업 능률에 영향을 주었다는 연구 사례도 있다.[212]

빛이 사람의 심리와 정서에 영향을 미친다는 사실은 종교 건축 공간에서도 찾을 수 있다. 빛이 종교와 관련해 신앙심의 고양 또는 저하에 영향을 주는 것으로 생각되어, 고대로부터 성스러운 공간에 빛이 유입되는 경로와 정도, 빛이 공간 내의 분위기를 조성하는 역할 등에 대해 깊은 고려가 있었다.[213]

---

212) Rikard Kuller et al., 「The impact of light and colour in psychological mood: a cross-cultural study of indoor work environments」, Ergonomics 49(14), 2006, p.1496.

213) 반상철·김기혁, 「전례공간에서의 빛 요소 적용에 대한 계획 방안 연구」, 한국산학기술학회논문지 17(11), 2016, p.524.

이에 대해 르네상스 시대 건축가 알베르티(Leon Battista Alberti)는 "종교 건축 공간의 창문은 높은 곳에 설치하여 하늘을 느끼게 하고 신자들이 의식과 하느님 생각에만 몰두하게 해야 하며, …… 과도한 빛은 산만하게 하므로 제대 주변을 밝게 하여 집중되도록 한다."[214] 고 말했으며, 이는 빛과 종교 건축 공간과의 관련성을 단적으로 보여주는 사례다.

햇빛은 사람의 기분과 행동을 변화시킬 뿐만 아니라 면역체계와 치유에도 영향을 미친다. 이탈리아에는 '햇빛이 없는 곳에는 의사가 있다.'라는 오래된 속담이 전해오며,[215] 겨울과 밤이 길어 햇빛을 잘 받지 못하는 북유럽 사람들의 우울증 환자 비율과 자살률이 높다[216]는 것은 익히 알려진 사실이다.

인간 치유에 햇빛의 중요성이 인식되기 시작한 것은 19세기 중엽 크림전쟁 당시 플로렌스 나이팅게일이 등장했던 시기로 거슬러 올라간다. 당시 부상당한 병사들은 어둡고 공기도 통하지 않는 병실과 지저분하고 열악한 환경에서 치료받음으로써, 사망률이 60퍼센트에 가까웠다. 이때 나이팅게일은 저서 『간호노트(Notes on Nursing)』[217]에서 환자 치유에 필요한 물리적 환경에 식물(plant), 신선한 공기(fresh air), 경음악(light music), 소음 통제(noise-free)와 함께 '자연광(natural light)' 조건을 들면서, 햇빛이 잘 들어서 신선한 공기와 쾌

214) Hyunsup Song, 「Artistry of Liturgical Space」, Seminar for Art of Korean Church Art, 1994, p.31, 반상철·김기혁, 위의 논문, p.527에서 재인용.

215) Francis C. Biley, 「Hospitals: healing environment?」, Complementary Therapies in Nursing & Midwifery, 1996, p.110.

216) 에스더 M. 스턴버그 지음, 서영조 옮김, 『공간이 마음을 살린다』, 더퀘스트, 2009, p.91.

217) Nightingale F, 『Notes on nursing: What it is and what it is not(1859)』, Reprinted by Dover Publications, New Yorks, 1969.

적하고 밝은 환경이 되어야 함을 강조했다.[218]

  나이팅게일의 활약으로 사망률이 믿기 힘들 정도로 낮아졌으며, 이후 햇빛, 통풍과 환기 등을 강조하는 병원 설계의 원칙이 전 세계로 퍼져나갔다.[219] 이후 관련된 여러 연구들이 햇빛이 인간 치유에 영향을 미친다는 사실을 뒷받침했다. 그 사례로 치매노인이 아침햇빛에 2시간씩 노출되었을 때 불안증세가 감소했고, 반면 그렇지 않은 날에는 현저히 높은 불안증세를 나타냈다.[220] 그리고 어두운 병실의 척추수술 환자들과 비교했을 때 햇빛이 잘 비치는 밝은 병실의 척추수술 환자들이 스트레스와 고통을 덜 느끼고 진통제 투여량도 22%나 적었다.[221]

  풍수에서 또한 햇빛의 조건은 터를 평가하는 중요한 요건의 하나로 고려되었다. 햇빛의 조건은 구체적으로 남향의 배산임수 터를 선호하는 것으로 나타났으며, 이것은 한국의 지리적 특성상 남향의 배산임수 터가 햇빛을 가장 잘 받을 수 있는 곳이기 때문이다. 반면 사방의 산이 높아 햇빛이 잘 비치지 않는 곳에 대해, 『택리지』는 습기와 안개 기운이 서려 사람이 쉽게 병든다[222]고 기술하고 있다. 이러한 사실을 반영하듯, 오늘날 치유공간으로 일컬어지는 곳의 공통적인 요건[223]에 적절한 햇빛과 신선한 공기의 제공 조건이 반드시 포

---

218) Francis C. Biley, 앞의 논문, p.111.

219) 에스더 M. 스턴버그 지음, 서영조 옮김, 앞의 책, pp.314~315.

220) Lovell et al., 「Effect of bright light treatment on agitated behavior in institutionalized elderly subjects」, Psychiatry Research 57(1), 1995, pp.7~12.

221) Walch, J. M. et al., 「The effect of sunlight on post-operative analgesic medication usage: A prospective study of spinal surgery patients」, 2004, 박진규, 「치유환경 연구문헌 고찰 및 근거중심 디자인 활성화에 관한 연구」, 의료복지건축 17(1), 2011, p.46에서 재인용.

222) 이중환 지음, 허경진 옮김, 『택리지』, 서해문집, 2007, p.158.

223) 치유공간이 갖출 공통 조건은 자연과 가까울 것, 프라이버시 보장, 불필요한 잡음이나

함되어 있다.224)

1.2. 힐링과 바람

일상적인 삶이 이루어지는 인간적 공간의 내부자로서의 우리는 오관(五官) 중 높은 비율을 시각에 의존하여 장소를 경험한다. 시각을 매개로 성립하는 정신 현상을 풍경이라 하며,225) 시각에 의존한 장소 경험을 풍경의 경험이라 할 수 있다. 그러나 시각에 의존한 풍경의 경험이 완전한 장소의 경험이 될 수는 없다. 장소의 경험이란 눈을 통한 시각적 경험에 국한되지 않고 몸의 모든 감각기관의 통합적인 경험이기 때문이다. 청각, 촉각, 그리고 후각은 시각적 환경에 생명을 불어넣어 보다 완전한 장소의 경험을 제공한다.

놀이공원에 나들이 갔을 때를 상상하면, 즐거운 가족들과 연인들의 모습(시각), 놀이 공원 전역을 채우며 흘러나오는 빠른 템포의 배경 음악과 놀이기구를 타는 사람들의 즐거운 비명 소리(청각), 따뜻하고 밝은 햇살과 시원한 바람(촉각), 혀끝을 자극하는 달콤한 아이스크림의 맛(미각) 등이 함께 어우러져 놀이공원의 장소적 경험을 만들어낸다. 만약 눈앞에서 펼쳐지는 각양각색의 볼거리들이 인물의 대사나 음향 효과 따위의 소리가 전혀 없는 한편의 무성영화와 같이 시각에만 의존된다면, 놀이공원 체험의 재미가 반감되기 마련이다.

'바람(wind)'은 인간의 오관 중 시각이 아닌 촉각과 청각을 통해 장소의 경험을 완성시키는 요소의 하나이다. 공기의 이동 현상인 바

유해물질 등의 환경 스트레스 감소, 적절한 햇빛과 신선한 공기의 제공 등이다.
224) Sita Ananth, 「Building Healing Spaces」, Optimal Healing Environment, 2008, p.392.
225) 나카무라 요시오 지음, 강영조 옮김, 앞의 책, p.27.

람이 인간의 장소 경험 방식과 연결되면, 바람은 인간에게 다양한 모습으로 받아들여진다. 사람들이 무더운 여름에 계곡으로 피서를 떠나는 이유는 물과 더불어 피부에 와 닿는 시원한 계곡바람이 있기 때문이다. 그리고 바람이 물체에 부딪쳐 만들어내는 다양한 소리는 장소를 경험하는 깊이를 더욱 크게 만들어준다.

힐링의 관점에서, 바람이 인간에 미치는 영향을 최초로 언급한 것은 동서양 의학의 시원이라 할 수 있는 히포크라테스 의학과 『황제내경』으로 거슬러 올라간다. 주목할 점은 두 문헌에서 모두 바람의 인간에 대한 영향을 부정적으로 본 것이다. 기원전 2500년 전, 히포크라테스(Hippocrates)는 유럽 사회에서 의학에 대한 지리적 사유의 원천이 되어온 「공기, 물, 장소(Airs, Waters, Places)」에서 "의학을 연구하는 사람이면 나라 전체와 각 지방의 따뜻한 바람과 차가운 바람의 특수성을 연구해야 한다.",[226] "바람은 인간의 불행과 관련 있다. 남풍은 두통, 마비나 무감각, 무기력감, 북풍은 기침, 편도선, 변비, 배뇨장애 등을 수반한다."[227]라고 주장했다.

그리고 『황제내경』의 「이합진사론」과 「풍론편」의 구절에도 "훌륭한 의사는 치료를 할 때 반드시 인체와 자연을 긴밀하게 연관시킨다. 그러므로 하늘에는 운행 질서가 있고, 땅에는 경수(經水)가 있으며, 인체에는 경맥(經脈)이 있다. …… 갑작스럽게 바람이 불어오면 경수도 파도가 용솟음친다. …… 허사(虛邪)가 경맥에 침입하는 것도 경수가 바람을 만난 것과 같다.",[228] "풍사(風邪)는 갖가지 질병을

---

226) 이종찬, 「의료지리학: 개념적 역사와 역사적 전망」, 대한지리학회지 48(2), 2013, p.220.
227) 강철성, 「풍향별 바람특성에 대한 검토-문헌을 중심으로-」, 기후연구 1(1), 2006, p.16.
228) 한동환, 앞의 책, pp.85~86.

344 풍수와 힐링 장소: 종택과 정자로 읽은 선현들의 공간심리 이야기

일으키는 중요한 원인이며, 그 변화 양상이 너무도 다양해서 일정한 법칙도 없이 다른 질병으로 발전한다. 다만 병을 일으키는 원인은 결국 풍사에 의해 초래된 것이라 하겠다."[229])와 같이 언급하며 바람을 경계했다.

이후 바람이 인간의 행동[230]과 질병,[231] 그리고 사고율[232]에 영향을 미친다는 연구결과가 꾸준하게 제시되어 왔다. 인체는 외부적으로 자연과 서로 영향을 주고받으며, 내부적으로 유기적인 균형을 유지한다.[233] 그래서 인체는 환경의 온도조건 변화(더위나 추위)에 따라 발열량과 방출량을 가감해서 새로운 평형상태를 만들어냄으로써 체온의 항상성을 유지한다. 그러나 인체에서 더위와 추위의 조정이 이루어지지 않을 때는 인체의 평형성을 잃게 되어 질병이 발생하게 된다.[234] 외부 환경의 하나인 바람 또한 인체에 영향을 미친다. 일시적인 바람은 더위를 식혀 주고 정체된 공기를 순환시키는 순기능을 한다. 그러나 고정된 통로를 통한 지속적인 바람은 뇌혈관 질환(뇌졸중) 등 인체의 질병을 유발할 수 있다.[235]

풍수 또한 그 명칭이 상징하는 바와 같이, 바람을 터를 평가하는

---

229) 주춘재 지음, 정창현·백유상·김경아 옮김, 『黃帝内徑-素問篇』, 청홍, 2004, p.221.

230) Poulton, E. C., Hunt, J. C. R., Mumford, J. C, & Poulton, J., 「Mechanical disturbance produced by steady and gusty winds of moderate strength: skilled performance and semantic assessments」, Ergornomics 18, 1975, pp.651~673.

231) Sommers, P., & Moos, R., 「The weather and human behavior」, in R. H. Moos(Ed.), The human context: Environmental determinants of behavior, New York: Wiley, 1976.

232) Moos, W. S., 「The effect of 'Fohn' weather on accident rates in the city of Zurich(Switzland)」, Aerospace Medicince 35, pp.643~645.

233) 김훈·이상협·이해웅, 「한의학에서 환경의학의 중요성에 관한 고찰」, 대한예방한의학회지 17(2), 2013, p.2.

234) 강철성, 앞의 논문, p.19.

235) 지종학, 「풍수지리 장풍국과 요풍지의 주거환경 특성에 관한 연구」, 영남대학교 대학원 박사학위논문, 2013, p.120.

중요한 요소의 하나로 다룬다. 풍수 논리에서는 바람을 '장풍(藏風)'의 개념으로 설명한다. 전술한 것처럼, 풍수 논리의 중심에는 '기'가 있으며, 풍수의 목적은 생기 가득한 땅을 구하는 것이다. 그런데 생기는 바람을 타면 흩어져 사라지는(氣乘風則散) 성질이 있다. 그래서 바람으로부터 생기를 보호할 필요가 있는데, 이러한 방법을 이론적으로 체계화시킨 것이 장풍법이다. 이렇듯 풍수에서 또한 고래(古來)의 문헌 및 연구들과 동일하게, 바람을 인간에게 해가 되는 대상으로 보았다. 이에 대해서 다양한 풍수 고전에서 그 내용을 찾을 수 있다.236)

> 바람은 모든 병의 근원이다(風者百病之長).
> 바람은 사람을 상하게 한다(風之傷人也).
> 좋은 땅은 바람 피하기를 도적 피하듯 한다(明堂 避風如避賊).
> 청룡·백호의 어깨가 낮아 바람이 치면 좋은 땅을 맺지 못하며, 반드시 흉화가 따른다(龍虎腰低越肩風射則 穴不結 凶禍必至).
> 산속에서 거처한다면 가장 두려운 것이 요풍이다(若居山谷 最怕凹風).
> 삼곡풍이 부는 골짜기는 벙어리가 유전된다(三谷風吹長谷 啞子出於遺傳).
> 가장 두려운 것이 요풍이 부는 땅이니, 마침내 인정이 끊어질 것이다(最忌凹風穴 決定人丁絶).

1.3. 힐링과 물

물은 인간 생명을 유지하기 위한 가장 중요한 환경적 요소이다. 물은 신진대사, 체온 조절, 소화 작용, 장기 보호 등 인체의 여러 부문에 깊은 관여를 맺고 기능한다. 그래서 물과 인간의 관계는 단순히 마시고, 목욕을 하는 위생적인 측면을 넘어 각종 질병 및 정신적

---

236) 지종학, 위의 논문, p.74, 인자수지, 설심부, 명당요결, 명산론, 지리담자록 등의 고전에서 발췌한 것을 재인용함.

치료와도 밀접히 연관되어 있다.237) 그래서 힐링으로 이름난 장소가 샘물, 개울, 강이나 호수 등 물과 관련되지 않은 곳은 드물다.

히포크라테스는 저서 『공기, 물, 장소』에서 마시는 물의 성질과 질병의 관계를 설명했다. 그는 물의 종류를 고인 물, 샘물, 빗물, 눈이나 얼음 녹은 물, 혼합된 물 등 다섯 가지로 분류한 다음, 어떤 물이 건강에 좋고 나쁜지를 제시하고, 또 방향에 따른 물의 길흉에 대해서도 논했다.238) 고대 그리스에서는 악성종양 치료와 신경활성에 물을 사용했고, 로마시대에는 황제를 비롯해 일반시민에 이르기까지 물을 이용한 치료를 널리 활용했다. 물을 이용한 질병 치료는 근대까지 이어져, 1950년대에 들어서는 그 실제적인 효과에 대해 세간의 관심을 받았으며, 이후 1960년대부터 유럽과 미국을 중심으로 수 치료(水治療)란 개념으로 더욱 발전했다.239)

우리나라 세시풍속에서도 물은 치유의 상징이자 예방의 구실도 했다. 사람들은 삼짇날, 단오와 유두 등의 명절에 약수터를 찾아가 약수제(藥水祭)를 지내거나 머리를 감으며 건강을 기원했다.240) 또한, 새벽에 제일 먼저 길은 물을 정화수(井華水), 정월의 빗물을 춘우수(春雨水), 가을의 이슬을 추로수(秋露水)라는 이름을 붙여, 그 물을 달여 마시거나 그 물에 씻음으로써 무병장수를 기원했다.241)

237) Parker, Robert, 『Miasma: Pollution and Purification in Early Greek Religion』, Oxford: Clarendon Press, 1983, Wilbert M. Gesler, 앞의 책, p.9에서 재인용.

238) 여인석, 「인간, 건강 그리고 환경-<공기, 물, 장소에 관하여>의 현대적 의의-」, 의철학연구 6, 2008, p.89.

239) 박양희, 「노인을 위한 커뮤니티시설에 관한 연구-노인주거시설의 수 치료(수치료)공간 계획을 중심으로-」, 국민대학교 디자인대학원 석사학위논문, 2009, p.19.

240) 김명자, 「세시풍속을 통해 본 물의 종교적 기능」, 한국민속학 49, 2009, pp.174~175.

241) 유성종, 『물과 인간』, 설비저널32(6), 2003, p.15.

풍수 또한 그 용어 자체에서 이미 상징되듯이, 물은 산과 더불어 풍수의 큰 비중을 차지하며, 터를 평가하는 중요한 요소의 하나로 다루어져 왔다. 풍수 논리에서는 물을 '득수(得水)'의 개념으로 설명한다. 여름철에만 비가 집중되는 기후에서 전통 농경사회를 일구었던 우리나라에서, 물의 확보(득수)는 조상들의 생존과 직결된 문제였다.

그래서 조상들은 터를 정할 때, 식수 및 농업용수로 이용될 물이 마을 영역을 쉽게 빠져나가지 않고, 오랫동안 머물 수 있는 곳에 터를 잡았다. 이에 풍수에서 터의 길흉 판단을 위해 따져지는 조건 또한, 물이 영역 내에 머물 수 있는 시간과 관련된 하천의 형태, 규모 및 유속, 수구의 닫힘 등이었다. 그리고 풍수는 물을 재물로 상징하여, 물이 영역 내에 머물지 못하고 곧장 빠져나가 버리는 곳을 재물도 함께 빠져나가는 곳으로 해석했다.

힐링의 관점에서, 터의 선정이 이루어진 대표적인 사례는 정자 건축이다. 우리의 옛 선비들은 산 좋고 물 좋은 곳에 정자를 지어 놓고 평소 학문 수양(藏修)의 연장으로서 유식(遊息-즐김과 휴식)을 즐겼다.242) 이때의 물은 학문과 놀이의 매개체 역할이 되었으며, 정자는 물과 가까이 지냄, 즉 친수(親水)라는 개념을 상징하는 공간이 되었다.243)

---

242) 김동욱, 『조선시대 건축의 이해』, 서울대학교 출판부, 1999, p.6.
243) 나카무라 요시오 지음, 강영조 옮김, 앞의 책, p.325.

2. 힐링과 장소

2.1. 힐링과 장소의 경험

우리가 일상생활을 하고 있는 공간은 인간이 배제된 물리학적 공간이 아닌, 그 속 내부자로서의 인간이 생활하고 체험하는 장소적 공간[244]이다. 그래서 인간이 공간을 떠나지 않는 한, 인간은 그를 둘러싸고 있는 공간의 특성에 영향을 받을 수밖에 없다. 공간의 특성이 인간에게 영향을 미친다는 생각은 새롭게 제기된 주장이 아니다. 세계 어디에서건 땅에는 영(靈)이 존재하고 그것이 인간에게 영향을 미친다고 생각해왔다.[245] 일찍이 서양에서는 각 장소에서 독특한 느낌을 갖게 되는 것은 '장소의 혼(場所靈, spirit of place)'이 있기 때문이라고 믿었으며,[246] 풍수 논리의 핵심인 '기(氣)'의 개념 또한, 자연에 생명력이 있고 그것이 인간에게 영향을 미친다는 사상을 담고 있었다.

인간을 둘러싸고 있는 공간이 인간에게 영향을 준다면, 그 공간적 특성이 인간의 치유에도 당연히 영향을 미친다.[247] 실제로 1990년대 서양에서 태동한 '건강 지리학(health geography)'은 인간의 육체적·정신적 건강에 대한 장소의 역할을 강조해왔으며,[248] 기타 많은 역학(疫學, epidemiology), 공공위생학 분야 등도 사는 곳이 인간의

---

244) 오토 프리드리히 볼노 지음, 이기숙 옮김, 앞의 책, pp.15~18.

245) 한동환, 앞의 책, p.211.

246) 임승빈, 앞의 책, p.211.

247) Wilbert M. Gesler, 앞의 책, p.2.

248) Mei-Po Kwan, 「Geography of Health」, Annals of the Association of American Geographers 102(5), 2012, p.891.

건강에 현저한 영향을 미친다는 사실을 연구결과로 밝혀왔다.[249] 그래서 힐링의 관점에서, 인간을 둘러싸고 있는 공간을 '공간'이 아닌 '장소'로 읽고자 하는 이유이기도 하다.[250] 이런 의미에서, 힐링과 장소의 관계를 살펴보는 첫 단추는 '힐링'의 관점에서 인간이 '장소를 어떻게 경험하느냐'의 문제를 짚어보는 것이다.

힐링과 장소의 관계가 주목받은 것은 근래의 일이 아니다. 일찍이 나이팅게일(Florence Nightingale)은 힐링 과정에 장소의 중요성을 깨달은 선도적인 의료인으로서,[251] 최적의 치유 환경(Optimal Healing Environment)을 위해 인간적 요소와 치료 과정에 더해 장소적 요소(자연환경, 건물이 위치한 장소, 건물 구조)가 통합되어야 함을 주장했다. 또한 미국의 지리학자 게슬러(Wilbert M. Gesler)는 저서 『힐링 장소(Healing Places)』에서 "힐링과 장소는 따로 떼어놓을 수 없는 밀접한 관계"[252]임을 강조했다.

인간의 장소 경험에 대한 인식은 시대와 문화에 따라 다르며, 또 개인별로 다를 수 있다. 인간이 물리적으로 장소 안에서 살고 행동한다는 사실 자체는 동일하나 장소를 경험하는 구체적인 방법들이 다르기 때문이다. 인간이 장소를 경험하는 방식에는 눈, 귀, 코, 혀, 피부로 구성된 다섯 가지 감각 기관(五官)이 이용된다. 인간은 그중 87% 이상을 시각에 의존해[253] 환경을 지각하고 정보를 수집한다.

249) Tunstall, H. & shaw, M. & Dorling, D., 「Places and health」, J Epidemiol Community Health 58, 2004, p.6.

250) Michael F. Goodchild, 「Space, place and health」, Annals of GIS 21(2), 2015, p.97.

251) Terry Zborowsky, PhD, 앞의 논문, p.186.

252) Wilbert M. Gesler, 앞의 책, p.1.

253) Correy, A, 『Visual Perception and Scenic Assessment in Australia』, IFLA Yearbook, 1983, pp.181~189, 임승빈, 『환경심리와 인간행태』, 보문당, 2007, p.132에서 재인용.

그러나 눈이 오관 중 가장 중요한 기관인 것은 부인할 수 없지만, 오직 눈만이 홀로 기능해서는 지각과 정보수집에 한계가 있다. 장소의 경험 또한 이와 다르지 않다.

인간의 몸은 막으로 에워 쌓여져 있되, 온몸의 모든 곳이 균일한 재질(材質)의 막으로 덮여 있는 것이 아니라, 외부세계에 잘 대응하기 위한 오관(五官)이 구축되어 있다. 오관은 단지 막의 일부분으로 붙어 있는 것이 아니라 오관 상호간에, 그리고 몸의 내부구조와 유기적으로 연결되어 서로 보완적이고 통합적인 작용을 한다. 우리의 몸은 그러한 오관에 의해 흡수되는 정보들을 받아 종합적인 판단과 대처를 하게 된다.254) 이런 맥락에서, 몸의 다른 감관을 제쳐두고 눈으로만 이루어지는 장소의 경험은 완전한 장소의 경험이라 할 수 없다. 실제로 우리의 일상적인 장소 경험은 시각에만 국한되지 않고, 자연스럽게 오관을 모두 이용한 통합적인 경험으로 이루어진다.

풍수 논리에서 따져지는 장소의 길흉 평가 또한 단순한 시각적 평가에 머물지 않고 오관을 통한 통합적 평가를 강조한다. 풍수논리의 중심에는 '기(氣)'가 있으며, 풍수의 목적은 '생기(生氣)'로 가득 찬 땅을 구하는 것이다. 그런데 생기라는 것이 눈에 보이지 않고 과학적으로 명확히 증명되지도 않기에, 풍수를 비과학적이고 술법적인 것으로 해석되게 하는 이유의 하나가 되어왔다.

그러나 '장소의 경험'이라는 관점에서 보면, '생기로 가득 찬 땅'이라는 것이 오직 술법적인 것으로만 여겨질 대상이 아니다. 풍수논리에는 음택(陰宅)과 양택(陽宅)의 개념이 있다. 음택은 죽은 자(死者)

---

254) 김성우, 「시각과 감응: 동서양 건축에서의 경험의 문제」, 건축역사연구 13(4), 2004, pp.37~38.

를 위한 묘를 지칭하며, 양택은 산 자(生者)를 위한 집을 의미한다. 생기의 측면에서 음택과 양택은 강조하는 바가 조금 다르다.

생기는 크게 땅의 기운(地氣)과 하늘의 기운(天氣)으로 구분할 수 있다. 음택은 그중 지기를 강조하여, 지기가 뭉쳐 있다고 여겨지는 산줄기 위에 주로 설치된다. 반면 사람이 살아가는 양택은 음택보다 상대적으로 천기를 중요시하는데, 천기는 일반적으로 햇빛, 바람[255] 등을 의미한다. 그래서 우리나라 전통 마을의 집들이 산줄기를 직접 타지 않고, 산줄기가 끝나고 평지가 시작되는 지점에 자리하고 있는 이유이다.

풍수의 양택에서 강조되는 천기, 즉 햇빛과 바람 등은 단지 눈으로만 경험되는 것이 아니다. 모든 오관을 통해 이들을 경험했을 때, 장소를 경험했다고 할 수 있으며, 그때야 비로소 장소의 정체성을 이해하고, 풍수적 길흉을 평가할 수 있을 것이다. 이런 맥락에서, 풍수의 시선으로 바라보는 장소의 경험은 눈에 의한 시각적 경험에 거치지 않고, 몸의 오관이 유기적으로 작용하여 빛과 공기, 습도, 바람을 느끼는 통합적인 경험이다.

2.2. 개인적 상황에 따른 장소 경험의 차이

물리학적 공간은 기하학적 단위로서의 공간이며, 측량이 가능한 분명한 양(量)적 개념이다. 그래서 물리학적 공간에서는 공간이 인간과 별개이며, 인간이 공간 밖으로 나오길 요구받는다. 그러나 인

---

255) 천기로서의 바람이 사람에게 생기가 되는 경우는 봄철의 산들바람이나 여름철의 시원한 바람 등이다. 겨울 북서풍이나 거센 태풍 등의 바람은 사람에게 해가 되는 살기로 작용할 수도 있다.

간이 살아가는 체험공간은 공간이 인간에게 중립적으로 항상 같은 모습으로 받아들여지지 않으며, 각 개인의 나이와 건강, 그리고 감정과 심리 상태와 밀접히 결부되어 받아들여진다.

간단한 사례로서, 오랫동안 짝사랑하던 이성과 데이트 약속을 받아낸 뒤 집으로 돌아가는 길에 눈에 비친 골목길의 모습과, 직장에서의 퇴사를 강요당한 뒤 집으로 돌아가는 길에 눈에 비친 골목길의 모습은 완전히 다르다. 똑같은 골목길의 풍경이 그것을 경험하는 인간의 감정과 심리상태에 따라 다르게 받아들여지는 것이다.

공간이 모든 인간에게 동일하게 경험되지 않고, 개인의 특성에 따라 달리 경험되는 대표적인 공간 심리에는 공간적 확장감(expansiveness)과 수축감(contractiveness)이 있다. 즉, 공간의 넓고 좁음이 결코 객관적이고 보편타당한 척도로 결정되지 않으며, 어떤 사람에게는 넓게 보이는 것이 다른 사람에게는 좁게 느껴질 수도 있는 것이다. 공간의 확장과 수축에 대해, 로톤(Lawton)과 나헤모우(Nahemow)는 저서 「적응행태와 노화에 대한 생태적 이론(An ecological theory for adaptive behavior and aging)」[256]에서 '환경압박이론(Theory of Environment Press)'으로 설명했다.

<그림 130>의 흰색 점선은 적응수준선(AL: Adaptive Line)으로 일정한 능력 수준을 가진 모든 사람들이 적응할 수 있는 적응수준의 이론적 평균을 의미한다. 적응수준선 왼쪽은 개인 능력이 환경 압력보다 높은 상황이며, 오른쪽은 환경 압력이 개인의 능력보다 높은 상황이다. 그중 개인의 나이 들어감에 따른 환경과의 관계는 적응수

---

256) Lawton, M. Powell, & Nahemow, L., 「Ecology and the Aging Process」 In C. Eisdorfer and M. Lawton,(eds.), The Psychology of Adult Development and Aging, Wash., D. C., American Psychological Association, 1973.

준선의 오른쪽에 해당한다. 즉 인간이 나이 들어감에 따라 개인의 능력이 저하됨으로써 환경 압력이 높아져 부적응 행동 및 감정 영역이 증가하는 것이다.

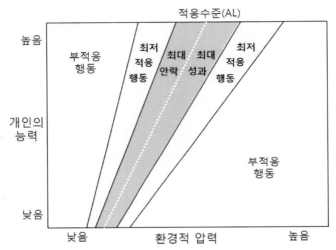

출처: Lawton, M. P. & Lahemow, L., "Ecology and the Aging Process", 1973 재구성함.

<그림 130> 환경압박이론 도식

　인간이 상황별로 공간적 확장감이나 수축감을 느끼는 것에 영향을 미치는 인간의 특성에는 두 가지가 있다. 먼저 각 개인의 나이와 건강이다. 육체적으로 활기에 넘치는 젊은 사람들(아이들이나 운동선수)은 개인의 능력이 환경 압력보다 높은 상태로서 공간적 확장감을 즐기며, 반대로 노인이나 몸이 불편한 환자들은 환경 압력이 개인의 능력보다 높은 상태로서 공간적 수축감을 받아들일 수밖에 없다. 일례로, 동일한 계단 공간이 아이들에게는 두 층 사이의 연결,

즉 '오르내리는 것에의 초대'로 받아들여지는 반면, 노인에게는 두 층 사이의 장벽, 즉 '제자리에 있으라는 경고'로 받아들여진다.[257]

인간의 특성이 공간적 확장감과 수축감에 영향을 미치는 두 번째 요소는 개인의 감정과 심리 상태이다. 환경압력을 높이거나 낮추는 개인의 능력에는 인간의 신체적 건강 요소만이 아니며, 심리적·인지적 건강 또한 깊이 관여된다.[258] H. 텔렌바흐의 「우울증 환자의 공간성」에 따르면, 우울증 환자는 공간적 깊이를 상실한다. 그래서 그들에게는 모든 공간이 입체감이 없는 평면으로 보이며, 허무하고 삭막하게 느껴진다. 반면 기분이 즐거운 사람에게 느껴지는 공간은 실제보다 확장된 커다란 공간으로, '밝고 좋은', '부드럽고 유연한' 공간이다.[259]

이에 대해 프랑스 철학자 바슐라르는 성과 오두막이라는 두 극단적 사례를 들면서, 성이 확장을 오두막이 은둔을 상징한다고 했다. 그래서 인간이 잠을 잘 자기 위해서는 커다란 방에서 자서는 안 되며, 일을 잘 하려면 좁은 은신처에서 일해서는 안 된다고 주장했다.[260] 결과적으로 인간은 공간적 확장감과 수축감을 동시에 지닌 채 살아간다. 젊은 시절에는 공간적 확장감을 즐기다가, 노인이 되어서는 공간적 수축감을 받아들일 수밖에 없다. 그러나 인간은 또한 나이와 건강에 관계없이 감정과 심리 상태에 따라 확장감을 즐길 수도, 수축감을 받아들여야 할 경우도 있다. 따라서 인간의 나이와 건

257) 이-푸 투안 지음, 구동회·심승희 옮김, 앞의 책, p.91.
258) 이연숙·안소미·임수현, 「총체적 건강을 위한 건축공간계획의 실험적 복합이론 구축 연구」, 한국생태환경건축학회논문집 10(1), 2010, p.100.
259) 오토 프리드리히 볼노 지음, 이기숙 옮김, 앞의 책, pp.305~309.
260) 오토 프리드리히 볼노 지음, 이기숙 옮김, 위의 책, pp.297~298.

강, 감정과 심리 상태에 따른 힐링의 장소가 구별될 필요가 있다.

3. 휴양적 힐링 장소(healing place to rest)와 정자의 입지

사람들은 여름이면 바닷가 및 계곡의 호텔이나 펜션을 찾아 며칠간 머물며 더위를 피하고 휴식을 갖는다. 이곳의 탁 트인 전망과 상쾌한 바람, 그리고 시원하고 깨끗한 물은 여름날의 지친 몸과 마음을 힐링하기에 부족함이 없다. 일상생활을 벗어나 휴식과 재충전의 시간을 갖는 이러한 휴양(休養)적 개념의 힐링은 정자 건축물의 조영 목적과 맥락을 같이한다. 정자의 조영 목적은 기본적으로 산 좋고 물 좋은 곳에서 평소 학문 수양(藏修)의 연장으로서 유식(遊息-즐김과 휴식)을 즐기기 위함이다.

휴양적 힐링과 정자 조영 목적의 동일 맥락성은 힐링을 위한 자연공간적 요소에 있어서도 서로 강조하는 바가 유사한 것으로 이어진다. 먼저 힐링을 위한 자연공간적 요소 중의 하나인 '물(water)'은 휴양적 힐링 장소에서도 중요하게 고려되는 요소이다. 과거에는 많은 사람들이 피서를 위해 즐겨 찾는 곳의 하나가 시원한 계곡물이었다. 그러나 요즘은 기후 및 지하수위 변화 등 다양한 이유로 계곡물이 줄어들었다. 그래서 근래에는 인공풀장 시설을 갖춘 펜션이 유행하는데, 이것은 휴양적 힐링 장소의 요건에 물이 한자리를 차지하고 있음을 의미한다.

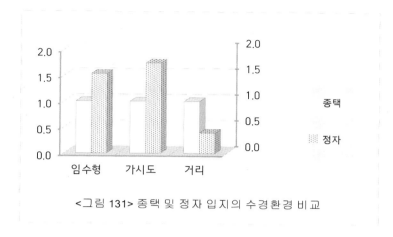

<그림 131> 종택 및 정자 입지의 수경환경 비교

　정자 건축물의 입지 또한 '물(수경환경)'을 중요한 조건의 하나로 고려한다. <그림 131> 종택 및 정자 입지의 수경환경 비교는 종택의 수경환경 항목을 1로 가정했을 때, 이에 대한 정자의 각 수경환경 비율을 나타낸 도표이다. 먼저 산줄기로 둘러싸인 일정 영역 내에 계류(溪流) 이상의 물길 여부에 따라 임수형(臨水形)과 비임수형(非臨水形)으로 구분한 결과, 정자의 임수형의 비율이 종택의 그것보다 1.53배 더 높았다.

　그리고 종택 및 정자에서 측정된 수경환경의 평균 가시도 또한 정자가 종택보다 1.74배 더 높았다. 반면 종택 및 정자의 입지와 수경환경과의 평균 거리 비교에서는, 정자가 종택의 약 0.39배의 거리로 가까웠다. 이러한 결과는 모두 입지 선정 과정에서, 정자가 종택보다 수경환경의 필요성이 더 강조되어 수경환경이 잘 보이고 수경환경과의 거리가 가까운 곳이 선호되었음을 보여준다. 결과적으로 물은 힐링의 중요한 요소이기에 종택 및 정자의 입지 조건에서 모두 고려되나, 특히 정자의 입지조건으로 더욱 따져진다. 그리고 '물'의 관점에서, 정자의 입지적 특성이 휴양적 힐링 장소에 적합함을 알 수 있다.

힐링을 위한 자연공간적 요소 중 '바람(wind)' 또한 휴양적 힐링 장소의 장소적 특성을 결정짓는 중요한 인자이다. 육지와 바다의 비열 차이로 낮과 밤에 따라 방향이 바뀌어 부는 해륙풍(海陸風), 그리고 계곡을 오르내리며 불어오는 바람(山谷風)은 여름날 무더위에 지친 사람들의 몸과 마음을 재충전시킨다. '바람'은 해당 입지의 '경관 조망'과 깊은 연관성을 갖는다. 일반적으로 바람이 많은 지역은 주위 산줄기에 의한 둘러싸임이 부족해 풍수적 장풍이 이루어지지 않는 곳이다. 바닷가나 계곡의 절벽 위 지형이 대표적이다. 그리고 이러한 곳은 통상 앞이 확 트여 호쾌한 조망이 가능하다.

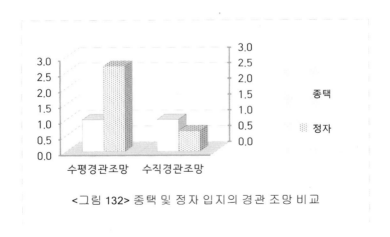

<그림 132> 종택 및 정자 입지의 경관 조망 비교

정자의 입지는 '바람'이 많은 '호쾌한 조망'이 가능한 휴양적 힐링

장소와 공통분모가 많다. <그림 132> 종택 및 정자 입지의 경관 조망 비교는 종택의 경관 조망 항목을 1로 가정했을 때, 이에 대한 정자의 각 경관 조망 비율을 나타낸 도표이다. 먼저 종택 및 정자의 수평적 경관 조망 범위 평균값은 종택이 37.06°, 정자가 100°로서, 정자가 종택보다 약 2.7배 더 넓었다.

반면 수직적 경관 조망 평균값은 정자가 오히려 더 작았다. 즉 종택 및 정자의 조망적 사신사(현무 제외)의 시각지수 평균값이 종택이 1.07, 정자가 0.68로서, 정자가 종택보다 약 0.64 비율로 낮았다. 시각지수 1.07은 이마 높이를 조금 상회하는 높이이며, 시각지수 0.68은 눈에서 이마 사이의 높이이다. 이러한 결과는 입지 선정 과정에서, 정자가 종택보다 수평적 경관 조망 범위가 넓고, 반대로 수직적 경관 조망은 낮아 호쾌한 조망이 보장되는 곳이 선호되었음을 보여준다.

종택 및 정자 입지의 수평적 경관 조망은 공간축의 수평적 공간인 공간의 '열림'과 '닫힘'에 해당한다. 즉 수평적 경관 조망 범위가 넓은 정자의 입지는 '열린 경관'이 보장되는 '열린 공간'에 해당되어 자유와 모험, 빛, 공적인 영역 등의 장소적 특성과 어울린다. 반대로 수평적 경관 조망 범위가 좁은 종택의 입지는 '닫힌 경관'이 보장되는 '닫힌 공간'에 해당되어 자궁, 은거, 어둠, 생물학적 삶 등의 장소적 특성과 어울린다.

종택 및 정자 입지의 수직적 경관 조망은 공간축의 수직적 공간인 '조망'과 '은신'에 해당한다. 수직적 경관 조망 지수가 낮은 정자의 입지는 수직축의 높은 장소인 '조망적 경관'이 보장되는 '조망적 공간'에 해당되며, 수직적 경관 조망 지수가 상대적으로 높은 종택의

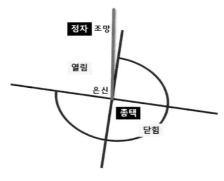

<그림 133> 종택/정자의 입지와
수평/수직 공간축의 관계

입지는 수직축의 낮은 장소인 '은신적 경관'이 보장되는 '은신적 공간'에 해당된다.

<그림 133>은 종택 및 정자의 입지와 수평-수직 공간축과의 관계를 나타낸 그림이다. 종택의 입지는 수평적 경관 조망 범위가 좁은 '닫힌 경관'의 '닫힌 공간'이며, 수직적 경관 조망지수가 높은 '은신적 경관'의 '은신적 공간'이다. 이에 반해 정자의 입지는 수평적 경관 조망 범위가 넓은 '열린 경관'의 '열린 공간'이며, 수직적 경관 조망 지수가 낮은 '조망적 경관'의 '조망적 공간'이다.

인간의 일상적 생활은 공간축의 여섯 방향, 즉 수평축과 수직축이 교차되는 공간에서 이루어진다. 따라서 공간 속 내부자는 수평축과 수직축의 상호작용을 통해 수평적 환포감 및 수직적 앙부감 등의 장소감을 느끼게 된다. 종택 및 정자의 거주자(이용자) 또한 조망적 사신사에 의한 수평적-수직적 경관의 상호작용을 통해 각각의 독특한 장소감을 느끼게 된다.

그러나 수평적 경관과 수직적 경관이 인간의 일상생활 속 장소감 결정에 똑같은 영향력을 발휘하는 것은 아니다. 종택 및 정자 입지의 장소감 형성에 보다 큰 영향력을 발휘하는 요소는 수평적 경관보다 수직적 경관이다. 우리나라는 지리적 특성상 일부 지역을 제외하고 지평선을 보기가 힘들며, 특정 지점에서 사방을 둘러보면 산줄기가 목격되는 곳이 대부분이다. 즉 수평적 경관으로만 따지자면 대부분의 지점이 '닫힌 경관'의 '닫힌 공간'이 된다. 그런데 정자 등의 입지에서 '열린 경관'을 통해 개방감을 느낄 수 있는 것은 수직 경관적 요소가 결정적인 영향을 미치기 때문이다.

그러나 종택 및 정자 입지의 수직적 경관 조망은 수직축의 조망과 은신 중 어느 한쪽에 과도하게 치중되지 않는다. 즉 종택 입지의 경관이 은신적 경관이라 해서 과도한 은신적 경관이 되는 것이 아니며, 그 반대로 정자 입지의 경관이 조망적 경관이라 해서 과도한 조망적 경관이 되는 것이 아니다. 실제로 앞 장의 종택 및 정자 안산의 앙각 범위에서 종택의 73.5%, 정자의 85.7%라는 절대적 비율이 앙각 0~10° 범위 내에 있었다. 앙각 0~10° 범위는 인간에게 본능적으로 시각적 편안함을 제공하는 높이임을 알 수 있었으며, 또한 풍수 이론에서 제시하는 안산의 적절한 시각적 높이인 가슴에서 이마까지의 높이와 유의미한 관련이 있었다.

또한 앙각 0~5°와 5~10° 범위에서, 종택은 5~10° 범위가 우세한 반면, 정자는 이보다 낮은 0~5° 범위가 우세했다. 이것은 종택의 입지는 앙감을 느낄 수 있는 '은신적 경관'의 '은신적 공간'을 선호하되, 안산의 시각적 높이가 이마를 넘어 심리적 압박감을 주는 '과도한 은신적 경관'의 자리를 피하고 '적절한 은신적 경관'이 보장되는 자리가 선호되었다. 그 반대로 정자의 입지는 상대적 부감을 느낄 수 있는 '조망적 경관'의 '조망적 공간'을 선호하되, 안산의 시각적 높이가 눈높이 아래가 되어 심리적 공허감을 주는 '과도한 조망적 경관'의 자리를 피하고 '적절한 조망적 경관'이 보장되는 자리가 선호되었다.

정자가 자리한 곳의 토질적 환경, 그리고 시각·청각적 자극을 주는 자연환경 요소 또한 정자의 입지적 특성과 휴양지로서의 힐링 장소 사이에 유의미한 관계가 있음을 보여준다. <표 105>는 정자의 조영 목적과 입지적 특성 관계를 보여주며, 이를 도표화하면 <그림 134>와 <그림 135>와 같다.

<표 105> 정자의 조영 목적과 입지적 특성 관계[261]

구 분	암반	지질도		종택과의 관계[262]	정자명칭
학문 후학양성 유식	암반×	Qa		인접	숙운정
				인근	심수정 체화정
				분리	한수정 옥연정
		기반암층	Kagr	인접	부계정
			Jbgr	인접	간재정
			Jbg	분리	수운정(안동)
	암반○	Qa		인근	만화정
				분리	초간정
		기반 암층	bgr	결합	청암정
			bgr	인근	도암정
			Ksbw	인근	산수정
			bgr	분리	석천정
			Khbgr	분리	만귀정
			Khil	분리	겸암정
			Jbgr	분리	석문정 광풍정 만휴정
			gab	분리	백운정
			Kdi	분리	삼산정
			Kg	분리	고산정

---

261) 연구대상 정자 36개소 중 조영 목적 등의 기록이 없는 3개소(곡강정, 일우정, 경주 수운정)를 제외한 33개소에 대한 분석 자료임.

262) 종택과의 관계 설정 기준은 종택결합형은 종택과 동일 울타리 안에 붙어 있는 형태,

조영목적	암반	기반암층	코드	관계	정자명
주거 은거	암반×	Qa		인접	원지정사 주강정
		기반 암층	Jbg	결합	노송정
			Tgr	인접	우헌정
	암반○	Qa		결합	계정
		기반암층	Kqp	결합	관가정
추모 효행	암반×	Qa		인접	경체정 옥계정
				인근	방초정 삼구정
		기반암층	PCEw	분리	종선정

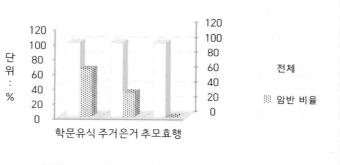

<그림 134> 정자의 조영목적과 입지 토양의 특성

연구 대상 정자 33개소 중 조영 목적이 학문(후학양성)과 유식인
곳은 22소(66.7%), 주거·은거(요양/별당)가 6개소(18.2%), 추모·
효행이 5개소(15.2%)로서, 학문과 유식이 높은 비율을 차지하고 있
다. 그리고 정자의 입지가 기반암층이 지표면에 드러난 암반(巖盤)
위에 조성되어 있는가의 여부에 있어, 학문과 유식은 14개소

종택근접형은 종택 울타리 밖에 있으나 수십 미터 내에 근접해 있는 형태, 종택인근형
은 종택과 인접하고 있지 않으나 동일 마을 영역 내에 있는 형태, 종택분리형은 종택
과 관계없이 정자 단독으로 있는 형태로 지정했다.

(63.6%), 주거 · 은거는 2개소(33.3%), 추모 · 효행은 0개소였다.

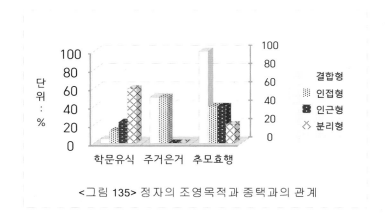

<그림 135> 정자의 조영목적과 종택과의 관계

종택과의 관계에 있어서는, 학문과 유식은 결합형 1개소, 인접형 3개소, 인근형 5개소, 분리형 13개소로 종택과의 거리가 떨어진 유형일수록 비율이 높아지고 있으며, 특히 종택과의 거리가 가장 먼 분리형이 높은 비율(59.1%)을 차지하고 있다. 반면 주거 · 은거, 추모 · 효행 두 유형은 결합형 3개소, 인접형 5개소, 인근형 2개소, 분리형 1개소로 종택과 결합되어 있거나 종택과의 거리가 가까운 곳이 대부분이다.

결과적으로, 학문과 유식 목적의 정자의 입지는 평소의 일상생활이 이루어지는 종택과 일정 거리 떨어진 산수(山水)를 찾아 기반암층이 지표면에 드러난 암반(巖盤) 위를 선정하는 것이 일반적이었다. 반면 주거 · 은거, 추모 · 효행 목적의 정자의 입지는 종택과 결합되어 있거나 또는 비교적 가까운 곳에 선정되었으며, 토질 또한 암반 위보다는 부드러운 흙으로 덮인 충적토층이 선호되었다.

또한 종택 및 정자 주변의 하식애(河蝕崖) 및 급애(急崖), 토르,263) 폭포와 같은 시각·청각을 자극하는 자연환경적 요소를 분석한 결과, 종택의 입지에서 2개소,264) 정자의 입지에서 15개소가 확인되었다(<표 106>).

<표 106> 정자 인근의 시·청각적 자극 요소

하식애	겸암정	옥연정	원지정사	고산정	옥계정
	청룡 방위 하식애	청룡 방위 하식애	안산 방위 하식애	안산 방위 하식애	안산 방위 하식애
	계정	석천정	만휴정	산수정	초간정
	용호 방위 하식애	용호 방위 하식애	용호 방위 하식애, 폭포	용호 방위 하식애	용호 방위 하식애
급애·토르	광풍정	체화정	만화정	만귀정	석문정
	현무 방위 급애	현무 방위 급애	백호 방위 급애	안산 방위 토르, 폭포	백호 방위 토르

학문과 유식 목적의 정자가 대부분 암반 위에 조성되어 있고, 정

---

263) 하식애: 하천의 침식작용으로 인해 이루어진 언덕, 급애: 산 사면이 수직에 가까운 급경사를 이룬 지형, 토르: 차별적인 풍화작용을 받은 결과 그 지역의 기반암과 연결되어 지표에 노출되어 형성된 독립성이 강한 암괴미지형을 말하며, 우리말로 '돌알'이라고 한다.

264) 안동 충효당은 백호 방위의 부용대(하식애)가 조망되고, 청도 운강고택 백호 방위에 강하고 거친 바위절벽(급애)의 산이 조망된다.

자 내부에서 하식애 및 급애, 토르, 폭포와 같은 시각·청각적 자극 요소가 많이 조망된다는 것은 정자의 입지적 특성이 휴양지로서의 힐링 장소에 적합함을 보여주는 특징이라 할 수 있다. 다음과 같이 풍수서(風水書)에 언급된 글귀들이 이를 뒷받침한다.

"산 모양은 반드시 수려한 돌로 된 봉우리라야 산이 빼어나고 물도 맑다. 그러나 높은 산과 급한 물, 험준한 산과 빠른 여울은 한때 구경할 만한 운치가 있긴 하다. 그러나 절이나 도를 닦는 터를 세우기에 합당할 뿐이지, 오래오래 대를 이어 살 곳을 만들기에는 좋지 못하다."

"산수는 정신을 즐겁게 하고 감정을 화창하게 한다. 그러나 산수가 좋은 곳은 생리(먹고 살아갈 방도)가 박한 곳이 많다. 그러므로 기름진 땅과 넓은 들에 지세가 아름다운 곳을 골라 집을 짓고 사는 것이 좋다. 그리고 10리 밖이나 반나절 거리 안에 산수가 아름다운 곳을 사 두었다가 생각이 날 때마다 때때로 오가며 시름을 풀고 머물러 자다가 돌아온다면, 이야말로 계속할 수 있는 방법이 될 것이다."[265]
날카롭고 송곳 같은 산봉우리, 험준한 절벽과 깎아지른 바위, 우레가 치는 듯 밤낮으로 쉬지 않고 쏟아지는 폭포수 등이 있는 땅은 그 기운이 화살과 같아, 거주하는 사람을 쏘아 죽이므로 모두가 거주할 수 없다.
＜睽車志＞[266]

풍수서에서 언급된 '산수(山水)'는 정자의 입지적 특성이나 휴양적 힐링 장소의 장소적 특성과 맥락을 같이한다. 풍수에서는 이러한 지형을 소위 '기가 센 곳'으로 칭하며, 일반 주택지로는 금기시했고, 사찰이나 신당을 세우면 감응이 많이 일어난다고 했다.[267] 특히, 바닷

---

265) 이중환 지음, 허경진 옮김, 앞의 책, pp.192～251.
266) 서유구 지음, 안대회 엮어옮김, 『산수간에 집을 짓고』, 돌베개, 2005, p.153.
267) 서유구 지음, 안대회 엮어옮김, 위의 책, p.108.

가나 계곡 절벽 위 등의 지형이 지닌 탁 트인 전망(조망적 경관)과 많은 바람은 이곳의 장소적 정체성을 하늘로 향하는 사다리, 자유와 모험, 빛, 공적인 영역 등으로 규정시킨다.

실제로 동서양을 막론하고 이런 곳에는 사원, 제단 등의 종교 건축물이 건립되었다. 그리스 파르테논 신전(<그림 136>)의 경우, 건축학 관점에서 보면 완벽한 비례의 결과물로 보이나, 신전이 자리한 터와의 관련 속에서 보면 하늘과 땅과의 관계 속에서 신전의 정체성이 잘 드러난 사례이다.268)

<그림 136> 미적 조형물로 보이는 신전(좌)과
터와 관련 속에서 정체성이 드러나는 신전(우)

이런 맥락에서, 바닷가나 계곡의 절벽 위, 주변에 하식애 및 급애로 이루어진 기암절벽이나 폭포 등이 있는 장소는 조망이 우수하고, 바람이 많으며, 자극성 또한 높아 휴양지로서의 힐링 장소로 적합하다. 또한 현대 입지적 관점에서, 이런 곳의 장소적 정체성이 안정감보다는 확장감, 자유와 해방 등의 추상적, 정신적인 의미로 해석되

---

268) 이희봉, 앞의 논문, p.192.

는 점에서, 창의성 발휘가 필요한 연구소 부지 등으로도 제격이다.[269]

그러나 정자 건축의 입지적 특성이 '바람'이 많은 '개방된 조망'이 가능한 휴양적 힐링 장소에 적합하다 하더라도 주의해야 할 점이 있다. 그것은 이런 곳이 모든 사람들을 위한 힐링 장소로 작용하는 것은 아니라는 점이다. 먼저 '바람'의 측면에서 보면, 앞서 살펴본 바와 같이 동서양을 막론하고 예로부터 바람은 인간의 건강에 악영향을 주었다. 이것은 사람들이 바람이 많이 부는 곳을 찾고, 또 사람들이 그곳에서 건강이 나빠지기는커녕 오히려 재충전되어 돌아오는 것과 앞뒤가 맞지 않는다.

이에 대한 해답을 얻기 위해서는 '공간과 인간' 중에서 인간에 주목해서 살펴보아야 한다. 여름철 피서를 떠나는 사람들은 노인이나 환자들이 아닌 대부분 몸과 마음이 건강한 일반인들이다. 그리고 바람에 노출되는 시간 또한 고작 며칠간에 불과하다. 사람이 바람을 맞아 질병에 걸리는 것은 고정된 통로를 통해 오랜 기간 동안 지속적으로 불어오는 바람에 노출되었을 경우이다. 이 또한 건강인과 노인 및 환자가 받아들이는 영향력은 다르다. 그래서 여름철에 불과 며칠간 바람에 노출되었다 해서 건강한 사람이 질병에 걸릴 리가 없으며, 오히려 피서라는 힐링적 요소로 작용하는 것이다.

공간 심리적 측면에서, 일반인들은 평소 직장 내 물리적인 좁은 공간과 조직적 문화에 의한 심리적 압박감 속에서 생활한다. 그래서 그들은 항상 탈출과 해방의 욕구를 갖고 있으며, 그 욕구를 채우기

---

269) Esther M. Sternberg, 『Healing spaces: The science of place and well-being』, The Belknap Press of Harvard University Press, 2009, pp.21~24.

위한 쉬운 방법으로서 '공간적 확장감'을 선택한다. 즉 평소의 심리적 압박감을 공간심리적 확장감으로 대신 채우는 것이다. 그들이 자연스럽게 피서지로 즐겨 찾는 바닷가나 계곡은 단지 더위를 피하는 곳만이 아니라, 공간적 확장감에 대한 욕구를 채울 수 있는 곳이다.

특히 바닷가나 계곡의 절벽 위 호텔 및 펜션은 여름철이면 예약하기가 어려울 정도이다. 그러한 곳은 전망이 좋고, 바람 또한 주변보다 훨씬 많이 분다. 앞으로 탁 트인 멋진 조망과 시원한 바람은 일상생활의 압박감과 스트레스를 해소하고 활력을 재충전할 수 있는 힐링이 되는 것이다. 또한 주변에 기암절벽이나 폭포 등이 있는 곳은 피서뿐만 아니라 평소의 여행지로서도 각광을 받는다.

하식애 및 급애, 토르, 폭포와 같은 시각적·청각적 자극 요소가 있는 곳 또한 휴양적 힐링 장소로 이용하기 위해서는 사람의 특성을 고려할 필요가 있다. 일반적으로 빛, 소리 등의 자극의 정도와 이에 대한 인간의 선호도 사이에는 '거꾸로 된 U자'의 관계가 있다(<그림 137>).[270] 즉 자극이 아주 약하거나 아주 강할 경우에는 선호도가 낮으며, 중간 정도의 자극일 경우에 가장 높은 선호도를 나타낸다.

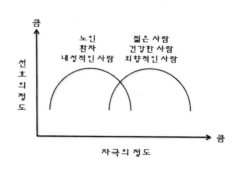

<그림 137> 자극의 정도와 선호도의 관계성(임승빈, 2014, p.256을 재구성함)

---

270) Berlyne, D. E., 「The vicissitudes of aplopathematic and teleomatoscopic pneumatology」, in Berlyne, D. E, and Madsen, K. B.(Eds.), Pleasure, Reward, Preference, New York & London: Academic Press, 1973, pp.1~33, 임승빈, 『경관분석론』, 서울대학교출판문화원, 2009, p.256에서 재인용.

이러한 관계는 개인의 특성에 따라 다소 변화를 보인다. 즉 젊고 건강한 사람, 또 외향적인 사람은 노인이나 환자, 내성적인 사람에 비해 높은 정도의 자극을 선호하는 경향이 있다.[271] 따라서 전자(前者)에 해당하는 사람의 경우에는 '거꾸로 된 U자'가 후자(後者)인 사람에 비해 오른쪽으로 이동하게 된다.

몸과 마음이 건강한 사람들은 피서나 여행을 통해 일상생활에서 느낄 수 없는 보다 자극적인 것을 요구한다. 그래서 기암절벽과 폭포에서 떨어지는 물줄기의 강렬한 인상과 거친 시각적 질감은 강하고 힘차며 튀어나오는 듯한 감정을 유발하고, 이에 더해 폭포의 굉음이 귀를 자극함으로써 사람들을 더욱 끌어들이는 것이다. 그러나 사람들이 여름철 즐겨 찾는 바닷가나 계곡의 절벽, 산의 정상 등의 힐링 장소는 사람의 나이와 건강, 감정과 심리 상태에 따라 가릴 필요가 있다.

따라서 노인과 환자, 감정과 심리상태가 불안정한 사람은 힐링을 위해 이런 곳을 함부로 찾아서는 안 되며, 심지어 몸과 마음이 건강한 사람도 이런 곳에서 장기간 머문다면 건강에 악영향을 미칠 수도 있다. 볼노의 『기분의 본질』에 쓰여 있는 다음의 글귀가 이를 뒷받침한다.

> 불행과 슬픔에 가득 찬 사람, 걱정과 고민을 안고 있는 사람은 산 정상에서 올라 산 아래 펼쳐져 있는 멋지고 장엄한 전망이 그 사람을 회복시키고 치료한다는 생각은 착각이며, 그것은 비웃음이나 모멸감으로 받아

---

271) Eysenck, H. J., 「Personality and the law of effect」, in Berlyne, D. E., and Madsen, K. B.(Eds.), Preasure, Reward, Preference, New York & London: Academic Press, 1973, pp.133~166, 임승빈, 위의 책, p.256에서 재인용.

들여진다. 자신이 느끼는 슬픔 때문에 자연이 주는 아름다움과 맞서게
되어 자신을 가두게 되는 것이다.272)

4. 요양적 힐링 장소(healing place to care)와 종택의 입지

미국의 지리학자 게슬러(Wilbert M. Gesler)는 저서『힐링 장소
(Healing Places)』에서, 힐링 장소가 갖추어야 할 요건으로 두 가지를
제시했다. 그것은 구불구불하고 부드러운 산줄기가 잘 감싸주는 곳,
깨끗한 물을 구할 수 있는 수원(水原)이 있는 곳이다. 즉, 힐링 장소
는 산줄기가 내부 공간을 잘 감싸고 있어 외부 공간과 격리되고 아
늑한 휴식을 제공해야 하며, 나아가 유행병으로부터 보호되는 곳이
어야 한다. 그리고 물은 인간 생존을 위한 필수 요소이기 때문에, 수
원은 힐링 장소가 갖추어야 할 필수요건이다.273)

(자료: Google Earth)

<그림 138> 그리스의 고대 도시 에피다우로스(Epidaurus)의 아스클레피온

---

272) 아사노 후사요・다카에스 효시히데 지음, 최영애・홍승연 옮김,『치유의 풍경』, 학지
    사, 2010, pp.114~115.
273) Wilbert M. Gesler, 앞의 책, pp.22~25.

게슬러가 강조한 힐링 장소로서의 요건 두 가지는 풍수 이론에서 말하는 지형 요건과 다르지 않다. 먼저 산줄기가 내부 공간을 감싸주어야 한다는 것은 풍수 이론의 장풍의 요건과 일치한다. 장풍이 요구하는 지형 조건은 동구가 닫힌 듯 좁고, 안으로 들이 넓게 펼쳐진 목 좁은 항아리 같은 분지형 지세로 요약된다(<그림 138>). 그래서 영역을 감싸고 있는 산줄기가 내부공간을 외부공간으로부터 구별된 '닫힌 공간'이 형성된다. 이에 내부자는 닫힌 공간 속에서 심리적 안전과 편안함의 장소감을 느낄 수 있다.

또한 산줄기가 둘러싸고 있다는 것은 내부와 외부가 지리적·사회적으로 일정 부분 단절된다는 의미이다. 게슬러가 힐링 장소의 사례지로 든 그리스 아스클레피온(Asklepion)의 위치 또한 도심에서 조금 떨어져 있으며, 자연과 직접 접촉할 수 있는 시골 지역이다.[274] 외부와의 단절은 동서양의 공간적 이상향(유토피아)이 갖추어야 할 공통 특성이었다. 즉 주위가 물이나 깊은 산으로 둘러싸여 있어 안과 밖의 구별이 명확해야 하는 것이다.[275]

아스클레피온이 갖출 요건 중 '전염병으로부터의 보호(away from pestilence)'는 분지형 지세로 인한 외부와의 단절에 의해 만족된다. 이것은 조선시대 예언서 『정감록』의 십승지에서 거론된 내용과 동일하다. 십승지는 흉년, 전염병, 전쟁 등을 피해 안심하고 살 수 있는 곳을 말하는데, 그 지형적 조건이 풍수의 장풍 조건과 일치한다.

게슬러는 또한 힐링 장소의 요건으로서, 장소를 둘러싸고 있는 산줄기의 형태를 지적했다. 그는 산줄기의 형태가 구불구불(rolling)하

---

274) Esther M. Sternberg, 앞의 책, p.220.
275) 나카무라 요시오 지음, 김재호 옮김, 앞의 책, p.94.

(자료: Google Earth)

<그림 139> 아스클레피온의 내부 영역에서 보이는 주변 산들의 모습

고 부드러워야(gentle) 한다고 강조했다(<그림 139>). 풍수에서는 산 봉우리를 그 형태에 따라 목산(木山), 화산(火山), 토산(土山), 금산 (金山), 수산(水山)의 다섯 가지로 구분했다. 그중 게슬러가 주장한 힐링 장소에 적합한 산의 형태는 수산에 가까우며 목산, 토산, 금산 도 해당된다. 이러한 형태의 산들은 모두 풍수이론에서 거주지나 묘 소 주변의 산으로서 길하게 여기는 형태이다.

게슬러가 언급한 산의 형태와 정반대인 것이 화산이다. 화산은 기 암절벽의 바위산이 많으며, 그 형태가 날카롭고 예각이 많다. 이러 한 형태는 시각적 자극이 강해서, 인간에게 심리적 안정감을 주지 못한다.[276) 그래서 풍수에서도 화산을 강한 기운을 가진 반면 일반 인을 위한 거주지나 묘소 주변의 산으로는 부적격으로 여기는 산의 형태이다. 공간심리적 측면에서, 휴양지 주위의 화산은 몸과 마음이 건강한 사람의 심리적 자극을 높여주어 일면 효용성이 있으나, 노인 이나 환자가 요양하는 곳 주위의 화산은 과도한 자극이 되어 심리적 불안감을 주게 된다.

---

276) 콜린 엘러드 지음, 문희경 옮김, 『공간이 사람을 움직인다』, 더 퀘스트, 2015, pp.193~195.

깨끗한 물을 구할 수 있는 수원(水原)의 요건은 풍수의 득수 조건과 일치한다. 물은 동서양을 막론하고 그 중요성이 끊임없이 강조되어 온 인간생활의 필수요소이다. 특히 연중 강우량이 적거나 강우시기가 고르지 못한 지역은 더욱 그러하다. 게슬러가 사례로 든 그리스의 에피다우로스(Epidaurus)는 연중 강우량이 500㎜밖에 되지 않는다. 한국 또한 연중 강우량은 600~1,000㎜이나 여름철에 집중되는 강우 특성을 보인다.

풍수에서는 물의 발원지(發源地)가 멀고 깊어야 하며, 물이 빠져나가는 모습이 보이지 않아야 길하게 여긴다. 물의 발원지가 멀고 깊다는 것은 산줄기의 수가 많다는 것이고, 이것은 지류가 될 수원이 많다는 의미이다. 그리고 물이 빠져나가는 모습이 보이지 않는다는 것은 수구가 막혀 물이 내부 영역에 머무르는 시간을 최대한 지속시킬 수 있다는 의미이다.

그런데 한 가지 주목되는 점은 힐링 장소의 사례지로 든 그리스의 아스클레피온이 치유목적으로 조성된 고대 종합 의료 시설이었던 것이다. 즉 지병을 앓던 환자들이 장기간 머물면서 물리치료, 자연요양, 심리치료, 체력단련과 음악 및 연극 감상 등 심신 요양을 위한 종합적 치료를 받았다. 이러한 치유법이 큰 효과가 있는 것으로 명성이 나 전 세계 환자들이 줄이어 방문했다고 한다.

결과적으로 게슬러에 의해 제시된 힐링 장소는 노인과 환자들은 위한 요양(療養)적 힐링 장소에 적합한 곳이었다. 그리고 요양적 힐링 장소가 갖추어야 할 지형적 조건은 구불구불하고 부드러운 산줄기가 영역을 잘 둘러싸고 있어야 하고, 또 깨끗한 수원(水原)을 확보하고 있는 곳이었다. 게슬러가 힐링 장소의 위치로 산꼭대기 지형

(mountaintop)보다 오목한 지형(凹地, hollow)이 적합하다고 한 것은 이러한 맥락에서 이해할 수 있다.

오목한 지형이란 풍수의 장풍 요건이 잘 구비된 분지형 지세에 다름 아니다. 오목한 지형은 자궁[277]이나 은신처를 상징하며 신체적 및 심리적으로 안정감을 준다. 인간은 둘러싸인 울안에서 심리적 안정감을 느낄 수 있는 것은 마음의 본성이다.[278] 그래서 이러한 오목한 지형은 일상생활이 이루어지는 거주지나 노인 및 환자들의 요양지로서의 힐링 장소로 적합하다.

게슬러가 제시한 요양적 힐링 장소의 입지적 특성은 종택의 입지적 특성과 유의미한 관계를 보인다. 먼저 경관 조망적 측면에서, 정자의 입지가 수평축의 '열린 경관', 수직축의 '조망적 경관'임에 비해, 종택의 입지는 '닫힌 경관', '은신적 경관'에 해당한다. 이것은 종택입지가 지닌 경관 조망적 특성이 요양적 힐링 장소가 갖추어야 할 지형 조건 중 산줄기가 영역을 잘 둘러싸고 있는 오목한 지형과 일치함을 의미한다.

또한 영역 내 위치 측면에서도, 정자는 영역의 후방에 비해 좀 더 앞으로 나온 중앙의 비율이 높고, 수구형 및 산줄기형이 높은 비율을 차지하고 있는 반면, 종택은 영역 후방의 비율이 중앙이나 수구형에 비해 높다. 이러한 종택의 영역 내 후방 입지의 선호는 '닫힌 경관'과 '은신적 경관' 조망이 가능한 입지를 차지하기 위한 노력으

---

277) 최창조는 한국인이 자궁과 같이 오목한 지형을 선호하는 것을 두고 모성회귀적 특성이라 하였으며, 이는 한국인의 땅에 대한 사고관념에 있어서 가장 보편적인 의식이라고 했다(최창조, 『좋은 땅이란 어디를 말함인가』, 서해문집, 1990, pp.417~418). 그러나 본 논의에서 보는 바와 같이, 요양지 힐링 장소의 지형 요건이 오목한 분지형 지형인 것에 비추어 모성회귀적 특성은 비단 한국인에게만 해당되는 것은 아닐 것이다.

278) 나카노 하지무 지음, 최재석 옮김, 앞의 책, p.32.

로 보인다.

종택에서 조망되는 사신사의 형태 또한 게슬러에 의해 제시된 요
양적 힐링 장소의 조건 중 '구불구불하고 부드러운 산줄기'와 유의
미한 관계를 보인다. <표 107>은 종택 및 정자 주위로 조망되는 사
신사 중 풍수적 길상279)을 정리한 도표이다. 분석결과, 종택은 조사
대상 34개소 중 27개소에서 36개280)의 사신사가, 정자는 조사대상
36개소 중 16개소에서 18개의 사신사가 풍수적 길상이었다.

<표 107> 종택 및 정자의 길상의 조망적 사신사

구분		목형	금형	토형	화형
종택	현무	응와	충재, 옥계, 매산	사고	
	안산	서백당, 낙선당, 무첨당, 향단, 수졸당, 법전강씨, 응와, 간재, 묵계, 삼산, 사월	사고, 매산		
	청룡	낙선당, 충효당, 안동김씨, 사직공파	수졸당, 군위공, 우복, 학봉	퇴계	
	백호	퇴계, 성성재, 사월	법전강씨, 수암, 응와, 학봉, 존재, 운강		
정자	현무	원지정사	경체정	주강정	만귀정
	안산	관가정, 겸암정, 삼구정, 숙운정	주강정, 산수정		
	청룡	방초정, 석천정, 광풍정, 백운정		삼구정, 노송정	
	백호	옥연정, 삼산정			

---

279) 풍수에서 사신사의 길흉을 판단하는 방법은 사신사의 형태, 면배, 방향, 역수(逆水) 여부 등 다양하지만, 본 연구에서는 오행론에 입각한 형태적인 측면에서의 풍수적 길상만을 고려한다.

280) 종택 수보다 사신사의 개수가 많은 것은 1개 종택에서 2개의 풍수적 길상이 조망되는 곳이 있기 때문이다.

이를 비율로 따지면, 종택 입지는 전체의 약 79.4%, 정자 입지는 전체의 약 44.4%가 하나 이상의 풍수적 길상을 조망할 수 있다. 이로써 '구불구불하고 부드러운' 풍수적 길상의 산봉우리가 조망되는 것이 중요한 입지적 조건으로 따져지는 것은 종택임을 알 수 있다. 또한 기암절벽이나 계곡절경과 같이 시각적으로 자극되는 거칠고 억센 산봉우리가 조망되는 곳이 정자 입지가 15개소에 달하는 반면, 종택 입지는 단 2개소뿐임을 앞서 서술한 바 있다. 이것은 종택의 입지조건에 '부드럽지 못하고 거칠고 억센' 산봉우리 등의 자연지형물이 없는 곳이 포함되며, 이는 다시 종택의 입지적 특성이 요양적 힐링 장소에 적합함을 의미한다.

　그러나 구불구불하고 부드러운 산줄기가 사방을 잘 둘러싸고 있는 장소라 해서 항상 요양적 힐링 장소로 합격점을 받는 것은 아니다. 앞서 설명한 바와 같이, 산줄기가 사방을 둘러싸고 있다는 것은 공간의 수평축에서 '닫힌 공간'의 조건을 만족한다는 것이다. 그러나 실제 지형에서 내부자가 느끼는 공간감은 공간의 수직축에 따라 결정적인 영향을 받는다. 즉 사방을 둘러싸고 있는 산줄기의 시각적 높이가 과도하게 높은 장소는 '과도한 은신적 경관'이 형성됨으로써, 그 속 내부자는 심리적 압박감을 느끼게 된다. 이에 대해『택리지』에서 다음과 같이 언급한다.

　　사방의 산이 과도하게 높아 해는 늦게 떠서 일찍 지는 곳은 피해야 한다. 이런 곳은 아침저녁으로 습기와 안개 기운이 서려 사람이 쉽게 병든다. 또한 신령스런 빛도 적을 뿐만 아니라 음기가 쉽게 침입하기 때문에 귀신들이 우글대는 소굴이 되는 경우가 많다. 계곡에 사는 것이 들에 사는

것보다 못하다고 말하는 이유가 여기에 있다.[281]

앞서 설명한 바와 같이, 종택 및 정자의 안산의 앙각 범위에서 0~10° 사이가 절대적 비율을 차지하고 있다. 이것은 일상생활이 이루어지는 건축물이든 휴양 목적의 건축물이든 모두 주위 산줄기의 높이는 인간에게 본능적으로 시각적 편안함을 제공하는 높이인 앙각 0~10° 사이가 되어야 함을 의미한다. 그중 종택의 입지는 앙각 5~10° 범위가 우세한데, 이것은 일상생활이 이루어지는 장소, 요양적 힐링 장소 주위의 산줄기의 적절한 시각적 높이는 '적절한 은신적 경관'을 제공하는 앙각 5~10° 범위임을 의미한다.

힐링 장소를 규정하는 요건에 있어 또 하나 중요한 인자는 햇빛이다. 햇빛은 힐링을 위한 자연공간적 요소의 하나로 사람의 건강, 심리 및 정서에 영향을 미친다. 종택 및 정자 또한 햇빛을 중요한 입지 조건의 하나로 고려한다. 북반구 중위도에 위치한 우리나라는 기본적으로 남향 건축물을 선호한다. 남향 건축물은 수직으로 도달하는 일사량이 겨울철에 가장 많고 여름철에 가장 적어 에너지 효율이 가장 높기 때문이다.

<표 108>은 종택 및 정자 건축물의 방향을 조사한 결과이다. 그중 종택의 73.5%, 정자의 61.1%가 남향(남동향·남서향 포함)으로, 남향이 다른 방향에 비해 절대적으로 높은 비율을 차지하고 있다. 이것은 일상생활이 이루어지는 종택, 그리고 오늘날의 휴양 목적의 건축물에 해당하는 정자 모두 햇빛이 중요한 입지 조건임을 보여준다. 또한 남향 비율은 종택이 정자에 비해 상대적으로 높지만, 그 반대

---

281) 이중환 지음, 허경진 옮김, 앞의 책, p.158.

로 북향 비율은 정자가 오히려 높은 것은 햇빛의 요건이 일상적 생활이 이루어지는 요양적 힐링 장소의 입지적 조건으로 더욱 중요하게 고려됨을 의미한다.

<표 108> 종택 및 정자 건축물의 방향[282]

구 분	종택(34개소)				정자(36개소)			
방 향	동향	서향	남향	북향	동향	서향	남향	북향
개 소	3	4	25	2	4	4	22	6
비율(%)	8.8	11.8	73.5	5.9	11.1	11.1	61.1	16.7

---

282) 건축물의 방향 중 남향에는 남동향·남서향이, 북향에는 북동향·북서향이 각각 포함되어 있다.

VI

결론

거주와 거주 공간의 문제는 동서고금을 막론하고 인간의 생존과 직결된 중요한 내용으로 다루어져왔다. 이에 여러 분야의 사상가들은 일찍부터 거주와 거주 공간의 중요성을 인식해왔으며, 특히 안전한 장소에 대한 애착이 단지 인간 고유의 것이 아닌 동물이나 곤충들도 지닌 생물학적 특성임을 강조했다.

인간이 요구하는 거주 및 거주 공간의 요건은 시·공간에 따라 조금씩 다르고 변화도 있었지만, '안전'과 '생존 가능성의 보장'은 변하지 않는 기본적 요건이었다. 그러나 그 두 가지가 거주 공간의 필요충분조건이 되지는 않는다. 병원, 호텔 및 리조트 등의 단기적 거주공간은 안전과 생존가능성의 보장 외에도 요양이나 휴양 등의 또 다른 기능들을 요구받는다.

세계 여러 곳에는 '장소의 혼' 개념이 받아들여져, 신성한 장소는 높은 언덕 위, 마을은 오목한 형태의 유역에 형성된 것과 같이, 장소가 지닌 '장소의 특성'에 따라 활용을 달리한 사례들이 목격된다. 우리나라 또한 '장소적 특성'을 파악하고 또 그에 맞게 활용하는 기술과 논리체계에 '풍수(風水)'라는 이름표를 달고 사회공동체적 담론체계로 발달시켜왔다.

이러한 맥락에서 본 연구는 입지 선정 및 공간 구성에 풍수가 적용되었으며, 동일한 '거주 공간'의 범주에 속하면서도 각자의 독특한 입지적 특성을 보유하고 있는 대표적 사례로 종택 및 정자에 주목했다. 이에 연구는 일반적 거주 공간인 종택과 학문수양 및 휴양 목적의 거주 공간인 정자의 입지적 특성을 경관심리학적 관점에서 비교했다. 나아가 연구는 종택 및 정자의 입지적 특성과 힐링 장소와의 관련성 분석을 통해, 힐링 장소를 휴양적 힐링 장소와 요양적 힐링 장소로 구별했다.

이를 위해 연구는 경북지역의 조선시대 종택 및 정자를 연구대상으로 선정했다. 단 연구는 종택 및 정자의 입지 비교에 앞서 '인간(조영자)'의 인자를 매개체로 삼아, '인간'을 중심으로 각각 관련된 종택 및 정자를 연구대상으로 한정함으로써, '장소적 특성'에 따른 활용모습에 대한 보다 타당성 있는 분석이 되도록 했다. 연구는 이러한 개념에 따라 종택 34개소, 정자 36개소를 연구대상으로 선정했다.

이러한 절차에 따라 선정된 대상에 대한 연구 결과는 종택 및 정자의 입지적 특성 비교, 그리고 종택 및 정자의 입지적 특성과 힐링 장소와의 연관성 등 두 가지 측면에서 요약하면 다음과 같다. 먼저 연구는 종택 및 정자의 입지적 특성 비교를 위해 '지형 유형', '수평적 경관 조망', '수직적 경관 조망', '영역 내 위치와 경관 조망', '수경관' 등 다섯 가지 항목에 대해 분석했다.

'지형 유형'의 비교 결과, 종택은 '산록형'이 우세했지만, 정자는 '산복형' 및 '언덕정상형'이 상대적으로 우세했다. '수평적 경관 조망'

비교에서는, 종택이 '환포형'과 '1면 개방형'을 합친 개소가 절대적 비율을 차지한 반면, 정자는 '2면·3면·전면 개방형' 비율이 상대적 강세를 보였다. '수직적 경관 조망' 비교에서는, 종택 사신사의 앙각 평균값이 정자의 그것에 비해 더 컸다. '영역 내 위치와 경관 조망' 비교에서는, 종택이 영역의 '후방형'이 높은 비율을 차지한 반면, 정자는 '후방형'보다 '중앙형'이 강세를 보였고, 종택에서는 드문 유형인 '수구형' 및 '산줄기형'이 강세를 보이는 현상 또한 주목되었다.

종택 및 정자 입지의 수경관 분석은 '수경 유형', '수경규모', '수경형태', '수경환경과의 거리', '수경환경의 가시도'의 다섯 가지 항목으로 이루어졌으며, 그 결과는 다음과 같다. '수경 유형'의 비교에서, 정자의 임수형 비율이 상대적으로 더 높았다. '수경규모'의 비교에서는 종택 및 정자 모두 '천'과 '계류'를 합친 비율이 절대적인 비율을 보였다. '수경 형태' 비교에서는 종택은 '퇴적사면형'과 '직선(횡)형'이 동일한 비율한 차지하였으나, 정자의 경우에는 '직선(횡)형'이 단연 우세했다. '수경환경의 가시도' 비교에서는 종택 및 정자의 수경환경 가시도의 비율 순서가 반대였는데, 종택은 가시도가 낮은 항목에 많은 비율이 집중된 반면, 정자는 가시도가 높은 항목에 많은 비율이 집중되었다.

이러한 종택 및 정자의 입지적 특성 비교를 바탕으로, 본 연구는 인간의 나이와 건강, 심리상태 등의 개인적 상황에 맞는 힐링 장소를 고찰했다. 그 결과 정신적·육체적으로 건강한 일반인의 휴식 및 재충전을 위한 휴양적 힐링 장소가 정자의 입지적 특성과, 그리고 환자나 노인 등 노약자들의 치유를 위한 요양적 힐링 장소가 종택의 입지적 특성과 연관됨을 알 수 있었다.

구체적으로, 사람들이 여름날의 휴식 및 재충전을 위해 시원한 바람과 물이 있는 바닷가나 계곡을 찾는 휴양(休養)적 개념의 힐링은 정자 건축물의 조영 목적인 산 좋고 물 좋은 곳에서 평소 학문수양의 연장으로서 유식(遊息)을 즐기는 것과 맥락을 같이한다. 이에 대한 근거로 힐링을 위한 자연공간적 요소 중의 하나인 '물(water)'을 들 수 있다. 종택과 정자 입지의 수경환경의 비교 결과, 정자가 종택보다 수경환경이 잘 보이고 수경환경과의 거리가 가까운 곳이 선호되었다. 이로써 '물(수경환경)'은 휴양적 힐링 장소에서도 중요하게 고려되지만, 정자 건축물에서 또한 중요한 입지조건으로 고려됨을 알 수 있었다.

힐링을 위한 자연공간적 요소 중 '바람(wind)' 또한 휴양적 힐링 장소의 장소적 특성을 결정짓는 중요한 인자이다. 특히 '바람'은 해당 입지의 '경관 조망'과 연관성이 큰데, 바람이 많은 지역은 통상 장풍이 되지 않고 확 트인 조망이 가능한 지역이기 때문이다. 이러한 측면에서 '바람'이 많고 '호쾌한 조망'이 가능한 정자의 입지는 휴양적 힐링 장소와 공통분모가 많다.

실제로 종택 및 정자의 입지를 비교한 결과, 종택 및 정자의 수평적 경관 조망 범위 평균값은 정자가 종택보다 더 넓은 반면, 수직적 경관 조망 평균값은 정자가 오히려 더 작았다. 이러한 결과는 입지 선정 과정에서, 정자가 종택보다 수평적 경관 조망 범위가 넓고, 반대로 수직적 경관 조망은 낮아 호쾌한 조망이 보장되는 곳이 선호되었음을 보여준다.

종택 및 정자 입지의 수평적 경관 조망은 공간축의 수평적 공간인 공간의 '열림'과 '닫힘'에 해당하며, 수직적 경관 조망은 공간축의 수직적 공간인 '조망'과 '은신'에 해당한다. 이러한 측면에서, 종택의 입지는 수평축의 '닫힌 공간', 수직축의 '은신적 공간'인 반면, 정자의 입지는 수평축의 '열린 공간', 수직축의 '조망적 공간'이다.

시각·청각적 자극을 주는 자연환경 요소 또한 정자의 입지적 특성과 휴양지로서의 힐링 장소 사이에 유의미한 관계가 있음을 보여준다. 하식애나 단애, 폭포와 같은 시각·청각적 자극 요소가 있는 곳은 종택 입지에서는 단 2개소인 반면, 정자 입지는 15개소에 달하는 현상은 정자의 입지적 특성이 휴양지로서의 힐링 장소에 적합함을 나타낸다.

그러나 '바람'과 '개방된 조망'의 특성을 가진 휴양적 힐링 장소 및 정가 건축의 입지가 모든 사람들을 위한 힐링 장소로 작용하는 것은 아니다. 정신적·육체적으로 건강한 일반인은 일상생활의 심리적 압박을 벗어나 바닷가나 계곡에서 피서와 동시에 공간적 확장감에 대한 욕구를 해소하고 활력을 재충전할 수 있다. 그러나 노인과 환자, 감정과 심리상태가 불안정한 사람에게는 이런 곳이 힐링 장소로 부적절하며, 심지어 건강한 사람이라도 장기간의 거주는 건강에 악영향을 줄 수 있다.

정자의 입지가 휴양적 힐링 장소로 적합하다면, 일상의 거주 공간인 종택은 환자나 노인 등의 노약자를 위한 요양적 힐링 장소에 적합하다. 지리학자 게슬러는 힐링 장소가 갖추어야 할 요건으로 영역을 감싸주는 구불구불하고 부드러운 산줄기, 깨끗한 물을 구할 수 있는 수원(水原) 등 두 가지를 제시했다. 그리고 그가 힐링 장소의 사례지로 든 그리스의 아스클레피온(Asclepion)은 치유목적으로 조성된 고대 종합 의료 시설이었던 점에서, 노인과 환자들은 위한 요양(療養)적 힐링 장소에 적합한 곳이었다.

게슬러가 제시한 요양적 힐링 장소의 입지적 특성은 종택의 입지적 특성과 유의미한 관계를 보인다. 경관 조망적 측면에서, 종택의 입지적 특성인 '닫힌 경관'과 '은신적 경관'은 산줄기가 영역을 잘 둘러싸고 있는 오목한 지형과 일치한다. 영역 내 위치 측면에서, 종택의 입지는 '닫힌 경관'과 '은신적 경관' 조망이 가능한 영역의 후방 지점이 선호된다. 종택에서 조망되는 사신사의 형태 측면에서, 종택의 입지는 부드럽지 못하고 거칠고 억센 산봉우리 등의 자연지형물이 없는 곳이 선호된다.

힐링 장소를 규정하는 요건에 있어 또 하나 중요한 인자인 햇빛은 사람의 건강, 심리 및 정서에 영향을 미친다. 종택 및 정자 또한 햇빛을 중요한 입지 조건의 하나로 고려된다. 특히 종택의 입지는 정자에 비해 남향 비율이 높았는데, 이것은 햇빛의 요건이 일상적 생활이 이루어지는 요양적 힐링 장소의 입지적 조건으로 더욱 중요하게 고려됨을 의미한다.

지금까지 본 연구는 경북지역의 조선시대 종택 34개소, 정자 36개소를 대상으로 종택 및 정자의 입지적 특성을 경관심리학적 관점에서 분석한 다음, 각 입지적 특성이 인간의 특성에 따라 어떠한 힐링 장소로 활용될 수 있는지를 살펴보았다. 그리고 이러한 본 논문의 목적이 바로 논문의 의의가 될 수 있겠다.

구체적으로 본 연구는 정자의 입지를 풍수적으로 해석하고, 나아가 종택 및 정자의 입지적 특성을 비교분석한 선두적 연구이다. 지금까지 종택 및 정자의 개별적인 연구들이 있었지만, 그 둘의 입지 비교를 위한 시도는 없었으며, 특히 정자의 입지에 대한 풍수적 해석의 시도가 일천한 상태였다. 이러한 측면에서, 본 연구는 한국의 대표적 거주 공간인 종택 및 정자의 입지적 특성을 종합적으로 분석한 시도라 할 수 있다.

또한 본 연구는 종택 및 정자의 입지적 특성에 대한 분석을 넘어, 각 입지적 특성을 인간의 힐링과 연관시킴으로써 인간의 특성에 따라 어떠한 힐링 장소로 활용될 수 있는지를 살펴보았다. 이에 따라 본 연구는 작게는 주택, 크게는 대형 부지의 개발에 있어 '장소적 특성'을 고려한 개발방향에 대한 하나의 참고점을 제시했다. 구체적으로 사람들이 단기간의 휴양을 위해 찾는 호텔이나 리조트, 연구소 등의 입지는 바람이 많고 호쾌한 조망이 가능한 정자 건축물의 입지를, 일반적 거주를 위한 주택부지, 환자나 노인 등의 노약자를 위한 요양원 및 요양병원 등의 입지는 부드러운 산줄기로 둘러싸여진 아늑한 종택 건축물의 입지를 참고해서 개발할 수 있다.

참고문헌

1. 국내문헌

1) 단행본

가스통 바슐라르 지음, 곽강수 옮김, 『공간의 시학』, 동문선, 2003.

강동진, 『지나간 경주 양동마을 이야기』, 한국학술정보, 2006.

김동욱, 『조선시대 건축의 이해』, 서울대학교 출판부, 1999.

김두규, 『풍수학사전』, 비봉출판사, 2005.

나카노 하지무 저, 최재석 옮김, 『공간과 인간』, 도서출판국제, 1999.

나카무라 요시오 저, 강영조 옮김, 『풍경의 쾌락』, 효형출판, 2007.

나카무라 요시오 저, 김재호 옮김, 『풍경학 입문』, 도서출판 문중, 2008.

David Buss 저, 이충호 옮김, 『진화심리학』, 웅진지식하우스, 2012.

박성대, 『풍수로 공간을 읽다』, 도서출판 푸른길, 2017.

서선계·서선술 저, 김동규 옮김, 『지리인자수지』, 명문당, 2008.

서선계·서선술 저, 한송계 옮김, 『明堂全書』, 명문당, 1997.

서유구 지음, 안대회 엮어옮김, 『산수간에 집을 짓고』, 돌베개, 2005.

심호 저, 허찬구 옮김, 『地學』, 2001.

아사노 후사요·다카에스 효시히데 지음, 최영애·홍승연 옮김, 『치유의 풍경』, 학지사, 2010.

에드워드 렐프 지음, 김덕현·김현주·심승희 옮김, 『장소와 장소상실』, 논형, 2005.

에스더 M. 스턴버그 지음, 서영조 옮김, 『공간이 마음을 살린다』, 더퀘스트, 2009.

오토 프리드리히 볼노 지음, 이기숙 옮김, 『인간과 공간』, 에코리브르, 2011.

이도원, 『한국의 전통생태학』, 사이언스북스, 2004.

이어령, 『공간의 기호학』, 민음사, 2000.

이중환 저, 이익성 옮김, 『擇里志』, 을유문화사, 2014.

이중환 지음, 허경진 옮김, 『택리지』, 서해문집, 2007.

이-푸 투안 지음, 구동회 · 심승희 옮김, 『공간과 장소』, 도서출판 대윤, 1995.

이-푸 투안 지음, 이옥진 옮김, 『토포필리아』, 에코리브르, 2011.

이현택, 『조경미학』, 태림문화사, 1997.

이화, 『조선조 풍수신앙 연구』, 한국학술정보, 2005.

임승빈, 『경관분석론』, 서울대학교출판문화원, 2009.

전영권, 『전영권의 대구지리』, 도서출판 신일, 2003.

주춘재 지음, 정창현 · 백유상 · 김경아 옮김, 『黃帝內徑-素問篇』, 청홍, 2004.

지종학, 『풍수지리 형세론』, 도서출판 다사랑, 2010.

최원석, 『사람의 지리, 우리 풍수의 인문학』, 한길사, 2018.

최원석, 『한국의 풍수와 비보』, 민속원, 2004.

최창조 옮김, 『청오경 · 금낭경』, 민음사, 1993.

최창조, 『좋은 땅이란 어디를 말함인가』, 서해문집, 1990.

최창조, 『한국의 자생 풍수 1』, 민음사, 1997.

최창조, 『한국의 풍수사상』, 민음사, 1984.

콜린 엘러드 지음, 문희경 옮김, 『공간이 사람을 움직인다』, 더 퀘스트, 2015.

팀 크리스웰 지음, 심승희 옮김, 『장소』, 시그마프레스, 2012.

한동환 · 성동환 · 최원석, 『자연을 읽는 지혜』, 푸른나무, 1994.

한동환, 『'풍수를 알면 삶터가 보인다', 풍수, 그 삶의 지리 생명의 지리』, 푸른나무, 1993.

황기원, 『경관의 해석』, 서울대학교출판문화원, 2011.

2) 학위논문 및 논저

강철성, 「풍향별 바람특성에 대한 검토-문헌을 중심으로-」, 기후연구1(1), 2006.

김광호, 「프랭크 로이드 라이트 후기 작품의 치유환경적 특성에 관한 연구」, 한국의료복지시설학회지 12(1), 2006.

김동찬 · 김신원 · 박태석, 「경기지역 정자의 입지 및 특성에 관한 연구」, 경희대학교부설디자인연구원 논문집 9권 제1호, 2006.

김두규, 「풍수지리적 관점에서 본 면앙정 입지에 관한 연구」, 한국전통조경학회지 제18권 제2호, 2000.

김명자, 「세시풍속을 통해 본 물의 종교적 기능」, 한국민속학 49, 2009.

김상협·최경란, 「조선시대 수변정자건축의 자연추구기법 연구」, 대한건축학회논문집 계획계 제26권 제5호, 2010.

김상협·최경란, 「조선시대 정자건축의 유식공간 연구」, 대한건축학회논문집 계획계 제25권 제9호, 2009.

김성우, 「공간과 천지: 동서양 건축에서의 공간관」, 건축역사연구 14(4), 2005.

김성우, 「동서양 건축에서의 공간과 시간」, 건축역사연구 13(3), 2004.

김성우, 「비례와 기운: 동서양 건축에서의 심미성」, 건축역사연구 14(2), 2005.

김성우, 「시각과 감응: 동서양 건축에서의 경험의 문제」, 건축역사연구 13(4), 2004.

김수민·조택연, 「진화심리학적 관점으로 해석한 장소애착에 관한 연구」, 기초조형학연구 16(6), 2015.

김영미·박일호, 「진화심리학의 관점에서 본 예술에 관한 연구」, 기초조형학연구 14(4), 2013.

김진수, 「정자건축에 적용된 자연완상수법의 해석에 관한 연구」, 전북대학교 대학원 박사학위논문, 2011.

김진수·김윤상, 「유가적 수양론으로 본 호남지방 별서형 정자 입지와 배치의 의미해석에 관한 연구」, 한국전통조경학회지 제28권 제4호, 2010.

김훈·이상협·이해웅, 「한의학에서 환경의학의 중요성에 관한 고찰」, 대한예방한의학회지 17(2), 2013.

박선아, 「치유공간유형에 따른 효과 분석」, 전북대학교 대학원 박사학위논문, 2014.

박성대, 「인간의 보편적 공간관과 풍수: 공간 및 경관 심리와 풍수의 관계를 통한 시론적 고찰」, 한국지역지리학회지 23(3), 2017.

박성대, 「힐링장소와 풍수의 관계에 대한 시론」, 문화역사지리 29(3), 2017.

박성대·김병우, 「풍수 논리의 현대적 재해석-현대도시를 중심으로 한 시론적 고찰」, 한국학연구 제61집, 2017.

박성대·성동환, 「퇴계 유적지에 담긴 퇴계의 풍수에 대한 인식」, 한국학논집 제49집, 2012.

박수경・문정민, 「치유적 환경을 위한 공간디자인 연구경향에 관한 연구」, 한
국실내디자인학회논문집 제20권 제4호, 2011.

박수진, 「한반도 평탄지의 유형분류와 형성과정」, 대한지리학회지 44(1),
2009.

박수진・최원석・이도원, 「풍수 사신사의 지형발달사적 해석」, 문화역사지리
26(3), 2014.

박승환・여준기・최무혁, 「치유환경의 정량적 평가를 통한 여성전문병원의
건축계획에 관한 연구」, 대한건축학회논문집 계획계 제23권 제4호,
2007.

박양희, 「노인을 위한 커뮤니티시설에 관한 연구-노인주거시설의 수 치료(수
치료)공간 계획을 중심으로-」, 국민대학교 디자인대학원 석사학위논
문, 2009.

박용준, 「남부지방 정자건축의 경관적 성격과 지역적 특성에 관한 연구」, 연
세대학교 대학원 건축공학과 석사학위논문, 2010.

박재락, 「안동지역 종택마을의 입지와 공간 고찰」, 동북아문화연구 30, 2012.

박재락, 「영남지역 종택마을의 입지유형별 풍수구조의 비교분석」, 동북아문
화연구 36, 2013.

박재락, 「종택마을 입지공간에 풍수지표를 적용한 명당기준의 정량화 연구」,
한국학연구 53, 2015.

박재락, 「종택마을 입지 및 정주공간에 적용된 입향조의 풍수관」, 동북아문화
연구 47, 2016.

박재락, 「종택마을의 풍수요소를 적용한 계량적 명당 연구 – 대구 근교 종택을
중심으로-」, 민족문화논총 56, 2014.

박재락, 「종택마을의 풍수적 입지유형과 구조의 계량적 연구」, 영남대학교 대
학원 박사학위논문, 2012.

박정해, 「서원건축의 좌향 결정과 풍수적 요인에 관한 연구」, 건축역사연구
19(5), 2010.

박정해, 「양평지역 정자입지의 전통환경분석」, 동방학 제25집, 2012.

박진규, 「치유환경 연구문헌 고찰 및 근거중심 디자인 활성화에 관한 연구」,

의료복지건축 17(1), 2011.

박희영, 「거주자 생활 중심으로 본 거창 정온 종택의 전통 공간 현장연구」, 중앙대학교 대학원 석사학위논문, 2001.

반상철·김기혁, 「전례공간에서의 빛 요소 적용에 대한 계획 방안 연구」, 한국산학기술학회논문지 17(11), 2016.

신진동, 「조선시대 전통마을의 입지와 공간 특성에 관한 연구」, 경원대학교 대학원 박사학위 논문, 2008.

안계복, 「누각 및 정자 양식을 통한 한국 전통 정원의 특성에 관한 연구」, 서울대학교 박사학위논문, 1990.

우지연, 「트라우마를 치유하는 공간의 가치와 디자인 접근에 관한 연구」, 한국실내디자인학회논문집 제19권 제2호, 2010.

유성종, 『물과 인간』, 설비저널32(6), 2003.

유인호·한승, 「한개마을 한주종택의 공간 구성에 관한 연구」, 한국주거환경학회지 제12권 제3호, 2014.

여인석, 「인간, 건강 그리고 환경-<공기, 물, 장소에 관하여>의 현대적 의의-」, 의철학연구 6, 2008.

이보구·이형환, 「산림의 피톤치드요법이 인체생리대사에 미치는 영향」, 한국자연치유학회지 제1권 제1호, 2012.

이보구·이형환, 「숲 체험이 직무스트레스와 사회심리적 스트레스에 미치는 영향」, 한국자연치유학회지 제2권 제2호, 2013.

이소연, 「지역사회의 정신건강을 위한 심리치유환경 계획안」, 건국대학교 대학원 석사학위논문, 2010.

이연숙·안소미·임수현, 「총체적 건강을 위한 건축공간계획의 실험적 복합이론 구축연구」, 한국생태환경건축학회논문집 10(1), 2010.

이종찬, 「의료지리학: 개념적 역사와 역사적 전망」, 대한지리학회지 48(2), 2013.

이홍구·권영걸, 「공간의 진화: 공간의 발전 요인에 관한 고찰」, 기초조형학연구 7(2), 2006.

임재해, 「풍수지리설의 생태학적 이해와 한국인의 자연관」, 한국민속학보 9, 1998.

전영권, 「택리지의 현대지형학적 해석과 실용화 방안」, 한국지역지리학회지 8(2), 2002.

전중환, 「자연의 미와 진화심리학」, 인문학연구 19, 2011.

전중환, 「진화심리학의 이론적 토대와 쟁점들」, 한국심리학회지 29(4), 2010.

정동오, 「전통적인 정자원림의 입지특성 및 공간에 관한 연구」, 한국정원학회지 제5권 제1호, 1986.

정인옥, 「영양 주실의 풍수지리적 고찰-호은 종택을 중심으로」, 영남대학교 대학원 석사학위논문, 2004.

정춘국·김기환, 「가로경관의 정량적 분석틀 제공을 위한 입면지도 적용에 관한 연구」, 『한국생태환경건축학회논문집』8(5), 2008.

지우진, 「영남지방 정자에서의 경관 연출에 관한 연구-수계에 인접한 정자를 중심으로」, 울산대학교 대학원 석사학위논문, 2004.

지종학, 「풍수지리 장풍국과 요풍지의 주거환경 특성에 관한 연구」, 영남대학교 대학원 박사학위논문, 2013.

최원석, 「조선후기 영남지방 사족촌의 풍수담론」, 한국지역지리학회지 제16권 제3호, 2010.

콜린 엘러드 저, 문희경 옮김, 『공간이 사람을 움직인다』, 더퀘스트, 2016.

현중영·박찬용, 「조선시대 전통주택 풍수의 좌향-양동마을에 대한 사례 연구」, 한국정원학회지 16(3), 1998.

형성은, 「도시공간에 있어서 둘러싸인감의 적용방법에 대한 연구」, 『감성과학』 9(3), 2006.

2. 외국문헌

Alan Ewert·Denise Mitten·Jillisa Overholt, 『National Environments and Human Health』, CAB, 2013.

Bagley, C., 『The Built Environment as an Influence on Personality and Social Behavior: A Spatial Study』, in Psychology and the Built Environment, edited by David Canter and Terence Lee. New York: John Wiley, 1974.

Balling, J. D., & Falk, J. H., 「Development of visual preference for natural environments」, Environment and Behavior 14, 1982.

Berlyne, D. E., 「The vicissitudes of aplopathematic and teleomatoscopic pneumatology」, in Berlyne, D. E, and Madsen, K. B.(Eds.), Pleasure, Reward, Preference, New York & London: Academic Press, 1973.

Correy, A, 「Visual Perception and Scenic Assessment in Australia」, IFLA Yearbook, 1983.

Esther M. Sternberg, 「Healing spaces: The science of place and well-being」, The Belknap Press of Harvard University Press, 2009.

Eysenck, H. J., 「Personality and the law of effect」, in Berlyne, D. E., and Madsen, K. B.(Eds.), Preasure, Reward, Preference, New York & London: Academic Press, 1973.

Francis C. Biley, 「Hospitals: healing environment?」, Complementary Therapies in Nursing & Midwifery, 1996.

Gaulin, S. J. C., & McBureny, D. H., 「Evolutionary psychology(2nd ed.)」, Upper Saddle River, NJ: Pearson Education, Inc, 2004.

Hartig, T., Evans, G. W., Jamner, L. D., Davis, D. S., Garling, T., 「Tracking restoration in natural and urban field settings」, Journal of Environmental Psychology 23, 2003.

Holahan, Charles J., 「Environmental Psychology in Psychiatric Hospital Settings」, in Designing for Therapeutic Environments, edited by David Canter and Sandra Canter. New York: John Wiley & Sons, 1979.

Hyunsup Song, 「Artistry of Liturgical Space」, Seminar for Art of Korean Church Art, 1994.

Jay Appleton, 『The Experience of Landscape』, John Wiley & Sons, 1975.

Kaplan, R., 「The role of nature in the context of the workplace」, Landscape and Urban Planning 26, 1993.

Kaplan, S., 「Environmental preference in a knowledge-seeking, knowledge-using organism」, in J. H. Barkow, L. Cosmides & J. Tooby(Eds.), The adapted mind: Evolutionary Psychology and the Generation of Culture, New York: Oxford University press, 1992.

Kenny · Cheryl · David Canter, 『Evaluating Acute General Hospitals』, in Designing for Therapeutic Environments, edited by D. Canter and S. Canter. New York: John Wiley & Sons, 1979.

Lawton, M. Powell, & Nahemow, L., 「Ecology and the Aging Process」 In C. Eisdorfer and M. Lawton,(eds.), The Psychology of Adult Development and Aging, Wash., D. C., American Psychological Association, 1973.

Lovell et al., 「Effect of bright light treatment on agitated behavior in institutionalized elderly subjects」, Psychiatry Research 57(1), 1995.

M. D. Velarde, G. Fry, M. Tveit, 「Health effects of viewing landscape-Landscape type in environmental psychology」, Urban Forestry&Urban Greening 6, 2007.

Mei-Po Kwan, 「Geography of Health」, Annals of the Association of American Geographers 102(5), 2012.

Michael F. Goodchild, 「Space, place and health」, Annals of GIS 21(2), 2015.

Moore, E., 「A prison environment's effect on health care service demands」, Journal of Environmental Systems 11, 1981.

Moos, W. S., 「The effect of 'Fohn' weather on accident rates in the city of Zurich(Switzland)」, Aerospace Medicince 35.

Nightingale F, 『Notes on nursing: What it is and what it is not(1859)』, Reprinted by Dover Publications, New Yorks, 1969.

Orians, G. H., & Heerwagen, J. H., 「Evolved responses to landscapes」, In J. H. Barkow, L. Cosmides & J. Tooby(Eds.), The adapted mind: Evolutionary Psychology and the Generation of Culture, New York: Oxford University press, 1992.

Parker, Robert, 『Miasma: Pollution and Purification in Early Greek Religion』,

Oxford: Clarendon Press, 1983.

Poulton, E. C., Hunt, J. C. R., Mumford, J. C, & Poulton, J., 「Mechanical disturbance produced by steady and gusty winds of moderate strength: skilled performance and semantic assessments」, Ergornomics 18, 1975.

Rikard Kuller et al., 「The impact of light and colour in psychological mood: a cross-cultural study of indoor work environments」, Ergonomics 49(14), 2006.

Sita Ananth, 「Building Healing Spaces」, Optimal Healing Environment, 2008.

Sommers, P., & Moos, R., 「The weather and human behavior」, in R. H. Moos(Ed.), The human context: Environmental determinants of behavior, New York: Wiley, 1976.

Terry Zborowsky, PhD, 「People, Place, and Process: The Role of Place in Creating Optimal Healing Environments」, Creative Nursing Volume 15 Number 4, 2009, p.186.

Tooby, J., & Cosmides, L, 「The Psychological foundations of culture」, In J. H. Barkow, L. Cosmides & J. Tooby, ed, The Adapted Mind: Evolutionary Psychology and the Generation of Culture, New York: SUNY Press, 1992.

Tunstall, H. & shaw, M. & Dorling, D., 「Places and health」, J. Epidemiol Community Health 58, 2004.

Ulrich, R. S., 「Human response to vegetation and landscape」, Landscape and Urban Planning 13, 1986.

Ulrich, R. S., 「View through a window may influence recovery from surgery」, Science 224(4647), 1984.

Ulrich, R. S., 「Visual landscapes and psychological wellbeing」, Landscape Research 4, 1979.

Verderber · Stephen, 「Dimensions of Person-Window Transactions in the Hospital Environment」, Environment and Behavior 18(4), 1986.

Walch, J. M. et al., 「The effect of sunlight on post-operative analgesic medication usage: A prospective study of spinal surgery patients」, 2004.

Wilbert M. Gesler, 『Healing Places』, Rowan & Littlefield Publishes, 2003.

Zborowsky, T. & Kreizer, M. J., 「Creating optimal healing environments in a health care setting」, Minn Med 91(3), 2008.

辜託長老 저, 萬樹華 編, 淸湖仙師 譯註, 『入地眼全書』, 2003.

3. 기타

경북일보, 2016년 11월 6일자, "종가34, 김천 연안이씨 정양공파."

문화재청 국가문화유산포털, 문화재검색(http://www.heritage.go.kr).

안동시청 홈페이지, 안동관광, 문화유산(http://www.tourandong.com).

인터넷포털 사이트 네이버(http://terms.naver.com), 지식백과.

통계청 통계설명자료, 평균신장분포현황.

<부표 1> 종택 사신사(현무·안산)의 D/H값과 양각

종택 명칭	종택 고도	현무				안산(조산)			
		고도	거리	D/H	양각	고도	거리	D/H	양각
무첨당	28.5	47	96	5.19	10.91	48	98	5.03	11.25
서백당	37.5	60	90	4	14.04	47	130	13.68	4.18
낙선당	42.5	55	55	4.4	12.80	52	150	15.79	3.62
향단	22.5	48	128	5.02	11.27	89	612	9.20	6.20
수졸당	40.5	47	127	19.54	2.93	105	453	7.02	8.10
양진당	79.5	122	433	10.19	5.60	365	2390	8.37	6.81
충효당	87.5	335	2100	8.48	7.53	122	522	15.13	3.78
의성김씨	106.5	130	67	2.85	19.56	265	2160	13.63	4.19
학봉	106.5	126	90	4.62	12.22	145	265	6.88	8.26
귀봉	107.5	155	167	3.52	15.88	265	2140	13.59	4.20
안동김씨	91.5	105	94	6.96	8.17	111	270	13.85	4.13
간재	105.5	125	57	2.92	18.89	148	453	10.66	5.36
퇴계태실	196.5	240	124	2.85	19.33	325	712	5.54	10.23
묵계	161.5	473	1200	3.85	14.55	310	800	5.39	10.51
삼산	181.5	215	86	2.57	21.28	235	338	6.32	8.99
상리	84.5	120	145	4.08	13.76	338	4600	18.15	3.15
사직공파	91.5	101	54	5.68	9.98	102	105	10	5.71
성성재	173.5	200	146	9.28	10.29	240	290	4.36	12.91
충재	206.5	225	86	4.65	12.14	262	338	6.09	9.32
경암헌	266.5	280	97	7.19	7.92	280	335	24.81	2.30
법전강씨	357.5	374	62	3.76	14.90	398	396	9.78	5.84
군위공	306.5	320	50	3.70	15.11	324	80	4.57	12.34
옥계	290.5	310	69	3.54	15.78	360	724	10.42	5.48
정양공	116.5	160	83	1.91	27.65	425	2200	7.13	7.98
우복	140.5	405	1130	4.27	13.17	475	1600	4.78	11.80
수암	61.5	76	135	9.31	6.13	240	2690	15.07	3.79
응와	59.5	215	490	3.15	17.60	383	3500	10.82	5.28
존재	88.5	150	115	1.87	28.13	317	1300	5.70	9.97
사월	241.5	288	132	2.84	19.40	482	2740	11.39	5.01
사고	245.5	450	574	2.81	19.61	424	510	2.86	19.29
우엄	190.5	220	80	2.71	20.24	225	175	5.07	11.15
초간	158.5	170	40	3.48	16.04	870	19000	26.70	2.14
매산	171.5	185	47	3.48	16.02	285	304	2.68	20.47
운강	106.5	170	477	7.51	7.58	355	4070	16.38	3.49
평균	139.79	197.12	262.53	5.06	14.31	276.97	1,660.29	10.20	7.57

종택 명칭	종택 고도	청룡				백호			
		고도	거리	D/H	양각	고도	거리	D/H	양각
무첨당	28.5	105	516	6.75	8.43	44	146	9.42	6.06
서백당	37.5	105	605	8.96	6.36	55	260	14.86	3.85
낙선당	42.5	105	702	11.23	5.09	55	180	14.4	3.97
향단	22.5	105	386	4.68	12.06	35	97	7.76	7.34
수졸당	40.5	62	198	9.21	6.19	43	20	8	7.13
양진당	79.5	271	1600	8.36	6.82	122	550	12.94	4.41
충효당	87.5	365	2300	8.29	6.88	122	480	13.91	4.11
의성김씨	106.5	185	582	7.41	7.68	195	730	8.25	6.91
학봉	106.5	135	195	6.84	8.31	139	280	8.62	6.62
귀봉	107.5	185	530	6.84	8.32	195	790	9.03	6.32
안동김씨	91.5	265	4010	23.11	2.47	118	418	15.77	3.62
간재	105.5	125	75	3.85	14.57	110	50	11.11	5.14
퇴계태실	195	325	822	6.32	8.98	355	1490	9.31	6.12
묵계	161.5	492	1750	5.30	10.69	267	1000	9.48	6.02
삼산	181.5	235	235	4.39	12.82	200	50	2.70	20.30
상리	84.5	118	120	3.58	15.59	123	430	11.17	5.11
사직공파	90	128	250	6.58	8.64	100	20	2	26.57
성성재	173.5	180	42	6.46	8.79	455	2000	7.10	8.01
충재	206.5	325	625	5.27	10.74	255	300	6.19	9.18
경암헌	265	285	125	6.25	9.09	292	120	4.44	11.73
법전강씨	357.5	385	180	6.55	8.68	370	80	6.4	8.88
군위공	306.5	350	130	2.99	18.50	310	25	7.14	7.97
옥계	290.5	422	395	3.00	18.41	350	410	6.89	8.26
정양공	115	162	310	6.60	8.62	130	60	4	14.04
우복	140.5	242	572	5.64	10.06	150	104	10.95	5.22
수암	61.5	91	295	10	5.71	129	376	5.57	10.18
응와	59.5	185	675	5.38	10.53	115	365	6.58	8.64
존재	88.5	128	135	3.42	16.30	135	185	3.98	14.11
사월	241.5	405	905	5.54	10.24	341	556	5.59	10.14
사고	245.5	405	1100	6.90	8.25	550	2250	7.39	7.71
우엄	189	205	61	3.81	14.69	213	444	18.5	3.09
초간	158.5	175	110	6.67	8.53	175	116	7.03	8.09
매산	170	264	918	9.77	5.84	290	718	5.98	9.49
운강	105	150	308	6.84	8.31	275	1140	6.71	8.48
평균	139.49	225.59	640.06	6.85	9.74	200.38	477.65	8.51	8.32

<부표 3> 정자 사신사(현무·안산)의 양부각 및 D/H

정자 명칭	정자 고도	현무				안산			
		고도	거리	D/H	양부각	고도	거리	D/H	양부각
관가정	28.5	35	76	11.69	4.89	89	606	10.02	5.70
수운정	31.5	40	56	6.59	8.63	40	336	39.53	1.44
계정	82.5	570	1500	3.08	18.00	100	75	4.29	13.13
심수정	18.5	35	79	4.79	11.79	35	302	18.30	3.13
겸암정	77.5	84	33	5.08	11.14	365	2360	8.21	6.94
옥연정	76.5	88	44	3.83	14.64	365	2330	8.08	7.06
원지정사	81.5	365	1960	6.91	8.23	122	355	8.77	6.50
석문정	181.5	235	78	1.46	34.44	405	10470	45.50	1.22
광풍정	115.5	143	78	2.84	19.42	141	344	13.49	4.24
백운정	123.5	130	15	2.31	23.43	185	876	14.24	4.02
삼구정	82.5	870	10710	13.6	4.20	328	3800	15.48	3.70
간재정	115.5	135	50	2.56	21.31	126	640	60.95	0.94
노송정	199.5	240	124	3.06	18.09	325	712	5.67	9.99
만휴정	175.5	205	52	1.76	29.57	205	110	3.73	15.00
삼산정	220.5	270	182	3.68	15.21	231	408	38.86	1.47
체화정	84.5	110	55	2.16	24.87	118	510	15.22	3.75
곡강정	89.5	100	57	5.43	10.44	285	4550	23.27	2.46
고산정	178.5	200	42	1.95	27.11	204	176	6.90	8.24
수운정	270.5	315	110	2.47	22.02	351	330	4.10	13.71
청암정	205.5	280	773	10.38	5.50	262	382	14.42	8.41
석천정	199.5	220	53	2.59	21.14	225	95	3.73	15.02
한수정	316.5	410	523	5.59	10.13	480	998	6.10	9.30
도암정	261.5	280	224	12.11	4.72	280	265	14.32	3.99
경체정	359.5	375	52	3.35	16.59	387	540	19.64	2.91
종선정	270.5	355	231	2.73	20.09	303	263	8.09	7.04
옥계정	286.5	310	126	3.88	14.46	358	390	5.45	10.39
방초정	111.5	180	436	6.36	8.93	425	2100	6.70	8.49
부계정	130.5	245	495	4.32	13.02	365	1380	5.88	9.64
만귀정	407.5	450	120	2.82	19.50	695	1420	4.94	11.44
우헌정	103.5	142	84	2.18	24.62	317	1480	6.98	8.21
숙운정	237.5	288	290	5.74	9.88	452	2450	11.42	5.00
주강정	245.5	450	539	2.64	20.78	424	711	3.98	14.09
일우정	190.5	220	100	3.39	16.44	225	165	4.78	11.80
초간정	162.5	235	1290	17.79	3.22	240	580	7.48	7.59
산수정	180.5	200	42	2.15	24.90	295	530	4.63	12.19
만화정	99.5	103	56	16	3.58	315	1360	6.31	9.00
평균	168.64	251.71	590.83	4.95	16.04	278.66	1,229.69	13.52	7.38

정자 명칭	정자 고도	청룡				백호			
		고도	거리	D/H	앙부각	고도	거리	D/H	앙부각
관가정	28.5	105	460	6.01	9.44	472	7500	16.91	3.38
수운정	31.5	52	188	9.17	6.22	570	9530	17.70	3.23
계정	82.5	100	228	13.03	4.39	120	637	16.99	3.37
심수정	18.5	35	98	5.94	9.55	43	248	10.12	5.64
겸암정	77.5	271	1930	9.97	5.72	365	2770	9.63	5.92
옥연정	76.5	271	1510	7.76	7.34	365	2920	10.12	5.64
원지정사	81.5	86	698	155.11	0.37	335	2000	7.89	7.22
석문정	181.5	185	195	55.71	1.03	190	73	8.59	6.64
광풍정	115.5	525	3640	8.89	6.42	125	130	13.68	4.18
백운정	123.5	275	1480	9.77	5.84	583	6240	13.58	4.21
삼구정	82.5	267	3730	20.22	2.83	265	1690	9.26	6.16
간재정	115.5	165	186	3.76	14.90	120	42	9.33	6.11
노송정	199.5	325	822	6.55	8.68	355	1490	9.58	5.95
만휴정	175.5	200	192	7.84	7.27	185	30	3.16	17.57
삼산정	220.5	250	97	3.29	16.91	363	480	3.37	16.53
체화정	84.5	100	184	11.87	4.81	100	56	3.61	15.47
곡강정	89.5	108	90	4.86	11.61	123	715	21.34	2.68
고산정	178.5	525	1300	3.75	14.92	345	1090	6.55	8.68
수운정	270.5	325	485	8.90	6.41	376	712	6.75	8.42
청암정	205.5	280	681	9.14	6.24	293	458	5.23	10.81
석천정	199.5	262	205	3.28	16.95	293	265	2.83	19.43
한수정	316.5	1202	7210	8.14	7.00	409	928	10.03	5.69
도암정	261.5	320	355	6.07	9.35	275	116	8.59	6.63
경체정	359.5	404	282	6.34	8.97	409	980	19.80	2.89
종선정	270.5	288	116	6.63	8.58	320	343	6.93	8.21
옥계정	286.5	422	357	2.63	20.78	350	456	7.18	7.92
방초정	111.5	244	1140	8.60	6.63	150	370	9.61	5.94
부계정	130.5	175	201	4.52	12.48	130	21	42.00	1.36
만귀정	407.5	428	56	2.73	20.10	431	138	5.87	9.66
우헌정	103.5	110	30	4.62	12.22	135	102	3.24	17.16
숙운정	237.5	405	1050	6.27	9.06	361	527	4.27	13.19
주강정	245.5	405	1160	7.27	7.83	550	2240	7.36	7.74
일우정	190.5	240	272	5.49	10.31	213	444	19.73	2.90
초간정	162.5	290	513	4.02	13.96	330	748	4.47	12.62
산수정	180.5	260	552	6.94	8.19	264	1250	14.97	3.82
만화정	99.5	155	583	10.50	5.43	275	938	5.34	10.60
평균	166.72	279.44	896.56	12.66	9.13	294.11	1,352.14	10.43	7.88

<부표 5> 정자 사신사(현무·안산)의 앙부각 및 D/H(계곡형 제외 28개소)

정자 명칭	정자 고도	현무				안산			
		고도	거리	D/H	앙부각	고도	거리	D/H	앙부각
관가정	28.5	35	76	11.69	4.89	89	606	10.02	5.70
수운정	31.5	40	56	6.59	8.63	40	336	39.53	1.44
심수정	18.5	35	79	4.79	11.79	35	302	18.30	3.13
겸암정	77.5	84	33	5.08	11.14	365	2360	8.21	6.94
옥연정	76.5	88	44	3.83	14.64	365	2330	8.08	7.06
원지정사	81.5	365	1960	6.91	8.23	122	355	8.77	6.50
석문정	181.5	235	78	1.46	34.44	405	10470	45.50	1.22
광풍정	115.5	143	78	2.84	19.42	141	344	13.49	4.24
백운정	123.5	130	15	2.31	23.43	185	876	14.24	4.02
삼구정	82.5	870	10710	13.6	4.20	328	3800	15.48	3.70
간재정	115.5	135	50	2.56	21.31	126	640	60.95	0.94
노송정	199.5	240	124	3.06	18.09	325	712	5.67	9.99
삼산정	220.5	270	182	3.68	15.21	231	408	38.86	1.47
체화정	84.5	110	55	2.16	24.87	118	510	15.22	3.75
곡강정	89.5	100	57	5.43	10.44	285	4550	23.27	2.46
고산정	178.5	200	42	1.95	27.11	204	176	6.90	8.24
수운정	270.5	315	110	2.47	22.02	351	330	4.10	13.71
청암정	205.5	280	773	10.38	5.50	262	382	14.42	8.41
한수정	316.5	410	523	5.59	10.13	480	998	6.10	9.30
도암정	261.5	280	224	12.11	4.72	280	265	14.32	3.99
경체정	359.5	375	52	3.35	16.59	387	540	19.64	2.91
종선정	270.5	355	231	2.73	20.09	303	263	8.09	7.04
옥계정	286.5	310	126	3.88	14.46	358	390	5.45	10.39
방초정	111.5	180	436	6.36	8.93	425	2100	6.70	8.49
숙운정	237.5	288	290	5.74	9.88	452	2450	11.42	5.00
주강정	245.5	450	539	2.64	20.78	424	711	3.98	14.09
산수정	180.5	200	42	2.15	24.90	**295**	530	4.63	12.19
만화정	99.5	103	56	16	3.58	315	1360	6.31	9.00
평균	162.50	236.64	608.61	5.41	14.98	274.86	1,396.21	15.63	6.26

<부표 6> 정자 사신사(청룡·백호)의 양부각 및 D/H(계곡형 제외 28개소)

정자 명칭	정자 고도	청룡				백호			
		고도	거리	D/H	양부각	고도	거리	D/H	양부각
관가정	28.5	105	460	6.01	9.44	472	7500	16.91	3.38
수운정	31.5	52	188	9.17	6.22	570	9530	17.70	3.23
심수정	18.5	35	98	5.94	9.55	43	248	10.12	5.64
겸암정	77.5	271	1930	9.97	5.72	365	2770	9.63	5.92
옥연정	76.5	271	1510	7.76	7.34	365	2920	10.12	5.64
원지정사	81.5	86	698	155.11	0.37	335	2000	7.89	7.22
석문정	181.5	185	195	55.71	1.03	190	73	8.59	6.64
광풍정	115.5	525	3640	8.89	6.42	125	130	13.68	4.18
백운정	123.5	275	1480	9.77	5.84	583	6240	13.58	4.21
삼구정	82.5	267	3730	20.22	2.83	265	1690	9.26	6.16
간재정	115.5	165	186	3.76	14.90	120	42	9.33	6.11
노송정	199.5	325	822	6.55	8.68	355	1490	9.58	5.95
삼산정	220.5	250	97	3.29	16.91	363	480	3.37	16.53
체화정	84.5	100	184	11.87	4.81	100	56	3.61	15.47
곡강정	89.5	108	90	4.86	11.61	123	715	21.34	2.68
고산정	178.5	525	1300	3.75	14.92	345	1090	6.55	8.68
수운정	270.5	325	485	8.90	6.41	376	712	6.75	8.42
청암정	205.5	280	681	9.14	6.24	293	458	5.23	10.81
한수정	316.5	1202	7210	8.14	7.00	409	928	10.03	5.69
도암정	261.5	320	355	6.07	9.35	275	116	8.59	6.63
경체정	359.5	404	282	6.34	8.97	409	980	19.80	2.89
종선정	270.5	288	116	6.63	8.58	320	343	6.93	8.21
옥계정	286.5	422	357	2.63	20.78	350	456	7.18	7.92
방초정	111.5	244	1140	8.60	6.63	150	370	9.61	5.94
숙운정	237.5	405	1050	6.27	9.06	361	527	4.27	13.19
주강정	245.5	405	1160	7.27	7.83	550	2240	7.36	7.74
산수정	180.5	260	552	6.94	8.19	264	1250	14.97	3.82
만화정	99.5	155	583	10.50	5.43	275	938	5.34	10.60
평균	162.50	294.82	1,092.11	14.65	8.25	312.54	1,653.29	9.90	7.13

<부표 7> 정자 사신사(현무·안산)의 양부각 및 D/H(계곡형 8개소)

정자 명칭	정자 고도	현무				안산			
		고도	거리	D/H	양부각	고도	거리	D/H	양부각
계정	82.5	570	1500	3.08	18.00	100	75	4.29	13.13
만휴정	175.5	205	52	1.76	29.57	205	110	3.73	15.00
석천정	199.5	220	53	2.59	21.14	225	95	3.73	15.02
부계정	130.5	245	495	4.32	13.02	365	1380	5.88	9.64
만귀정	407.5	450	120	2.82	19.50	695	1420	4.94	11.44
우헌정	103.5	142	84	2.18	24.62	317	1480	6.98	8.21
일우정	190.5	220	100	3.39	16.44	225	165	4.78	11.80
초간정	162.5	235	1290	17.79	3.22	240	580	7.48	7.59
평균	181.50	285.88	461.75	4.74	18.19	296.50	663.13	5.23	11.48

<부표 8> 정자 사신사(청룡·백호)의 양부각 및 D/H(계곡형 8개소)

정자 명칭	정자 고도	청룡				백호			
		고도	거리	D/H	양부각	고도	거리	D/H	양부각
계정	82.5	100	228	13.03	4.39	120	637	16.99	3.37
만휴정	175.5	200	192	7.84	7.27	185	30	3.16	17.57
석천정	199.5	262	205	3.28	16.95	293	265	2.83	19.43
부계정	130.5	175	201	4.52	12.48	130	21	42.00	1.36
만귀정	407.5	428	56	2.73	20.10	431	138	5.87	9.66
우헌정	103.5	110	30	4.62	12.22	135	102	3.24	17.16
일우정	190.5	240	272	5.49	10.31	213	444	19.73	2.90
초간정	162.5	290	513	4.02	13.96	330	748	4.47	12.62
평균	181.50	225.63	212.13	5.69	12.21	229.63	298.13	12.29	10.51

종택	현무		안산		청룡		백호	
	관측	시각지수	관측	시각지수	관측	시각지수	관측	시각지수
무첨당	이마	1	이마	1	이마	1	눈	0
서백당	정수리	2	눈	0	이마	1	눈	0
낙선당	정수리	2	눈	0	이마	1	지각×(눈)	0
향단	이마	1	이마	1	정수리	2	이마	1
수졸당	눈	0	이마	1	이마	1	정수리	2
양진당	눈	0	이마	1	이마	1	눈	0
충효당	이마	1	이마	1	이마	1	눈	0
의성김씨	정수리	2	이마	1	이마	1	이마	1
학봉	이마	1	이마	1	이마	1	이마	1
귀봉	정수리 초과	3	눈	0	이마	1	이마	1
안동김씨	정수리	2	이마	1	눈	0	이마	1
간재	정수리	2	이마	1	이마	1	이마	1
퇴계태실	정수리	2	정수리	2	이마	1	이마	1
묵계	정수리	2	이마	1	이마	1	이마	1
삼산	정수리 초과	3	이마	1	이마	1	정수리	2
상리	이마	1	눈	0	정수리	2	이마	1
사직공파	정수리	2	이마	1	이마	1	이마	1
성성재	이마	1	이마	1	이마	1	이마	1
충재	정수리 초과	3	이마	1	이마	1	이마	1
경암헌	정수리	2	이마	1	이마	1	정수리	2
법전강씨	정수리 초과	3	이마	1	이마	1	이마	1
군위공	정수리	2	이마	1	정수리 초과	3	이마	1
옥계	정수리	2	이마	1	정수리 초과	3	이마	1
정양공	정수리 초과	3	이마	1	이마	1	정수리	2
우복	정수리	2	정수리	2	이마	1	정수리	2
수암	이마	1	이마	1	이마	1	이마	1
응와	정수리	2	이마	1	이마	1	이마	1
존재	정수리 초과	3	이마	1	정수리	2	정수리	2
사월	정수리 초과	3	이마	1	이마	1	이마	1
사고	정수리 초과	3	정수리	2	이마	1	이마	1
우엄	정수리	2	정수리	2	이마	1	이마	1
초간	정수리 초과	3	눈	0	이마	1	이마	1
매산	정수리 초과	3	정수리 초과	3	이마	1	이마	1
운강	이마	1	눈	0	이마	1	이마	1
평균		1.94		1.00		1.18		1.03

<부표 10> 정자 사신사의 시각적 높이 측정값

정자	현무		안산		청룡		백호	
	관측	시각지수	관측	시각지수	관측	시각지수	관측	시각지수
관가정	이마	1	눈	0	이마	1	눈	0
수운정	이마	1	눈	0	이마	1	눈	0
심수정	정수리 초과	3	눈	0	이마	1	눈	0
계정	정수리	2	정수리	2	눈	0	눈	0
겸암정	눈	0	눈	0	눈	0	눈	0
옥연정	정수리	2	이마	1	이마	1	눈	0
원지정사	눈	0	이마	1	눈	0	이마	1
석문정	정수리 초과	3	눈	0	눈	0	눈	0
광풍정	정수리 초과	3	눈	0	눈	0	눈	0
백운정	정수리 초과	3	눈	0	눈	0	이마	1
삼구정	눈	0	눈	0	눈	0	눈	0
간재정	정수리	2	눈	0	이마	1	눈	0
노송정	정수리	2	정수리	2	이마	1	이마	1
만휴정	정수리 초과	3	정수리 초과	3	이마	1	정수리	2
삼산정	정수리 초과	3	눈	0	정수리 초과	3	정수리 초과	3
체화정	정수리 초과	3	눈	0	눈	0	눈	0
곡강정	정수리	2	눈	0	이마	1	눈	0
고산정	정수리 초과	3	이마	1	정수리	2	정수리 초과	3
수운정	정수리 초과	3	정수리	2	이마	1	이마	1
청암정	눈	0	이마	1	이마	1	이마	1
석천정	정수리 초과	3	정수리 초과	3	정수리 초과	3	정수리 초과	3
한수정	이마	1	이마	1	이마	1	이마	1
도암정	이마	1	이마	1	이마	1	눈	0
경체정	정수리 초과	3	눈	0	이마	1	눈	0
종선정	정수리	2	이마	1	이마	1	이마	1
옥계정	이마	1	이마	1	정수리 초과	3	이마	1
방초정	이마	1	이마	1	눈	0	눈	0
부계정	이마	1	이마	1	정수리	2	이마	1
만귀정	정수리 초과	3	이마	1	이마	1	이마	1
우헌정	정수리 초과	3	이마	1	정수리 초과	3	정수리 초과	3
숙운정	이마	1	눈	0	이마	1	이마	1
주강정	정수리 초과	3	정수리	2	이마	1	이마	1
일우정	정수리	2	정수리	2	이마	1	이마	1
초간정	눈	0	눈	0	이마	1	이마	1
산수정	정수리 초과	3	이마	1	이마	1	눈	0
만화정	눈	0	눈	0	눈	0	이마	1
평균		1.86		0.81		1.00		0.81

박성대

대구가톨릭대학교 지리학 박사
대구한의대학교 풍수지리학 석사
대구교육대학교 영어교육학

▣ 저서
풍수로 공간을 읽다(도서출판 푸른길, 2017)

▣ 논문
경주지역 신라 폐사지 풍수입지 연구(대구한의대, 2012)
학교 교가에 담겨 있는 풍수적 요소 연구(명지대학교 인문과학논총, 2012)
땅이름에 담긴 지리적 특성과 군사적 활용(육군정보학교, 2012)
지리적 특성을 담고 있는 지명과 풍수의 연관성(부산대 한국민족문화, 2012)
퇴계유적지에 담긴 퇴계의 풍수에 대한 인식(계명대 한국학논집, 2013)
경주 최부자 가문의 양택을 통해 본 풍수인식에 관한 연구(부산대 한국민족문화, 2013)
문화유산 관광 스토리텔링에 풍수 적용 방안 연구(계명대 한국학논집, 2013)
풍수의 현대적 해석을 통한 한국형 녹색도시 조성 방안(한국지역지리학회지, 2014)
한국 풍수학이 나아갈 방향과 지리학(계명대 한국학논집, 2016)
풍수논리의 현대적 재해석, 현대도시를 중심으로 한 시론적 고찰(고려대 한국학연구, 2017)
인간의 보편적 공간관과 풍수, 공간 및 경관심리와 풍수의 관계를 통한 시론적 고찰(한국지역지리학회지, 2017)
힐링 장소와 풍수의 관계에 대한 시론(문화역사지리, 2017)
풍수와 힐링 장소의 상관성 연구(대구가톨릭대학교, 2019)

풍수와
힐링 장소

종택과 정자로 읽은
선현들의 공간심리 이야기

초판인쇄   2019년 2월 28일
초판발행   2019년 2월 28일

지은이   박성대
펴낸이   채종준
펴낸곳   한국학술정보㈜
주소   경기도 파주시 회동길 230(문발동)
전화   031) 908-3181(대표)
팩스   031) 908-3189
홈페이지   http://ebook.kstudy.com
전자우편   출판사업부   publish@kstudy.com
등록   제일산-115호(2000. 6. 19)

ISBN   978-89-268-8704-2   03380